民國歷史與文化研究

二 編

第 **7** 冊

梁漱溟民主思想及其發展

王 光 著

花木蘭文化出版社

國家圖書館出版品預行編目資料

梁漱溟民主思想及其發展／王光 著 -- 初版 -- 新北市：花木蘭
文化出版社，2015〔民 104〕
序 4+ 目 4+174 面；19×26 公分
（民國歷史與文化研究 二編；第 7 冊）
ISBN 978-986-404-275-3（精裝）
1. 梁漱溟 2. 學術思想 3. 政治思想
628.08   104012460

ISBN-978-986-404-275-3

9 789864 042753

民國歷史與文化研究
二 編 第 七 冊   ISBN：978-986-404-275-3

梁漱溟民主思想及其發展

作　　者　王 光
總 編 輯　杜潔祥
副總編輯　楊嘉樂
編　　輯　許郁翎
出　　版　花木蘭文化出版社
社　　長　高小娟
聯絡地址　235 新北市中和區中安街七二號十三樓
　　　　　電話：02-2923-1455／傳眞：02-2923-1452
網　　址　http://www.huamulan.tw 信箱 hml810518@gmail.com
印　　刷　普羅文化出版廣告事業
初　　版　2015 年 9 月
全書字數　166545 字
定　　價　二編 24 冊（精裝）台幣 45,000 元

梁漱溟民主思想及其發展

王　光　著

作者簡介

王光，男，1983 年 8 月生於吉林省吉林市。2012 年畢業於吉林大學，獲政治學博士學位，現任職於東北大學政治學研究所。自 2006 年始致力於中國政治哲學與思想史研習，先後主持中央高校基本科研業務項目「現代新儒學政治文化轉型研究」、國家哲學社會科學規劃一般項目「中國傳統政治思想現代轉型邏輯及其價值選擇研究」；公開發表學術論文十餘篇，參與撰寫專著 3部。

提　　要

　　自 19 世紀中葉以來，隨著歐美世界近代化進程的加快，中華文明也無可避免地被納入其中。中國舊有的經濟生產方式、政治制度安排、思想文化傳統、社會結構體系等各個方面，都在這一過程裏持續不斷地遭到衝擊。與此同時，近代文明的傳入也造就了 20 世紀上半葉中國的思想解放運動，形成各式各樣的理論學說，一時蔚爲壯觀。在新舊文化碰撞中，一些人開始思索如何保守固有文化，如何接納異質文化以及如何調和二者並使之共同推動社會發展。當然，這種思考絕不只停留在抽象的邏輯推理層面，而是在不斷尋求解決中國現實問題方案的過程中逐漸豐富發展起來。

　　本書以梁漱溟等現代新儒學思想家的民主思想作爲研究對象。首先勾勒梁漱溟思考民主問題的大致思路及其原因；其次重點評析其民主思想的內涵、特徵及其實現路徑；復次著重辨析其他幾位新儒家對民主的認知以及對梁漱溟民主思想的發展，總結該思潮對民主、政治制度發展、政治思想啓蒙等一系列重大問題的基本觀點和傾向；最後，從現代新儒學思潮整體出發，對其理論價值、特徵及局限等問題做出綜合分析判斷。分論部分通過更多的專題分析，最終解決本論題針對的核心問題，即嘗試性地回答中國民主政治發展與民主思想話語表述之間的內在邏輯與相互關聯。

獻給我的父親王鳳久先生，母親魏淑華女士

代　序

　　19 世紀以來，隨著中國王朝體制的崩潰，以儒學爲核心的傳統中國政治價值取向、制度安排及思維模式開始鬆動並趨於瓦解。傳統中國「王道」思想不可避免地喪失其政治合法性地位。然而，堅守中國本土儒家思想的思想家們從未放棄過努力，也在不斷回應來自西方話語系統的挑戰。以梁漱溟、熊十力、張君勱、牟宗三、唐君毅、徐復觀等人爲代表的「現代新儒家」承續著中國傳統文化，嘗試對儒學進行改造，使之適應現代化的需要，在政治思想方面，特別是民主政治建設問題上做出他們獨特的思考。

　　本書主要以梁漱溟民主思想作爲研究對象，通過分析其民主思想的知識來源、民主思想的基本內容、以及對整個現代新儒學民主思想發展的影響等問題，透視該思潮民主思想的整體特徵及其缺陷，以此論證中國民主政治建設一方面要正確把握民主政治的內涵，正視其發展的基本邏輯和客觀規律；一方面也要求思想家用可被理解的方式將這種舶來品解釋清楚，使之能被接受。換句話講，要在民主制度建設和民主話語表述之間搭建良性的互動，亦即作爲文化守成主義者所堅持的政治立場上的執守與哲學思辨上的新詮。

　　衆所週知，梁漱溟被公認爲現代新儒學思想的奠基者，這種思潮的產生有其特殊的時代背景。從戊戌變法、預備立憲到辛亥革命、五四新文化運動，中國社會經歷和深刻的社會轉型，政治制度和思想文化發生前所未有的變革。但客觀地講，清末民初這段時期，政治制度方面，共和體制形式上代替了君主專制體制，分權制衡、憲政規則、政黨政治等權力運作方式初步建立起來，但在具體運作過程中並沒有實現革命者們期待的民主政治。政治思想方面，「西學」大規模地湧入中國，大批有識之士致力於中國社會的思想啓蒙

工作。民族主義思想在這一時期開始形成，民權觀念得到廣泛傳播。具備一定知識的中國人理解了國家主權和個人權利對政治生活的重要性。20世紀20年代開始，「民主」與「科學」更成爲啓蒙的兩大口號。一些思想精英摒棄中國傳統文化，首當其衝的即是儒家思想，他們把「西學」和「西化」看作是能夠推動中國進步的更可靠的手段。面對這種局面，梁漱溟明確指出現代化絕不等同於西化，中國的確需要學習借鑒「西學」中的現代性元素，但目的是爲了立足本土文化，改造儒家思想使之能實現合理的轉型，繼續作爲主流價值系統，引導中國的現代化轉型。落實在建設民主政治方面，梁漱溟認爲在學習借鑒西方近代民主政治的前提下，中國能夠實現以儒家精神爲內核的民主政治。現代新儒學思想正是在這樣的時代背景下產生的，其關於政治問題的思索也由梁漱溟所開創。

梁漱溟之所以能夠真誠地接納民主，並提出自己獨特的理解，這與他的生活和思想經歷是分不開的。他自幼接受「西學」教育，青少年時代便對民主政治產生濃厚的興趣，能夠在常識意義上理解民主政治的基本面貌。在思想深處，梁漱溟反對西方當時非常流行的工具主義、實用主義哲學思潮，認同柏格森生命哲學的價值旨趣。此時又經歷了個人嚴重的精神危機，佛家思想成爲他一生的信仰，在這個期間裏，他專心研究大乘佛教的唯識宗理論，對唯識學的概念系統有了自己的理解。此外，在精神危機過後，他重新開始關注現實生活，受王艮的「泰州學派」影響，梁漱溟形成了對儒家思想的基本認知。在這三種知識的影響下，梁漱溟建立起自己成熟的知識系統。面對中國與西方的差距問題，他自信能夠弄清楚東西方世界的區別；相信東西方文化在一定條件下可以實現會通，在汲取西方文化精髓後，對其進行合理的詮釋與改造，有助於解決中國落後的現實。其關於民主問題的諸多思索，大抵源自對生命哲學價值取向的認同，對唯識學概念系統的把握以及對「泰州學派」心學思想理論旨趣的吸收。

在上述三種思想來源的作用下，梁漱溟提出了他對民主的理解。在他心裏，「民主是一種精神傾向。」它承認個體利益訴求、價值觀念的差異性，需要每個人都具有平等的資格，面對公共問題需要以理性的方式進行商談，互相尊重各自訴求，商談得出的意見需要以少數尊重多數的原則形成最終共識，民主還僅限於社會公共事務而不涉及個人自由。上述這些就是民主的精神。此外，梁漱溟認爲，實現民主政治應當依靠建立起憲政的制度框架。憲

政要求社會各方擁有足夠作爲商談基礎的理性認知和政治力量，同時，它又需要民主精神作用其間，因此，民主與憲政具有密不可分的內在聯繫。如果按照這樣的思路下去，梁漱溟的民主理論便必然導向西方自由主義民主方面。然而，他指出，傳統中國社會產生不了民主政治有兩大原因：一是中國人「長於理性短於理智」，缺乏追求民主的精神動力；二是中國社會缺乏集團生活，沒有適合民主產生的階級力量。在他看來，中國傳統社會是以「倫理本位，職業分途」爲基本特徵。這樣的社會結構既無法彰顯個體的獨立人格，也不可能造就發達的社會集團生活，而這被他看作是產生民主的兩個重要條件。因此，梁漱溟著重強調中國社會的特殊狀況，認爲憲政式的民主政治無法在中國實現，把注意力轉向當時中國社會的基礎——鄉村。在他看來，搞鄉村建設是解決中國現實問題的正確選擇，同樣的，中國未來民主政治也應以鄉村建設爲根基。因此，梁漱溟針對鄉村建設，爲中國勾勒出未來民主政治的基本藍圖：以「新禮俗」爲核心，在鄉村建設起新的社會生活，它符合中國人的精神氣質，又能容納西方政治的長處；崇尚眞理，卻不違民意；承認賢人政治，又不反民主精神；團體（國家）與個人相互尊重，權利來自對方，義務出於自己；擁有個人自由的目的是爲了促進個體生命的積極向上和社會的進步。回顧梁漱溟上述認識，我們不難發現，他的民主思想體現出兩個特色，一是他以文化言說政治，在中西方歷史和文化的比較中看待民主問題；二是運用儒學話語表述民主思想。這兩個特點在梁漱溟的追隨者那裏也有相當程度的體現。梁漱溟的影響還不只於此，雖然他的民主思想還比較粗糙，甚至存在錯誤，但他提出的民主實踐思路具有一定的反思價值。更爲可貴的是，梁漱溟開創現代新儒學民主思想之先河，爲該理論的發展開闢空間。從思想史發展角度講，這是不容抹殺的偉大貢獻。

作爲現代新儒學另外幾位重要代表，梁漱溟的民主思想在張君勱、牟宗三、徐復觀、唐君毅這裏得到了進一步發展，同時也體現出現代新儒學民主思想已經具有相當的規模，在思想領域成爲一種討論民主問題的範式。他們不僅是接受和承認梁漱溟的基本立場，更多的是批判、糾正梁漱溟在某些問題思考上的缺陷甚至是錯誤之處，進一步深化了某些問題的討論。例如，思考民主問題繞不開對人性問題的認識，牟宗三「良知自我坎陷」的觀點讓我們對理性有了更明白的認識。民主與法治、憲政的關係上，張君勱的民主思想與梁漱溟相比更貼近現實政治需要。同樣作爲儒家文化的堅守者，徐復觀

對儒學的認識也似乎比梁漱溟更具學術氣質，從某種意義上講，學術研究與常識判斷相比大約更貼近真理。唐君毅與梁漱溟等其他人相比，他對民主問題的思索在儒家傳統與現代政治之間更趨近前者，因此也更符合新儒者的形象。總之，現代新儒學思潮到這一階段，已經較梁漱溟時代更加豐富，落實到民主思想問題上，觀念、制度設計等所有方面都有不同程度的發展。也正因為如此，現代新儒學民主思想也逐漸表現出某些共性特徵和問題。

雖然現代新儒學思潮旨在推動中國本土思想，它關於民主政治的認識和創新可以被看做是一種理論範式。然而，這種範式很難完全適應現代社會的需要。因為，他們的本意是謀求儒家思想的現代化轉換，立足中國本土審慎接納異質文明中的優秀資源。但至少在民主政治問題上，他們是不成功的。因為，對於民主認識上存在嚴重的偏差，背離了民主政治發展的基本邏輯。在過分重視道德理性的同時混淆了道德與政治的界限，這也導致在制度建設方面無法提出合理可行的方案。

總之，20 世紀的現代新儒學民主思想既無法解決中國現實政治的失序，也不可能成為新政治意識形態的塑造者。梁漱溟、張君勱、牟宗三、徐復觀、唐君毅這些思想家曾試圖迎合中國人的思維習慣創造可被理解的知識話語，但終究陷入了自己埋下的思想困境，這不能不說是他們的遺憾。雖然如此，他們還是在政治思想史發展歷程中寫下了濃重的一筆，他們留下的思想財富為更多的擁躉繼承下來，並正在不斷修正和發展！

目次

導　言

一、研究意義

（一）核心問題

　　19 世紀以來，隨著中國王朝體制的崩潰，以儒學爲核心的傳統中國政治價值取向、制度安排及思維模式開始鬆動並趨於瓦解。傳統中國「王道」思想不可避免地喪失其政治合法性地位，甚至整個中國文化也面臨前所未有的挑戰。正如唐君毅所言：（中國文化）「如一園中大樹之崩倒，而花果飄零，遂隨風吹散。」〔註1〕甲午戰敗，特別是又經歷了庚子國難，中國的統治者們也認識到必須做出改變。但是，王朝體制已經不再適應中國政治現代化的需要，被歷史淘汰已成必然。辛亥革命形式上打碎了中國傳統政治秩序，而思想啓蒙的高潮則始於五四新文化運動。幾十年裏，自由主義、社會主義、無政府主義等等政治文化思潮爭奇鬥豔，一時蔚爲壯觀。大多數思想家們將西方政治學說、思維方式作爲標杆，試圖以此爲中國政治現代化提出可行的方案。

　　然而，堅守中國本土儒家思想的思想家們從未放棄過努力，也在不斷回應著來自西方話語系統的挑戰。以梁漱溟、熊十力、馮友蘭、張君勱、牟宗三、唐君毅、徐復觀等人爲代表的「現代新儒家」承續著中國傳統文化，嘗試對儒學進行改造，使之適應現代化的需要，爲解決民族危機、文化衝突、

〔註 1〕唐君毅：《文化意識宇宙的探索》，中國廣播電視出版社 1992 年版，第 424 頁。

社會無序等理論和現實問題做出他們獨特的思考。同時，現代新儒學的現代性特質決定了它不是一種封閉的思想流派，思想家們從一開始就立足本土，放眼世界，有條件地汲取、借鑒西方政治文明先進的價值觀念和理論學說，他們要在中西會通的框架內構造出新的現代政治文化系統，即開出一條民主與科學的新外王道路。正如方克立先生總結的那樣：「現代新儒家是在本世紀20年代產生的以接續儒家『道統』為己任，服膺宋明儒學為主要特徵，力圖用儒家學說融合、會通」西學」以謀求現代化的一個學術思想流派。」〔註2〕

思考中國政治現代化應當關注這樣兩個問題：第一，政治秩序的重建。如果把現代西方政治簡單地概括為廣義上的政治自由主義，那麼它對於傳統中國而言則完全是一種陌生的政治系統。舊有的王朝秩序崩潰之後，新的公共生活如何組織？這是思想者和政治家需要解決的根本問題。第二，新舊政治文化的對接。政治現代化的一個重要維度便是現代性的政治觀念。從臣民文化的民本社會轉向公民文化的民主社會需要持續不斷的思想啟蒙工作。中國的思想啟蒙主要依靠知識精英和政治精英，他們若想獲得普通民眾的認同和支持就必須用恰當的方式將自由、平等、民主、法治等觀念對民眾解釋清楚從而使其成為可被接受的價值觀念。這也是亟待解決的重要問題。

針對以上兩個問題，本文旨在通過探討以梁漱溟為代表的現代新儒學思想家們對民主問題的理解，運用政治哲學和思想史相關理論，分析這種社會思潮為重建政治秩序與政治文化提出了怎樣的解決方案，總結其合理因素、檢視其理論困境，進而嘗試性地回答中國民主政治發展與民主思想話語表述之間的內在邏輯與相互關聯。

（二）選題意義

本書以《梁漱溟的民主思想及其發展》作為研究主題，以梁漱溟等現代新儒學思想家的民主思想作為研究對象，深入剖析現代新儒學思想中的政治學說，盡可能對它做出合理的解釋，或許能夠為中國政治文明的穩步前進提供某些理論借鑒。具體而言有以下三點原因：

第一，作為近代中國一種重要的思想流派，現代新儒學對現代性的反思頗具特色。它反思東西方文化，通過融彙傳統思想與現代知識，重新論證傳統文化，特別是儒家文化對中國的重要意義。從發展脈絡角度講，梁漱溟、

〔註 2〕方克立：《現代新儒學與中國現代化》，天津人民出版社 1997 年版，第 4 頁。

熊十力、張君勱、賀麟等人爲現代新儒學勾勒出基本理論研究路向，牟宗三、唐君毅、徐復觀、方東美等進一步拓展研究論域，深化研究主題，使現代新儒學成爲一種比較成熟的理論流派。時至今日，以海外和港臺地區爲主的學者仍繼續推動著現代新儒學的理論研究，杜維明、余英時、成中英、劉述先、蔡仁厚等人即是其中的傑出代表。他們更加關心全球化時代和所謂後工業社會背景下儒家思想對人類社會發展的知識貢獻。現代新儒學也得以初步躋身世界性的知識系統之中，更廣泛地參與關於人類社會普遍性問題的討論並且能夠得到西方知識話語的回應。借用杜維明的話說，（現代新儒學）「包含了三代人的努力。……其中，梁漱溟、馮友蘭、熊十力、張君勱、賀麟屬於第一代。……繼續著他們事業的學者，有熊十力在海外的學生，像牟宗三、徐復觀、唐君毅等人。……我們則屬於第三代。」〔註3〕現代新儒學在東西對撞間、新舊衝突中發展自身，並最終成爲一種不可被忽視的思想流派，這足以看出它具有極強的生命力。從基本任務方面講，現代新儒學是考察中國政治現代化無法繞過的思想流派。新儒者們孜孜以求的是實現「返本開新」的理論目標，即反省和改造儒家文化，在中國建設符合現代化要求的，以儒家思想爲核心，吸納民主政治的新式公共生活秩序。通過東西文化的會通使中國文化獲得新的合法性確證。著名的《爲中國文化敬告世界人士宣言》指出：「中國文化依其本身之要求，應當伸展出之文化理想，是要使中國人不僅由其心性之學，以自覺其自我之爲一『道德實踐的主體』，同時當要求在政治上，能自覺爲一『政治的主體』，在自然界知識界成爲『認識的主體』及『實用技術的活動之主體』」。〔註4〕由此可見，現代新儒學在思考現代社會的構造思路與人內在精神的塑造方面，都具有重要的理論價值。從其對現代社會的批評方面講，現代新儒學也有一定的積極意義。新儒者們認爲，現代化並不意味著完全西化，」西學」更不是絕對眞理。他們清醒地認識到現代社會的一個難以解決困境——理性／科學至上與對價值追求之間的衝突。工具理性色彩極強的文化必然走向功利主義、科學主義和實證主義，但它們無法解決價值空間喪失的問題，甚至生命本身有喪失價值判準的危險。此外，工具理性還加

〔註3〕杜維明：《儒家傳統的現代轉化——杜維明新儒學論著輯要》，中國廣播電視出版社1992年版，第146～147頁。

〔註4〕牟宗三、徐復觀、張君勱、唐君毅：《爲中國文化敬告世界人士宣言》，收入張君勱：《中西印哲學文集》，臺灣學生書局1981年版，第876頁。

劇了個人主義的肆虐，人成爲功利計算的手段，而失去了人之爲人的目的。與西方文化相比，在新儒者的眼中，儒家文化向來注重追求「價值理性」，在借鑒西方文明的同時要將西方科學理性精神吸納過來，更要以道德人文主義精神對其加以統攝，從而避免價值迷失所產生的種種後果。21 世紀的地球，「風險社會」不再只是學理上的擔心，現代化的負面效應已經展現出它巨大的破壞力。尤其是中國，經濟發展以環境惡化爲代價，物質繁榮的背後凸顯嚴重的社會不公。雖然現代新儒學的批判力仍顯不足，但它的這種洞見性則值得我們重視。

第二，梁漱溟對現代新儒學的貢獻極爲重要，他被公認爲現代新儒學思想流派的開創者。因此，研究梁漱溟思想有助於我們從整體上把握現代新儒學的理論旨趣、思想特點以及理論局限等問題。梁漱溟，原名煥鼎，字壽銘。1893 年 10 月生於北京，如果向上追溯，梁氏屬於蒙古人，是忽必烈第五子克齊這一脈的後代，他是這個家族第 23 代子孫。1281 年，克齊被封雲南王，元朝滅亡後，明清兩代該家族輾轉散居江蘇、廣西等地，改漢姓。梁漱溟家族從曾祖、祖父時期便由廣西桂林遷居北京，但梁漱溟仍認定桂林爲他的祖籍。梁漱溟的祖父梁承光曾在清王朝的政府中供職，去世前任候補知府，他的父親梁濟 27 歲中舉，四年後得到內閣中書的職位，後又曾在清政府民政部工作，1908 年因母親去世回家持服，直到 1918 年投湖自盡，一生再未出仕。梁漱溟正是出生在這樣一個顯赫而走向沒落的官宦士人家庭。他 1911 年加入同盟會，順天中學畢業後任《民國報》編輯兼記者，1916 年任司法總長張耀曾的秘書。翌年，應蔡元培之邀，在北京大學講授印度哲學。1924 年辭離北大，赴山東主持曹州中學高中部。1931 年與朋友在鄒平創辦「山東鄉村建設研究院」，任研究部主任、院長，倡導鄉村建設運動。抗日戰爭爆發後，任最高國防參議會參議員、國民參政會參政員。1938 年訪問延安，與毛澤東有過深入的交談。1939 年參與發起組織「統一建國同志會」，1941 年與黃炎培、左舜生、張君勱等人商定將該會改組爲「中國民主政團同盟」，任中央常務委員並赴香港創辦其機關報《光明報》，任社長。香港淪陷後，撤回桂林，主持西南民盟盟務。1946 年作爲民盟的代表參加政協會議，是年再訪延安，並以民盟秘書長身份，參與「第三方面」人士國共調停活動。1947 年退出民盟後，創辦勉仁文學院，從事講學與著述。1950 年初應邀來北京，歷任第一、二、三、四屆全國政協委員，第五、六屆全國政協常委。1980 年後相繼出任中國人民

共和國憲法修改委員會委員，中國孔子研究會顧問，中國文化書院院務委員會主席，中國文化書院發展基金會主席等職。1988 年，梁漱溟在北京逝世，享年 95 歲。

　　梁漱溟曾經這樣講述自己的立場：「我大不同於那些以超政治自居的學者，而相反地我爲了中國問題忙碌一生，從不自認是個學者；我自以爲革命，卻又實在未能站在被壓迫被剝削的人們一起；說是資產階級或小資產階級立場吧，又一直在策劃著走向社會主義而反對舊民主。我究竟是什麼立場呢？可以回答說，這是中國傳統文化中所謂士人的立場，如所謂『不恥惡衣惡食而恥匹夫匹婦不被其澤』；如所謂『先天下之憂而憂，後天下之樂而樂』；如所謂『志不在溫飽』等便是。」〔註 5〕他又窮其一生致力於思考和解決人生和社會問題：「我自十四歲進入中學之後，便有一股向上之心驅使我在兩個問題上追求不已：一是人生問題，即人活著爲了什麼；二是社會問題亦即中國問題，中國向何處去。這兩個問題是相互關聯，不能截然分開。……對人生問題之追求，使我出入於西洋哲學、印度哲學、中國周秦宋明諸學派間。……對社會問題之追求，使我投身於中國社會改造運動，乃至加入過革命組織。」〔註 6〕他也有過「吾曹不出如蒼生何」的慨歎。可見，梁漱溟承襲了他祖輩、父輩們儒家知識分子的風骨與擔當。在體認生命問題和社會問題的過程中，成爲儒學文化的現代繼承者與創新者。學者鄭大華認爲，梁漱溟開啓了批判科學主義的先河、認同陸王心學的進路、「援」西學」入儒」的範式以及「同情的理解」中國歷史文化的方法。〔註 7〕這四點特徵成爲現代新儒學的學派標識，新儒者們沿著梁開創的理論範式謀求儒學的現代轉換。因此，梁漱溟通常被稱爲「文化守成主義者」。然而，從政治思想方面說，他又稱得上是一位「政治自由主義」思想家。梁漱溟從相對主義歷史觀（Relativistic Meta-historicism）和文化至上論（Culturalism）的邏輯基點切入，通過文化比較，對自由、民主、平等、人權等西方現代政治理念有著自己獨特而冷靜的思考。他認爲，人的生路向和社會結構情態的不同決定了東西方政治制度安排的彼此差異。中國政治現代化必須尊重中國人的思維習慣和文化傳統，未經反省和改造的民主制度並不適合中國國情，甚至在他眼中，歐洲近代民主道路是一條走不通的道路。梁

〔註 5〕梁漱溟：《憶往談舊錄》，金城出版社，2006 年版，第 1 頁。

〔註 6〕汪東林：《梁漱溟問答錄》，湖北人民出版社，2004 年版，第 31 頁。

〔註 7〕鄭大華：《民國思想家論》，中華書局，2006 年版，第 13～16 頁。

漱溟親身參與中國的政治實踐活動，致力於「鄉村建設運動」，他堅信，中國的民主只能產生於新的社會組織中，而所謂的「建設新禮俗」是構造社會組織的不二法門。「中國將來的社會組織構造是新禮俗而非法律。」〔註8〕不可否認，儒學有其制度性的一面即所謂「制度儒學」。新儒者們相信中國政治制度建設離不開儒學與」西學」的結合，通過對傳統政治制度和現代政治制度的雙向修正可以構建出符合中國國情的現代政治架構。現代新儒學思潮的這種判斷無疑自梁漱溟開始。問題在於，他們的確看到了社會結構情態（包括經濟結構和階級結構）對公共秩序的決定作用，也極其重視歷史文化對政治文明的影響。但是，以今天的視角反思梁漱溟的觀點，他一方面低估了中國社會結構的變遷能力，一方面又過分誇大了傳統文化的能量。現代化首先使中國民眾生產方式發生劇變，中國從農業社會到工業社會的轉變不可避免地使得自然經濟逐步解體，階級劃分日趨明顯。新的政治秩序安排必然要順應新的社會結構，中國現實社會結構並非如梁漱溟預想的源於「新禮俗」，反過來說，以道德為核心的政治制度建設顯然也無法適應社會要求。梁漱溟沒有理解法律（契約）政治是現代政治制度的基石，只是把它當作現代政治的一個特點，這不免有些本末倒置。此外，梁漱溟輕視了現代文明對傳統文化的顛覆力。儒學在傳統中國不僅是一門知識，更是一種信仰。清王朝的解體意味著儒學在政治領域中的失敗，更加讓新儒者們擔憂的是作為知識和信仰的儒學也正在沒落。梁漱溟對傳統文化的過分自信與其說是一種理論判斷不如說是一種道德感召。他不願承認中國文化已經落後，而寧可相信這只是文化路向的不同。但是，中國文化從新文化運動開始就走向多元，儒學的信仰危機已然凸顯，失去了正統地位。由此可見，「文化守成主義者」的梁漱溟當之無愧，而「政治自由主義者」的梁漱溟卻有待商榷。筆者並不懷疑梁漱溟對現代政治觀念的認可和傾慕，而是質疑他是否深刻理解自由、民主等政治概念的真正內涵。雖然，梁漱溟之後的新儒者對現代政治有更加深刻的認識，但「中體西用」的思維〔註9〕和「返本開新」的理想是否適用於中國政治現代化建設，顯然有待進一步反省。綜上所言，需要對現代新儒學關於政治制度建設與政治文化建設的歷史理解做更加深入的分析。

　　第三，梁漱溟及其追隨者們的哲學思辨、政治理想及其實踐不僅是現代

〔註 8〕梁漱溟：《梁漱溟全集》（二），山東人民出版社，2005 年版，第 277 頁。

〔註 9〕當代新儒者們已經逐漸放棄「中體西用」論的思維方式，他們傾向站在政治文化多元的立場上思考儒學對現代政治補充性的積極意義。

新儒學整個思想體系的有機組成部分，更爲我們思考制度建設與理論詮釋關係問題提供了一個非常好的話題。弄清這個問題也有助於我們思考現代政治實踐與話語實踐之間的關係。任何一種政治制度都需要與其適應的話語體系對其進行闡釋，彰顯它的正當性。馮友蘭所謂「闡舊邦以輔新命」恰如其分地說出現代新儒家們的哲學思辨與政治理想之間的關係。如果說現代社會是對神學社會的反叛，那麼它在消解「神話」的同時又重構了新的「神話」。思想啓蒙有它的歷史語境和邏輯指向，啓蒙就是要建立新的話語實踐系統，重建道德與政治合法性判準。現代新儒學與其他理論一樣，都承擔著中國思想啓蒙的責任，也都試圖在中國知識系譜中佔據支配性地位。「闡舊邦」問題在於「如何闡」？我們有理由相信這樣一種判斷：儒學的發展史可以被看作是一部儒學詮釋學的歷史。無論是「我注六經」還是「六經注我」，本質上看都是致力於對經典文本或思想觀念的解釋。有學者總結中國儒家詮釋學經歷了三個時代：以經爲本的時代、以傳記爲中心的時代和走向多元的時代。〔註 10〕當然，所謂中國的詮釋學並不能與西方現代哲學詮釋學混爲一談。雖然，海德格爾—伽達默爾式的「存有論」詮釋學在古代中國是不可想像的，但也並不能根據這一點否認中國哲學具有詮釋學的傳統。梁漱溟有意識地將人們帶入中國式的思維習慣當中去理解西方文化（哲學）概念，同時也用現代觀念解釋傳統儒學概念。例如，他援引佛家唯識學的概念解釋西方哲學中感覺（Sensation）、理智和直覺：「所謂現量就是感覺」；「比量，『比量智』即是今所謂『理智』」；「直覺——非量」。〔註 11〕此外，梁漱溟區分了「理智」與「理性」的差異：「必須摒除感情而後其認識乃銳入者，是之謂理智；其不欺好惡而判別自然明切者，是之謂理性。」〔註 12〕梁漱溟所做的並非是單純的名詞解釋，而是通過這種比附實現思維的轉換。他意識到，西方文化以他所謂的「理智」爲核心，而中國文化在梁看來則是以「直覺」爲中心。梁漱溟認爲，知識產生於感覺、理智及直覺的相互作用之中，三者作用形態的不同決定了知識的類型。在此，他尤其突出直覺的作用，並推論出他的直覺理論。〔註 13〕

〔註 10〕 景海峰：《儒家詮釋學的三個時代》，載於李明輝主編《儒家經典詮釋方法》，華東師大出版社 2008 年版，第 85～104 頁。
〔註 11〕 梁漱溟：《梁漱溟全集》（一），山東人民出版社，2005 年版，第 398～400 頁。
〔註 12〕 梁漱溟：《梁漱溟全集》（三），山東人民出版社，2005 年版，第 128 頁。
〔註 13〕 關於梁漱溟的「直覺理論」將在論文主體部分相關章節進一步討論。詳見《東西方文化及其哲學》、《中國文化要義》及《中國——理性之國》等著作。

由此，梁漱溟巧妙地將西方哲學「理性」的概念範疇轉換到中國哲學「直覺」範疇上來。他的哲學詮釋未見得多麼嚴謹，但的確引領了現代新儒學詮釋學思路。現代新儒學至今飽受批評的一個問題正是他們對西方哲學概念的解釋顯得頗為簡單武斷，甚至有時難以自圓其說。但是，無視詮釋，也就無所謂「新」；放棄詮釋，現代新儒學的基本理論任務亦無法完成。透過梁漱溟政治哲學思想我們能夠意識到，深刻理解理論詮釋之於制度建設的意義有助於正確處理好中國當下政治體制改革與政治理論發展之間的關係。

綜上所言，現代新儒學這樣一種近代中國重要的思想流派，值得進一步研究；梁漱溟作為現代新儒學的思想重鎮，關於他的學說，需要更為立體而深入的剖析；現代新儒學其他一些重要代表如張君勱、牟宗三、徐復觀、唐君毅等人的政治思想，特別是他們民主思想更需要當下的學者對其做深層次的理論探討。

二、研究現狀

（一）梁漱溟相關思想研究

梁漱溟相關思想研究的國內外理論成果可謂汗牛充棟，改革開放以來，實事求是、百家爭鳴的學術氣氛重新回歸中國學術界。「梁漱溟研究」在經歷了幾十年的政治性批判後，重新回到學者們的「學術」視野之中。

1、文獻梳理

值得注意的是，首先推動梁漱溟問題研究的並非中國學者，而是美國學者艾愷（Alitto, G.S.）1979 年出版的「The Last Confucian: Liang Shu-ming and the Chinese Dilemma of Modernity」，該書至今已成為梁漱溟研究最為重要的文獻之一，其理論觀點將在後文加以介紹。90 年代以來，梁漱溟研究逐漸升溫。山東人民出版社從 1989 年到 1993 年共歷時五年整理出版了 400 餘萬字的《梁漱溟全集》一至八卷。按專著、論文、講演、札記、日記書信分類，類中依據年代排列，幾乎涵蓋了梁漱溟所有著述。《全集》的出版為學者研究梁漱溟問題做出巨大貢獻，同時它也標誌著梁漱溟不再是「野心家、偽君子」、他的思想也非「反動言論」。〔註14〕此後近二十年間，梁漱溟的重要著作出版多種

〔註14〕1953 年 9 月中央人民政府委員會第二十七次會議期間，毛澤東與梁漱溟發生

單行本。例如，《東西方文化及其哲學》（上海世紀出版集團 2006 年版）、《中國文化要義》（上海世界出版集團 2005 年版）、《憶往談舊錄》（金城出版社 2006 年版）等等。

　　隨後，圍繞梁漱溟生平及其思想的理論著作相繼問世：汪東林《梁漱溟問答錄》（湖南人民出版社 1988 年版）和《梁漱溟與毛澤東》（吉林人民出版社 1989 年版），李淵庭、閻秉華夫婦合編的《梁漱溟先生年譜》（廣西師範大學出版社 1991 年版），鄭大華《梁漱溟與胡適：文化保守主義與西化思潮的比較》（北京中華書局 1994 年版）和《梁漱溟傳》（人民出版社 2001 年版），曹耀明《梁漱溟思想研究》（天津人民出版社 1995 年版），郭齊勇、龔建平合著《梁漱溟哲學思想》（湖北人民出版社 1996 年版、北京大學出版社 2011 年再版），李善峰《梁漱溟社會改造構想研究》（山東大學出版社 1996 年版），朱漢國《梁漱溟鄉村建設研究》（山西教育出版社 1996 年版），景海峰、黎業明《梁漱溟評傳》（人民出版社 1999 年版），熊呂茂《梁漱溟的文化思想與中國的現代化》（湖南教育出版社 2000 年版），楊菲蓉《梁漱溟合作理論與鄒平合作運動》（重慶出版社 2001 年版），劉克敵《梁漱溟的最後 39 年》（中國文史出版社 2005 年版），馬東玉《梁漱溟傳》（東方出版社 2008 年版），馬勇《思想奇人梁漱溟》（北京大學出版社 2008 年版）等等。此外，除了關於梁漱溟的專門研究，學者們在中國思想史研究中涉及梁漱溟的更是不一而足，其中比較重要的有：李澤厚《中國思想史論》（東方出版社，1987 年版），鄭家棟《現代新儒學概論》（廣西人民出版社 1990 年版），張汝倫《現代中國思想研究》（上海人民出版社 2001 年版），何信全《儒學與現代民主》（中國社會科學出版社 2001 年版），陳哲夫等編著《現代中國政治思想流派》（當代中國出版社 1999 年版），《二十世紀中國思想史》（山東人民出版社 2002 年版），宋志明《現代新儒學的走向》（北京師範大學出版集團 2009 年版）等等。

　　筆者根據「中國知網」不完全統計，梁漱溟專題研究的學術論文多達 2400 餘篇，其中比較具影響力的研究者及其文章主要有：方克立《現代新儒學的產生、發展及其基本特徵》（1988），鄭大華的系列文章《梁漱溟與中國傳統文化》（1988）、《梁漱溟與五四時期的文化保守主義》（1989）、《梁漱溟與陽明學》（1990）《梁漱溟與西化思潮》（2004）、《梁漱溟與馬克思主義》（2006）、

　　　激烈的衝突。從毛對梁嚴屬批評開始，梁漱溟一直被作爲「反面教材」的典
　　　型，他的言論也成爲「反動思想」批判了數十年。

《謀求儒學的現代轉換：梁漱溟與現代中國學術》（2006）等，郭齊勇《梁漱溟的文化比較模式論析》（1988），鄭家棟《直覺思維與現代新儒學》（1988），景海峰《梁漱溟對西方文化的理解與受容》（1994），陳來《論梁漱溟早期的中西文化觀》（2001）、《「以對方為重」：梁漱溟的儒家倫理觀》（2005），張光芒《論梁漱溟的理性觀》（2001），李善峰的系列文章《梁漱溟對二十世紀的真正意義》（1990年）、《梁漱溟的現代化思想初探》（1996年）和《現代化過程中的「習慣」重建──以梁漱溟為個案的研究》（2004年），許章潤的系列文章《梁漱溟論中國人的人生態度與法律生活》（1998年）、《法的概念：規則及其意義──梁漱溟法律思想研究之一》（2004年）、《憲政：中國的困境與出路──梁漱溟憲政思想研究》（2004年）以及賴志凌的《中國傳統社會關係的倫理特質及其當代困境──梁漱溟社會結構理論研究之一》（2005）《中介關係：走出中國傳統社會關係倫理化困境的關鍵──梁漱溟社會結構理論研究之二》（2005）。

國外梁漱溟研究最重要的學者當屬艾愷，他的《最後的儒家：梁漱溟與中國現代化的兩難》〔註15〕至今仍可稱得上是梁漱溟研究最優秀的成果之一。這不僅僅因為它的首創精神，更取決於它的理論視角。艾愷認為，近代中國，只有梁漱溟保持了儒者的傳統和骨氣，因而稱其為「最後的儒家」，他雖然是個文化守成主義者，思想在當下不易為人們所接受。但是梁漱溟的確稱得上20世紀中國重要的思想家。〔註16〕《最後的儒家》以傳記性的語言講述了梁漱溟主要人生經歷、思想觀點、政治實踐，透過梁漱溟為我們展示了中國走向現代化的艱辛歷程。該書緊緊圍繞著梁漱溟與中國現代化問題展開思考，對後進學人研究梁漱溟和中國現代化問題提出很多頗具價值的理論見解。除艾愷之外，其他學者則更願意從問題出發，對梁漱溟展開研究。比較有代表性的成果有：《梁漱溟與中國社群主義》（Wen-Shun Chi：「Liang Shu-ming and Chinese Communism」1970），《梁漱溟與近代中國的民主觀》（Hung-Yok Ip：「Liang Shuming and the Idea of Democracy in Modern China」1991），《梁漱溟和柏格森的直覺理論：文化背景與發展條件》（Yang-ming An：「Liang

---

〔註15〕2004年艾愷的這部著作由王宗昱和冀建中翻譯成中文版並由江蘇人民出版社出版。

〔註16〕【美】艾愷著，王宗昱、冀建中譯：《最後的儒家：梁漱溟與中國現代化的兩難》江蘇人民出版社，2004年版，「中文版序言」。

Shu-ming and Henri Bergson on Intuition: Cultural Context and the Evolution of Terms」1997），《農民的終結？中國新都市的重建》（Alexander Day：「The End of the Peasant 抬　New Rural Reconstruction in China」2008）等等。

2、觀點綜述

縱觀前人學術成果，學者們主要圍繞梁漱溟的哲學思考和社會實踐兩方面展開研究。

第一，關於梁漱溟哲學思想研究。

（1）梁漱溟與佛學。年輕時代的梁漱溟對佛學就情有獨鍾，甚至動過出家的念頭。一生食素，梁漱溟晚年一再聲稱自己「一直是持佛家的思想，至今仍然如此」，「持佛家精神，過佛家生活」。〔註17〕《大乘起性論》以來的唯識宗是他最爲推崇的佛學流派。梁漱溟通過《窮元決疑論》、《印度哲學概論》、《唯識述義》、《東西方文化及其哲學》、《儒佛異同論》等文闡釋了他的佛學認識。梁漱溟對佛學大家歐陽竟無十分敬仰，稱其爲「時之太嶽」，也曾推薦熊十力接替他在北大的教習。可見，佛家思想對梁漱溟的個人生活與思想認識起到極深的影響。

學者們對梁漱溟佛學思想的研究主要有兩個方面：其一，關於佛學，特別是唯識學的認識。唯識學的概念解釋西方哲學範疇是梁漱溟的一個特色，這一點在「研究意義」中已有簡單介紹。更爲重要的是，梁漱溟提出以「意欲」爲核心的文化觀其本身即帶有佛家的立場。有學者認爲，他所謂人生的「三種路向」及其排列順序完全出於佛學的價值判斷。〔註18〕不可否認，在《東西方文化及其哲學》時期，梁漱溟的確認爲佛家是人類社會發展的最高水平，但他也承認現階段中國決不能走這條路子。因此，不能簡單地認爲梁漱溟與歐陽竟無、太虛等人一樣應屬所謂「新佛家」。鄭大華認爲：「判定梁漱溟是不是現代新儒家不能僅根據他晚年的聲明，而應該看他的理論、他的實踐，尤其是看他具不具備學術界公認的現代新儒家共同具有的一些思想特徵。如果回答是肯定的，那麼他就應該算爲新儒家，否之，就不能列入現代新儒家陣營。」〔註19〕梁漱溟沒有像熊十力一樣在佛學道路上做出更深刻的思想貢獻，但他仍不失是一位中國近代思想者中對佛學產生相當重要影響的

〔註17〕王宗昱：《中國文化與中國哲學》，東方出版社，1986年版，第560～561頁。
〔註18〕孫德利：《梁漱溟的佛學思想和生活》，載於《佛學研究》2010（1）。
〔註19〕鄭大華：《民國思想家論》，中華書局 2006年版，第4頁。

人物。其二，關於援佛入儒的思考。儒佛會通是現代新儒學的特徵之一，梁漱溟將佛學的佛性說與儒家的仁心相溝通，使佛家的「無我爲本」與儒家的「有本不窮」聯繫在一起，這爲討論心性之學開闢了新的道路。有學者認爲，梁漱溟及現代新儒家對於佛學的改造主要體現在三個方面：「分析生命現象的苦與樂；直指本心而證悟生命本體；彰顯「轉識成智」的生命智慧。」〔註20〕佛學關注個體生命的終極關懷問題，而儒學，特別是陽明儒學，也關注「本心」問題。近代唯識學復興以來，從西方哲學中心主義角度說，中國哲學缺乏知識論的弊端得以通過唯識學的思辨範疇加以彌合。梁漱溟的直覺論從生命現象出發體認生命本體，成功地將宗教信仰轉化爲哲學知識，在中國哲學發展上邁出了重要一步。

（2）梁漱溟與儒學。梁漱溟儒學思想研究主要集中在梁漱溟在現代新儒學中的地位和梁氏哲學與現代化之間的關係兩個方面。前一個問題筆者已在前文中討論，不在贅述，援引方克立的觀點總結：梁漱溟的新孔學」對「五四」新文化運動有糾偏作用，對現代新儒家則有導向性影響。〔註21〕關於梁漱溟與現代化的問題，需要進一步說明。李澤厚認爲，梁不滿意西方國家的現代化道路，要求以中國傳統來補救的理論，它客觀上妨礙了中國現代化變革。〔註22〕持這一觀點的學者並不在少數，但也有學者看到梁漱溟思想的某些可取之處。郭齊勇認爲，在「新孔學」所謂東方精神文明優越、儒家文化復興等臆說和謬誤之中，仍然包含著部分的眞理。〔註23〕更有學者如蔣慶等堅持認爲中國政治現代化就應當回歸儒學上來：「強調由『政治儒學『重構具有中國文化特色的政治禮法制度，在中國文化的重見上具有非常重要的現實意義。」〔註24〕由此可見，對梁漱溟的批評與讚揚至今仍是個開放的話題。學者們對梁漱溟哲學思想與現代化的理解不同，其觀點自然各異。除上述二個問題之外，其他梁漱溟儒學思想的研究主要集中在他的生命哲學、直覺理論、文化路向理論等等。學者們大多從具體問題出發，選取特定的視角對梁漱溟的文本進行解讀，旨在還原梁氏哲學的本來面目並做出自己的解釋。總

〔註20〕 張毅：《叩問生命：現代新儒家的佛學因緣》，載於《清華大學學報》2007（3）。
〔註21〕 方克立：《現代新儒學的發展歷程》，載於《南開學報》1990（4）。
〔註22〕 李澤厚：《中國思想史論》，東方出版社，1987年版，第288頁。
〔註23〕 郭齊勇：《試論文化保守主義思潮》，載於《學習與探索》1990（1）。
〔註24〕 蔣慶：《政治儒學：當代儒學的轉向特質與發展》，三聯出版社，2003年版，第2頁。

之，梁漱溟的儒學思想仍具有較大的研究空間。

（3）梁漱溟與西方哲學。20世紀20年代，柏格森哲學在中國頗爲流行，梁漱溟、熊十力等人都受其影響。在其成名做《東西方文化及其哲學》中梁漱溟對西方生命哲學大加讚賞，甚至以佛學和柏格森生命哲學來解釋儒家「生」的思想要義。籍此反抗工具理性主義對中國哲學的理論衝擊。同時，中西哲學在此亦出現了融通的可能。梁漱溟重建儒學的工作中，柏格森哲學成爲其重要的組成部分。有學者認爲梁漱溟的哲學中，儒學部分主要以陽明學爲基礎，柏格森哲學改造了傳統陽明學的精神面貌，當然也制約了體系的建構。〔註25〕支持這種觀點的還有王宗昱：「梁漱溟是要通過吸收柏格森哲學來建立自己的哲學，這種哲學是一種道德人性論。在吸收柏格森哲學和建立自己哲學的過程中，梁漱溟都明顯第表現出中國傳統哲學的立場。他實際上是呀哦通過吸收柏格森哲學對孟子『踐行盡性』學說作出說明。」〔註26〕由此可見，柏格森哲學在梁氏整個思想體系中佔據了相當重要的位置。學者們在這個問題上的觀點大體相當。

第二，關於梁漱溟社會實踐活動研究。梁漱溟在其父梁巨川影響之下，自小接受西式教育。「重事功」是梁漱溟十分看重的品格。因此，他曾言道：「我不是學問家」，「以哲學家看我非知我者」；我「是一個思想家，同時又是一社會改造運動者。」〔註27〕事實上，他的社會活動中國近代歷史上也留下過濃重的一筆。他的實踐活動主要圍繞他所熱衷的鄉村建設運動。

梁漱溟以文化救政治的基本思路在鄉村建設上表現爲建設以「新禮俗」爲核心的政治秩序。他認爲中國無序的社會局面實質上應歸咎於文化的失調，而且，中國的根本在鄉村。因此，展開鄉村建設是中國實現自救的根本途徑。「新禮俗」要落實教育上。培養民眾「對團體生活有力參加的」政治品格，實現民眾「自治」等等。對於梁漱溟中國的問題在農村，文化現代化推動政治現代化等觀點和實踐探索主要有以下一些評析：

朱義祿認爲，以梁漱溟爲代表的鄉村建設派雖未能找到解救中國農民的正確方法，但他們敏銳的發現解決中國問題的突破口是在農村，不能不說是一個

〔註25〕楊國榮：《在中西哲學的融合中重建儒學：梁漱溟新儒學思想探析》，載於《學術界》1989（3）。

〔註26〕王宗昱：《梁漱溟與柏格森哲學（下）》，載於《社會科學家》1989（4）。

〔註27〕梁漱溟：《中國文化要義》，學林出版社，1987年版，第4～5頁。

比較正確的看法。〔註28〕龔喜春認為，鄉村建設理論帶有明顯的復古性，梁漱溟將鄉村建設納入教育系統中，以教育解決社會問題，彰顯著中國傳統倫理社會的品質。它是梁漱溟以儒家文化理論為主體的東方文化救世理論的發展和具體化。〔註29〕熊呂茂從社會經濟生產形態上看梁漱溟的鄉村建設問題。在他看來，梁漱溟在探索一條「從農業引發工業」的現代化道路。雖然沒能成功但為今天解決「三農問題」和走新型工業化道路提供有益借鑒。〔註30〕

　　除專門研究之外，出於梁漱溟與毛澤東的特殊關係，許多學者還比較研究了梁漱溟與毛澤東有關農村問題思想的異同：有學者總結道：「毛澤東農村革命思想與梁漱溟鄉村建設理論的根本分歧在於：毛澤東站在農民階級的立場上分析問題、解決問題，而梁漱溟則以『士』的立場看待中國農村；毛澤東認為中國已淪為半殖民地、半封建社會，在農村已形成農民與地主兩大階級的對立與鬥爭，而梁漱溟則認為中國農村無階級對立，更無階級剝削和階級鬥爭；毛澤東主張從廢除封建地主佔有制的土改鬥爭入手，用暴力革命推翻封建地主階級，建立社會主義，而梁漱溟則主張走『鄉村建設』的改良之路以解決農村問題。」〔註31〕還有學者評價，毛澤東運用馬克思主義理論解決中國問題，梁漱溟則用傳統文化知識認識中國問題；在對中國問題梳理上，毛澤東展現出政治家的天賦，洞析中國問題的癥結所在——民族矛盾與階級矛盾。梁漱溟則固執地認為中國仍還是治亂循環的路子上，因此不可能尋出真正有效的解決方案。〔註32〕總之，學者們大多認為，梁漱溟的鄉村建設過分地理想化，而且對現代化和中國問題的認識明顯不足。毛澤東則從中國實際出發，探索出了真正適合中國國情的通向現代化之路。梁漱溟的鄉村建設思路在今天看來具有借鑒意義。他所關注的道德、民生、秩序、教育等問題仍然是我們現在所面臨的挑戰。幾十年前的過於理想的方案在今天來說可能具有現實意義和一定程度上的可落實性。因此，可以說他的鄉村建設理論還

〔註28〕 朱義祿：《梁漱溟鄉村建設思潮述評》，載於《史林》1997（4）。

〔註29〕 喜春：《評梁漱溟的鄉村建設理論》，載於《湖北師範學院學報》（哲社版）1992（1）。

〔註30〕 熊呂茂：《從農業引發工業：梁漱溟的鄉村建設模式探析》，載於《長沙大學學報》2006（6）。

〔註31〕 季芳桐：《試論毛澤東農村革命思想與梁漱溟鄉村建設理論的根本分歧》，載於《黨史文苑》2004（10）。

〔註32〕 易燕明：《毛澤東與梁漱溟：兩條現代化道路的若干比較》，載於《濮陽職業技術學院學報》2010（3）。

有進一步的研究價值。

（二）現代新儒學最新研究回顧與問題指向

關於現代新儒學研究，其規模較之梁漱溟專題研究自然更加龐大，主要以整體研究、個案研究、比較研究爲主要表現形式。由於本文仍主要圍繞梁漱溟民主思想作爲核心研究論題，故無法也沒有必要對所有現代新儒學研究進行詳盡闡釋。但是有必要簡要地對那些本文涉及到的重要研究成果與核心觀點加以梳理，特別是近年的一些重要研究成果，其中關於新儒家重要代表人物的個案研究亦具有極高的學術水準，對本文的寫作起到了很大的啓發與學習借鑒意義。

在現代新儒學研究領域裏，方克立、李錦全《現代新儒學研究叢書》（天津人民出版社，1992 版）是一套非常重要的叢書，它爲研究者認識進而深入研究現代新儒學思想提供了可靠的文獻依據。方克立先生的近作《現代新儒學與中國現代化》（長春出版社，2008 年版）極具前瞻性地思考儒家人文主義的現代價值問題，認爲在多元文化的背景下，儒家人文思想能夠成爲世界性知識話語中的組成部分。景海峰《新儒學與二十世紀中國思想》（中州古籍出版社，2005 年版）對儒學的近代轉型、理論特徵及缺陷、未來發展等問題做出獨到的解讀。他認爲，在制度儒學已經瓦解的今天，應把現代新儒學的發展思路放在同其他各種現代性文化爭奪話語權的方向上，爲儒家思想開拓出新的生存空間。此外，柴文華《現代新儒家文化觀研究》（三聯書店，2004 年版）則以十分工整的體例對梁漱溟、張君勱、熊十力等人的文化思想做了較爲系統的介紹和分析，同時將現代新儒學與當下中國特色社會主義文化進行了相互觀照，也試圖爲現代新儒學文化的未來發展方向開出合適的空間。綜合上述幾位學者的研究，不難發現，近年來現代新儒學研究者們的理論興趣主要集中在如何在全球化背景下的現代社會尋找到儒學思想的話語空間和生存地位，這與梁漱溟當時面臨的十分類似，可見，無論是思想者還是研究者都面臨著同樣的隱憂，同時也意味著該問題仍有相當的研究價值。

綜合梁漱溟問題研究與現代新儒學最新研究成果看，國內尚無對梁漱溟與現代新儒學民主思想問題方面的專題性，尤其是專著形式的研究成果。因此，本論題在學習借鑒前人或整體、或片段性的成果基礎上嘗試完成這樣一項極具挑戰性的理論工作。

三、研究方法與思路

（一）研究方法

1、文本分析方法。思想史研究最基礎性的工作無疑是在大量文獻中辨識、整理出作者的真實意圖。當然，從詮釋學的角度講，這種工作也似乎是不可能完成的任務。因為，作為研究者，我們既不可能完全復原言說者當時的語境，也無法百分百地從文字中抽取出作者的全部信息。但是，作為學術研究，研究者不可能拋開文本和它的作者而直接面對問題，至少應在一定程度上實現與前人的對話，即在研究中構建出與思想家們同樣的問題，並沿著他們的思路逐步摸清文本所要表達的基本意圖。這就需要研究者必須盡可能地佔有、鑒別、整理和研究文獻，從各種角度對思想家及其思想主張做立體式的瞭解。具體到本研究論題而言，筆者主要以梁漱溟的全集、著作單行本、年譜、日記、錄音資料及後人的傳記為基礎，兼收國內外學者的眾多研究成果，以此作為研究他民主思想的基本文獻材料。此外，與他同時代的另一些重要人物如陳獨秀、胡適、熊十力、馮友蘭、張君勱、牟宗三、徐復觀、唐君毅等人的相關著作也是極其重要的基礎文獻。堅持歷史與邏輯的統一，通過考察文本表達出的諸多證據對梁漱溟及整個現代新儒學學派關於民主問題的理論思考進行分析。綜合運用政治哲學、歷史學等相關理論，把思想史與政治史有機地結合起來，試圖呈現出實事求是、客觀辯證的理論研究風格與品質。

2、比較分析方法。所謂比較分析，即是將研究對象並置在一起，剖析它們的共通點與差異點，在比較的過程中審視研究對象的特殊屬性以及產生它的原因與後果。本論題主要集中在這樣兩方面：其一，現代新儒學思潮內部的比較。關於民主思想，梁漱溟是該學派的先行者，但其後的張君勱、牟宗三、唐君毅、徐復觀等人對民主問題的思考都各具其特色，甚至於梁漱溟的觀點相去甚遠。這些思想家都表現出對民主問題的青睞，而如何實現民主則更值得關注。因此，區分他們彼此之間的某些差異對整體把握現代新儒學的基本政治旨趣是很有價值的。其二，現代新儒學與其他社會思潮的比較。確實地講，現代新儒學話語中的民主思想雖有其特色，但顯然並不能代表近代中國知識界認識民主的最高水平，它較之現代西方自由民主思想更不可同日而語。然而，正是在比較砥礪中方可見識到某種思潮或理論的歷史價值與局

限，才可能對它做出更加合理、客觀的評價，也唯有如此，它或許能獲得更大的自我修正空間，向更嚴謹、成熟的方向發展。回過頭對研究者而言，其研究成果也或許更具價值。

（二）研究思路

　　本研究論題擬從梳理梁漱溟的生活經歷與學術經歷入手，首先勾勒出他思考民主問題的大致思路及其原因；其次重點評析梁漱溟民主思想的內涵、特徵及其實現路徑；復次討論他的民主思想對現代新儒學思潮的主要貢獻，著重辨析其他幾位新儒家對民主的認知以及與梁漱溟的差異，總結該思潮對民主、政治制度發展、政治思想啟蒙等一系列重大問題的基本觀點和傾向。最後，從現代新儒學思潮整體出發，對其理論價值、特徵及局限等問題做出綜合分析判斷。總之，通過這樣的論證過程，最終要解決本論題針對的核心問題，即嘗試性地回答中國民主政治發展與民主思想話語表述之間的內在邏輯與相互關聯。

第一章　清末民初中國社會環境與現代新儒學思潮的興起

　　自 19 世紀中葉以來，隨著歐美世界近代化進程的加快，中華文明也無可避免地被納入其中。中國舊有的經濟生產方式、政治制度安排、思想文化傳統、社會結構體系等各個方面，都在這一過程裏持續不斷地遭到衝擊。事實上，西方文明向東方世界滲透並不自這一時期始，但至少對中國而言，在經歷了西方列強連續不斷的欺凌之後，大批有識之士意識到，今日之中國的確面臨著以往未曾遇到過的困難，其中一個重要方面，即中國數千年來以儒家學說爲主體的意識形態系統受到來自西方近代文明近乎顛覆性的破壞。但與此同時，近代文明的傳入也造就了 20 世紀上半葉中國的思想解放運動，形成各式各樣的理論學說，一時蔚爲壯觀。在新舊文化碰撞中，一些人開始思索如何保守固有文化，如何接納異質文化以及如何調和二者並使之共同推動社會發展。當然，這種思考絕不只停留在抽象的邏輯推理層面，而是在不斷尋求解決中國現實問題方案的過程中逐漸豐富發展起來。關於清末民初中國社會狀況的討論，當代學者們的研究無論在廣度和深度上都已經頗具洞見力。此處僅選取兩個較爲宏觀的角度，政治制度和思想觀念，嘗試勾勒這一時期中國政治變遷的大致輪廓。

一、推翻王朝統治，建立共和國家

　　晚清政府曾經兩次嘗試在政治制度層面進行變革：第一次是 1898 年，以

康有爲、梁啓超等人爲代表的改良思想家發起的戊戌變法運動。第二次是 1906 年，清廷頒佈「預備仿行憲政」上諭，大搞預備立憲。然而，這兩次嘗試都沒能改變它的最終命運。辛亥革命推翻了清政府統治，建立起形式上的共和國，善良的政治家和思想家們在其後所有的努力都立足於如何在中國建設起一個獨立民主的共和國家這一問題上。應當承認，無論是清政府鼓吹的君主立憲，還是革命派倡導的民主共和，在推動中國政治發展方面都起到了相當重要的作用。但即便是在推翻了清王朝統治後，民國的現實政治狀況也暴露出其政治制度變革形式上大過實質的問題。

（一）主權在民寫入憲法，但政治參與無法得到滿足

從普通個人出發看待國家與社會問題，是西方近代自由主義政治傳統的一個特點。思想家們倡導主權在民，依靠憲政體制，通過憲法和法律將權力歸屬規定下來，成爲討論其他政治問題的前提。這與中國君權至上、人治主義思維大相徑庭。中國傳統政治邏輯的開端是君主，透過君主去理解權力、天下、國家、人民等其他範疇。「天子居天下之尊，率土之濱，莫非王臣……凡土地之富，人民之眾，皆王者所有也」〔註 1〕；「天下國家一體也，君爲元首，臣爲股肱，民爲手足。」〔註 2〕明清之際的黃宗羲、顧炎武提出過，「天下爲主君爲客」〔註 3〕、「爲民而立之君」〔註 4〕等含有反專制色彩的言論，以近代政治理論的眼光看，雖然一定程度上反應了古代中國人理解君民關係的最高水平，但也並不能據此認定他們具備了近代政治思維。在傳統意識形態裏，君主這種人格化權威，作爲中國社會統治活動的核心角色，其統治的合法性源於德性、能力以及身份等級結構，綜合運用道德、權術、法律等手段統御著文武大臣及天下百姓，表現出人治與治人的高度結合，完全不具備西方政治傳統中的憲政精神。清末預備立憲雖表現出一絲鬆動，但確實地講，直到民國政府成立，才至少在形式上確立了憲政體制，並確認了主權在民。《中華民國臨時約法》，第二條規定：「中華民國之主權屬於國民全體」〔註 5〕。此外，還進一步細化了人民享有的各項自由、權利及需要擔負的義務，將國家

〔註 1〕程頤：《周易程氏傳・大有》。
〔註 2〕荀悦：《申鑒・爲政第一》。
〔註 3〕黃宗羲：《明夷待訪錄・原君》。
〔註 4〕顧炎武：《日知錄》卷七。
〔註 5〕《中華民國臨時約法》。

主權落實到個人權利問題上來。然而，對於當時大多數普通中國人民而言，他們不知權利為何物，權利意味著什麼以及如何行使權利。辛亥前後，時人對此有過不少解說，「權利的意思就是一個人應該享受的利益」〔註6〕；「天之生人，成了國民，立於大地之上，與我一種自由之權利，斷不可放棄其權利」〔註7〕；「權利在手則生，不在手則死，到了生死關頭，方知道天地間再沒有比權利大的了」〔註8〕；「天下斷沒有不自盡責任而能空享受權利的人，也沒有既自盡責任而不能享受權利的人。只知享受權利而不能自盡責任的，便是豺虎」，「只知自盡責任而不能享受權利的便是奴婢。」〔註9〕從這些解說中不難看出，時人意識到權利的重要性，應該對普通民眾進行思想教育，培育他們權利觀念。

　　然而，落實到實踐領域卻並不那麼樂觀。例如，清政府在 1909 年上半年進行的諮議局選舉，由於受選舉資格限制，法定參與投票人數極少。有學者統計，全國除新疆外 21 個省，選民總數占各省人口數比例，如直隸，占 0.62%；如甘肅，占 0.91%；全國平均數只有區區 0.42%。〔註10〕更讓人感到諷刺的是，政治請願活動還曾被政客利用，1915 年袁世凱鼓動復辟期間，各種「國民請願團」粉墨登場，北京出現「商會請願團」、「教育請願團」、「婦女請願團」、「乞丐請願團」等等，上演了一出國人一致恭請改變國體，早定君主立憲的政治鬧劇。可見，主權在民雖然寫進了憲法，但不可能立即寫入數以億計的普通百姓心中，中國更不可能在短時間內出現與西方民主國家一樣成熟的政治參與環境。

（二）分權制衡原則得到確立，而獨裁仍不受制約

　　關於權力運行，西方近代政治思想家們有一種普遍的擔心，即無限制的權力會被其佔有者濫用，進而侵犯到個人權益。洛克講：「統治者在野心和奢侈的慫恿下，想要保持和擴大權力，不去做人們當初授權給他時要他辦的事情，加之諂媚逢迎使君主認為具有與其人民截然不同的利益，於是人們發覺有必要更加審慎地考察政權的起源和權利，並找出一些辦法來限制專橫和防

〔註 6〕君劍：《權利責任淺說》，《競業旬報》第 7 期，1906 年 12 月 26 日。
〔註 7〕江都揚子江：《國民的奴性》，《競業旬報》第 29 期，1908 年 10 月 5 日。
〔註 8〕崇實：《說權利》，《雲南》第 8 號，1907 年 8 月 25 日。
〔註 9〕君劍：《權利責任淺說》，《競業旬報》第 7 期，1906 年 12 月 26 日。
〔註 10〕張朋園：《立憲派與辛亥革命》，臺北商務印書館，1969 年版，第 16 頁。

止濫用權力。」〔註11〕孟德斯鳩也講:「一切有權力的人都容易濫用權力,這是萬古不變的一條經驗。」〔註12〕因此,分權和制衡便成爲限制權力異化的政治原則。立法、行政、司法三權分立與制衡成爲近代國家的典型特徵。反觀中國,清政府《欽定憲法大綱》中「君上大權」部分實際確認了君主總攬立法、人事、軍事、司法、財政等各種權力。後又拋出「皇族內閣」,不僅徹底暴露出清政府沒有立憲的誠意,而且又進一步將各種權力收歸滿族親貴手中。這讓充滿政治熱情的立憲派政治勢力對其喪失信任,更觸犯了保守勢力中漢族官僚的既得利益,激化了官僚系統中的滿漢矛盾。此後,清政府迅速垮臺與此不無關聯,正如時任英國外交大臣的格雷評價的那樣:「我認爲,中國有一個更好的政府是可取的。目前的內閣是軟弱的,優柔寡斷的。這個內閣以不現實的政策將自己推向深淵」〔註13〕當代美國漢學家吉爾伯特·羅茲曼認爲,清王朝倒臺的一個重要原因是:「國家最高領導本來是可以力挽狂瀾,扭轉政府各方面衰敗的。但清廷統治者卻沒有試圖充分利用國家手中的現有資本,給自己發展出強大而有活力的政治機構來獲取王朝或全民的目標。他們失去了這種本事。晚晴統治者在危機面前是滿腹狐疑,猶豫不決,窮於應付,在現代化方面實在談不上有助於任何問題的解決」,「政治結構成了一堆廢物,對於現代化道路上任何有意義的行動,它都毫無作用。」〔註14〕與清政府相比,民國政府在權力組織形式方面,更貼近於西方國家政體形式。《臨時約法》開列了行使權力的各種機構:參議院、臨時大總統、國務員、法院,各司其職且權力互有制約。然而在權力實際運行過程中,民國的各種職能機關雖然在一定程度上踐行民主政治規則,例如,從中央到地方各級政權都建立起三權分立的運行模式,這在中國政治發展歷史上的確是不小的進步。但是,它們最終仍沒達到反抗專制的效果,沒能阻止袁世凱及其繼任者們實行獨裁統治。國會日益成爲獨裁者們的附庸,司法獨立讓位於權力鬥爭,操持行政的內閣也被挾持。據統計,自 1912 年,唐紹儀組閣到 1916 年,袁

〔註11〕 【英】洛克:《政府論》(下篇),瞿菊東、葉啓芳譯,商務印書館,1997 年版,第 70 頁。

〔註12〕 【法】孟德斯鳩:《論法的精神》,商務印書館,1982 年版,第 154 頁。

〔註13〕 【英】P.洛:《英國與日本人(1911~1915),英國遠東政策研究》,轉引自《國外中國近代史研究》第 1 輯,中國社會科學出版社,1980 年版,第 91 頁。

〔註14〕 【美】吉爾伯特·羅茲曼主編:《中國的現代化》(中譯本)江蘇人民出版社,2003 年版,第 188~189 頁。

世凱復辟失敗後段祺瑞組閣的短短五年間，共計 11 個內閣倒臺重組。〔註15〕總之，國家機關逐漸成為各種政治勢力相互角逐、相互掣肘的工具。可見，制度設計只能從形式上規定權力的基本運行態勢，但並不意味著單憑它就能解決權力運行的所有問題。某種意義上說，西方所謂「以權力制約權力」的背後隱喻則是「以實力對抗實力」。民國初創，以袁世凱為首的北洋勢力同孫中山為代表的革命派勢力相比，無論在軍事力量、經濟實力、政治影響或社會基礎等各個方面都佔有優勢，加之革命派內部矛盾重重，內耗嚴重，其結果自然不言而喻。

（三）政黨政治得到認同，卻難以發揮作用

近代民主政治還有另一個標識性元素，即政黨政治。在清末民初這段時間裏，中國曾掀起過一場政黨熱，大大小小政治團體多達 300 餘個，各種「會」、「社」、「黨」，「林林種種，相此而立」。〔註16〕它們不同程度地影響過中國政治變革。清政府宣誓立憲後，16 省諮議局代表於 1909 年組織建立「國會請願同志會」，〔註17〕翌年，該團體三次向清政府發起請願，要求早開國會。迫於來自各方的壓力，清政府宣佈縮短預備年限，定於宣統五年召集國會。此後，立憲派人士又相繼組建「憲友會」、「憲政實進會」、「辛亥俱樂部」等旨在建立和維護君主立憲制度的政治團體，這些團體的成員大多供職於清政府資政院，資政院在與頑固派勢力抗爭中並沒有占到便宜，他們要求清政府組建責任內閣，卻換來了一個皇族勢力掌握實權的「親貴內閣」。可見，資政院時代政治團體的政治實踐活動並不是標準意義上的政黨政治，未能對中國政治發展起到實質促進作用。自清廷退位起，中國同盟會從秘密社團變為公開的政黨。孫中山「讓位」於袁世凱後，宋教仁先任職於唐紹儀內閣，辭職後，提出以政黨競爭的方式爭取國會多數席位，從而贏得組織內閣的權力，遂於 1912 年 8 月，將「中國同盟會」、「統一共和黨」、「國民公黨」、「共和實進會」以

〔註15〕此處倒閣指內閣成員出現變動，而不僅限於內閣總理人選發生變化。參見謝彬著《民國政黨史》，中華書局，2007 年版。

〔註16〕邵元沖：《政黨泛論》，載《國民》月刊，1919 年，第 1 卷第 1 號。

〔註17〕此處需要說明，在國會請願同志會成立之前，中國已經出現代表各種政治勢力的政治社團，例如，革命派創立的「興中會」（1894）、「華興會」（1903）「光復會」（1903）以及後來的「中國同盟會」（1905），張謇、鄭孝胥等立憲派代表成立的「預備立憲公會」（1907）等等。但從政治影響力角度講，「國會請願同志會」開始影響中央政權的政治決策。

及「國民共進會」聯合改組爲「國民黨」。在 1913 年的國會選舉中,「國民黨」終於以絕對優勢擊敗其他政黨,獲得參眾兩院的多數席位。但隨著宋教仁遇刺、袁世凱關閉國會等一系列事件的發生,民國初年的政黨政治實際上可以說是名存實亡。可以想見,在一個沒有憲政體制,缺乏法治精神,軍事實力決定政治話語權的集權國家裏,政黨政治根本沒有生存條件。對於統治者而言,掌握暴力比掌握選票更加可靠,即便出現如宋教仁這樣的理想主義者,也只能成爲獨裁政治的犧牲品。

縱觀清末民初中國政治制度變遷,造成這種形式大過事實的因素有很多,其中值得關注的一點即政治制度與經濟、文化、社會等其他方面的發展不同步,能夠支持政治制度轉變的其他力量並不成熟。中國的政治制度轉變並不是自生自發的過程,它主要借助對西方近代國家形態的認同、移植和改造。但政治發展與社會發展的不平衡無可避免地制約著它向近代國家形態邁進的步伐。反過來講,也正因爲中國的精英階層開始廣泛認識和接受西方近代政治思想,加之政治變遷迫切的現實需要,推動了 20 世紀初葉中國社會的歷史劇變。

二、樹立民族國家觀,傳播民權意識

近代中國政治思想啓蒙主要以西方近代政治思想及實踐經驗作爲理論工具,政治精英和知識精英們主要圍繞建立近代民族國家和培養人民的民權觀念兩方面內容向社會傳播近代政治知識,對廣大普通民眾進行思想教育,其目的試圖從思維習慣上徹底改變中國人的舊思想,樹立符合近代國家和社會發展的新價值觀念系統。

(一)近代民族主義思想的形成

絕大多數古代中國人信仰「天圓地方」說,他們相信自己生活在世界的中心,因此有「居天地之中者曰中國,居天地之偏者曰四夷,四夷外也,中國內也。」〔註 18〕這種想像出的地理位置方面的優越感一直持續到清代,即便是西方傳教士將地理科學帶入中國後,統治者仍不願放棄「華夏中心」的觀念,堅信中國位於天下的中心。此外,中國自古以來就是多民族相互融合

〔註18〕石介:《中國論》,載陳植鍔點校《徂徠石先生文集》,中華書局,1984 年版,第 116 頁。

的國家，由於農業經濟的封閉性和地理環境複雜性種種因素的影響，各民族之間經濟文化發展水平不同。以漢民族爲主體的華夏文明長期處於相對發達的地位，因此，「華夷尊卑」觀構成中國士大夫們的普遍心理。在他們眼中，與周邊其他民族相比，華夏文明是世界上最先進的文明，從道義上佔據優勢地位。人們以「天朝上國」自詡，其他民族不過是未開化的蕞爾小邦。他們認爲有必要把自己同四周野蠻的東夷、西戎、南蠻、北狄相互隔絕，理由是「非我族類，其心必異」。這種狹隘的「夷夏大防」觀念直到鴉片戰爭之後才有所鬆動。中國第一批「開眼看世界」的有識之士突然發現，無論從地理位置還是文明程度上說，中國都稱不上是世界的中心或主宰。中國雖然土地廣袤、物產豐盈，但並不是唯一的大國，比如「南亞墨利加，袤延數萬里，精華在米利堅一土，天時之正，土脈之腴，幾與中國無異。」〔註 19〕更爲要緊的是，過去人們眼中的蠻族如今經濟繁榮、交通發達、人民生活富裕，不僅在軍事方面超越中國，科技文化等方面與中國相比也成爲「長技」。今天的中國人必須承認自己只不過是世界民族之林中的一員，民族的先進或落後絕不是由地理位置或種族決定的，而是由軍事、經濟、政治、文化、社會等各個方面因素綜合作用的結果。中華民族不僅不是最先進的民族，甚至已經淪落爲落後民族。因此，必須放棄過去封閉幻象式的民族觀念，這就需要重新認識自己，同時吸納其他民族的文明成果，在民族危機感中樹立新的民族認同和民族意識。

　　近代民族主義主要是指西方近代以來，或以種族爲基礎或以文化爲基礎發展形成的民族共同體所持有的民族認同感及與之相關的價值觀念。20 世紀初葉，西方近代民族主義傳入中國，也正是在清末民初這段時期，中國近代民族主義開始形成。1901 年，梁啓超在《國家思想變遷異同論》一文中提出「民族主義」一詞，指出：「（歐美）民族主義全盛於十九世紀，而其萌達也在十八世紀下半。」在他看來，「民族主義者，世界最光明正大之主義也。」因爲民族主義「不使他族侵我之自由，我亦毋侵他族之自由。對其在於本國也，人之獨立；其在於世界也，國之獨立。」因此，「凡國未經過民族主義之階級者，不得謂之國。」〔註 20〕隨後，他又再一系列文章中宣傳西方近代民

〔註19〕　徐繼畬：《瀛環志略》卷 9，上海書店出版社，2001 年版，第 290 頁。
〔註20〕　梁啓超：《國家思想變遷異同論》，《飲冰室合集》（文集之六），中華書局影印本，1989 年版，第 19、20 頁。

族主義，可見梁啓超非常看重民族主義對國家的重要性。繼梁啓超之後，清末民初的另一些有識之士也紛紛加入到宣介西方近代民族主義的行列中。有人指出：「近世歐洲意大利之獨立，日耳曼之聯邦，皆以同一種族，建一國家，民族主義之勢力，大振於政治界。吾國之不振，非歐族使之然，自族不建國家之故也。」〔註21〕又有人講：「今日者，民族主義發達之時代也，而中國當其衝，故今日而再不以民族主義提倡於吾中國，則吾中國乃眞亡矣」，「今日歐族列強立國之本，在民族主義，固也；然彼能以民族主義建己之國，復能以民族主義亡人之國。」〔註22〕他們認爲，民族主義是立國之本，強國之策，中國之所以落後就是因爲沒有以民族主義構造國家，若不想亡國則必須大力提倡民族主義。除了介紹宣傳民族主義的內涵與作用，時人還注意到，中國人正是由於缺乏民族主義觀念而使民族精神十分淡泊。因此，還需要大力培育人民的民族精神。「既爲國民中之一分子，則當具國民之資格，國民之權利，國民之義務，國民之感情。遇外族若何蹂躪，若何欺凌，徑當拼力一心，誓死以相抵，不爭回自由權不止。故近今志士，以民族主義爲全國倡」。並稱「立國之要素何？曰民族精神」。〔註23〕樹立民族主義、民族精神不僅是必要的，還是時代的迫切要求，面對西方列強正「排山倒海，浸淫灌注於中國」的局面，他們認爲：「國民者，腦筋中有本民族事業之民也，有民族思想之民其國強，無民族思想之民其國亡」。國民只有把民族主義、民族精神「由小腦入大腦」、「吾種族始得雄飛於二十世紀」〔註24〕。這些論述代表了時人關於近代民族主義的共識性認知。

除了宣傳西方近代民族主義觀念之外，以孫中山爲代表的革命派和以梁啓超爲代表的立憲派這兩股政治力量在清末民初政治變革中相互交鋒，推動了中國民族主義從傳統向近代的轉型。無論是革命派還是立憲派，建立民族國家是他們的共同期望，而他們的主要分歧在於建設一個什麼樣的民族國家。革命派以「排滿」式的民族主義爲口號，倡導建立漢族政權國家，立憲派則強調應當建立起一個多民族國家。

〔註21〕雨塵子：《論世界經濟競爭之大勢》，載《辛亥革命前十年間時論選集》（第 1 卷上），三聯書店，1960 年版，第 205 頁。

〔註22〕余一：《民族主義論》，載《辛亥革命前十年間時論選集》（第 1 卷下），三聯書店，1960 年版，第 485～492 頁。

〔註23〕重光：《國民與人民之分別》，《覺民》第 9、10 期合本，1904 年 8 月。

〔註24〕論說：《中國民族論》，《湖北學生界》第 4 期，1903 年 4 月 27 日。

革命派最早以「驅除韃虜，恢復中華」為口號，號召反清革命，「排滿」
是其重要的政治訴求之一。鄒容在《革命軍》中言：「吾同胞今日所謂朝廷、
所謂政府、所謂皇帝，即吾疇昔之所謂曰夷、曰蠻、曰戎、曰狄、曰匈奴、曰
韃靼，其部落居於山海關之外，本與我黃帝神之明子孫不同種族也。」〔註25〕
也有支持者寫到：「悲夫痛哉！風景依然，舉目有江河之異，吾中國之亡也，
殆久矣乎！棲棲千年間，五胡之亂十六州之割，兩河三鎮之亡，國於吾中國者，
外族專制之國，而非吾民族之國也。」〔註26〕在他們的邏輯裏，只有漢族統治
才具有正統性，其他民族統治中國都是亡中國，建立民族國家必須「排滿」。
柳亞子講：「凡是血裔風俗語言同的，是同民族；血裔風俗語言不同的，就不
是同民族。一個民族當中，應當建設一個國家，自立自治，不能讓第二個民族
佔據一步。」〔註27〕汪精衛更明確提出：「吾願我民族實行民族主義，以一民
族為一國民。」〔註28〕可見，革命派關於民族主義的主張鮮明，漢民族優越情
緒表現得很明顯。與革命派相比，立憲派反對「排滿」，主張「合滿」，尋求建
立起一個以中國文化為基礎的政治共同體，即在憲政框架內運行的多民族國
家。如梁啓超認為，革命派「排滿」情緒主要還是囿於「夷夏大防」的觀念，
但問題在於「滿洲與我，確不能為純粹的異民族」。〔註29〕因為無論從語言文
字、居住區域、風俗習慣、宗教信仰哪個方面講，滿族人已經與漢族人有著許
多共同點。「以社會學者所下民族之定義衡之，彼滿洲人實已同化於漢人，而
有構成一混同民族之資格者也。」〔註30〕如果堅持以血緣為標準區分民族，甚
至以此為藉口對其他民族加以排斥，那便不符合中國社會發展的實際要求。又
如，楊度也贊同梁啓超的觀點，他在《金鐵主義說》一文中也主張建立合漢、
滿、蒙、回、藏等「五族」的多民族國家，指出：「今日之中華民族，則全國

〔註25〕鄒容：《革命軍》。

〔註26〕黃節：《國粹學報敘》，載《辛亥革命前十年間時論選集》（第 2 卷上），三聯
　　　　書店，1960 年版，第 43 頁。

〔註27〕柳亞子：《民權主義！民族主義！》，載《辛亥革命前十年間時論選集》（第 2
　　　　卷下），三聯書店，1960 年版，第 43 頁。

〔註28〕汪精衛：《民族的國民》，載《辛亥革命前十年間時論選集》（第 2 卷上），三
　　　　聯書店，1960 年版，第 100 頁。

〔註29〕梁啓超：《申論種族革命與政治革命之得失》，《辛亥革命前十年間時論選集》
　　　　（第 2 卷上），三聯書店，1960 年版，第 224 頁。

〔註30〕梁啓超：《申論種族革命與政治革命之得失》，《辛亥革命前十年間時論選集》
　　　　（第 2 卷上），三聯書店，1960 年版，第 226 頁。

之中除蒙、回、藏文化不同，語言各異外，其餘滿、漢人等，殆皆同一民族。」〔註31〕因此，「排滿」必須得到更合理的解釋，它究竟是要建立純粹的漢民族國家還是旨在推翻滿族專制統治。歷史事實最終也證明了無論是革命派還是立憲派，建立近代民族國家的首要任務是打破封建專制，尤其是革命派，他們在政治實踐中不斷修正自己的觀點，隨著革命形式的發展，革命派最終放棄「排滿」的狹隘的觀念，1912年元旦，孫中山在《臨時大總統宣言書》中宣佈：「國家之本，在於人民。合漢、滿、蒙、回、藏諸地爲一國，則合漢、滿、蒙、回、藏諸族爲一人，是曰民族之統一。」〔註32〕中華民國以「五族共和」、「五族平等」作爲處理民族問題的基本原則，在中國建立起獨立、民主的近代國家是所有有識之士的共同願望。這種民族主義思想不僅包含了西方近代民族主義思想元素，還帶有反專制、反壓迫的特徵。

（二）民權觀念廣泛傳播

辛亥前後知識界對於民權的理解可以這樣解讀：每個人都是具有完整政治人格的獨立個體，人們擁有保護個人權益和參與公共生活的基本權利。此處需要進一步說明兩個概念，民的概念與權利的概念。

在中國傳統政治思維裏，民首先是一個群體概念，不具備個體認同，如庶民、黎民、萬民、百姓等；其次，某些古代思想家依據稟賦將人分爲不同類別，而民意味著愚昧、未開化的那一類，與氓、萌等概念相通；最後，從政治結構角度講，民代表了政治等級中的最底層，是統治階級的統治對象。英明的君主以民爲本治理天下，民眾只可能通過依附他而獲得相應的利益而不可能擁有實際的政治權利。〔註33〕這種臣民角色在辛亥前後被徹底否定，在理解了民族國家的概念之後，人民、公民、國民等概念成爲時人討論的新名詞。有人講：「有宇宙而後有生物，有生物而後有人類，有人類而後有國家。國家者，以人民爲本位，有主權爲之統治機關，有土地爲之生活場所。是故，人之爲義，與物爲相對的兩體；民之爲義，與國爲絕對的一體。」〔註34〕在

〔註31〕楊度：《金鐵主義説》，《楊度集》，湖南人民出版社，1986年版，第374頁。

〔註32〕孫中山：《臨時大總統宣言書》，《孫中山全集》（第2卷），中華書局，1982年版，第2頁。

〔註33〕關於古代「民」的解釋，參見孫曉春著《儒家民本思想發微》，載於《中國政治思想史論》，吉林人民出版社，2002年版，第81～94頁。

〔註34〕直覺：《國民主義》，《牖報》第4號，1907年7月10日。

明確了人民對於國家的意義之後，時人進一步解釋人民與君主之間的關係：
「今試問一國之中，可以無君乎？曰可。民主國之總統，不可謂之君，招之
來則來，揮之去則去，是無所謂君也。又試問一國之中，可以無民乎？曰不
可。民也者，納其財以爲國養，輸其力以爲國防。一國無民，則一國爲邱墟；
天下無民，則天下爲邱墟。故國者民之國，天下之國即爲天下之民之國。」
〔註35〕再者，從國家的基本功能的上講，它以追求自身發展和創造人民的福
祉爲目的：「國家之有政治，其目的安在？曰一以謀國家自身之發達，一以謀
組成國家之分子之發達。」〔註36〕此外，康有爲在 1902 年所著《公民自治篇》
中使用公民一詞，稱讚西方，「人人有議政之權，人人有憂國之責，故命之曰
公民。人人皆視其國爲己之家，其得失肥瘠皆有關焉。夫家人雖有長幼貴賤，
而有事則必聚而謀之，以同利而共其患。」〔註37〕另有人撰文稱：「公民是這
個地方公共承認了的一個人，等到一個地方公共承認，不是已經有了一定的
事業，一定的資產，一定的居住嗎？地方是國家的地方，地方公認就是國家
公認。」〔註38〕還有人這樣講：「雖然大地之上，同是動物也而有人類、與禽
獸之分；同是人類也而有黃、白、紅、黑之分；即同是一民也而有國民、奴
隸之分。何謂國民？曰：天使吾爲民而吾能盡其爲民者也。何爲奴隸？曰：
天使吾爲民而卒不成其爲民者也」，「奴隸無權利而國民有權利，奴隸無責任
而國民有責任，奴隸甘壓制而國民喜自由，奴隸尙尊卑而國民言平等，奴隸
好依傍而國民尙獨立，此奴隸與國民之分別也」。〔註39〕無論「同利共患」、「公
共承認」還是奴隸與國民之辨都表明了這樣一個學理常識：人民不再附屬於
君主而是與國家相關聯，民眾對於國家政治生活不僅具有主動參與的資格，
同時也是一種責任。因爲，每個人都應獲得國家對他完整政治人格的確認。
政治生活的重心從君主轉移到了普通民眾這裏，這種顛覆性的思維爲伸張民
權提供了可靠的知識資源。

　　與關於人民、公民、國民概念的解說不同，時人對於權利的理解不僅僅

〔註35〕《說國民》，張枬、王忍之編《辛亥革命前十年間時論選集》（第 1 卷上），北
　　　　京：三聯書店，1977 年版，第 72 頁。
〔註36〕憲民：《政治與人民》，《政論》第 1 號，1907 年 10 月 7 日。
〔註37〕明夷：《公民自治篇》，《辛亥革命前十年間時論選集》（第 1 卷上），三聯書店，
　　　　1977 年版，第 173 頁。
〔註38〕佚名：《公民之淺解》，《白話報》，第 838 號，1908 年 10 月 2 日第 1 頁。
〔註39〕《說國民》，《辛亥革命前十年間時論選集》第 1 卷上冊，第 72 頁。

停留在概念把握上，他們更加看重權利對於實現國家富強的重要作用。有人批評道：「（中國人）數千年固不知民權二字爲何物也，驟以民權之說相提倡，其不指爲大逆不道者幾希，欲競其說，誰爲卒聽乎？至於聽者無人，其說之不昌也。」〔註40〕由此造成「中國人不知權利，中國人不知責任」。〔註41〕以至於「歐人論亞洲人之缺點，謂亞洲人不知權利之爲何物」。於是出現「參政權爲國民分內之事，而置之不爭；主權與領土爲立國之要素，而任人分割攘取」，〔註42〕其後果便是國家衰敗。又有人講：「權利在手則生，不在手則死，到了生死關頭，方知道天地間再沒有比權利大的了。」〔註43〕可見，在他們眼裏，權利關乎整個民族國家的利益。因爲「今日之世界，一權利競爭之世界也。故其國民權利思想愈發達，則國愈強，反是者必爲人所制，而陷於危亡。」〔註44〕所以，「今日非竭力保守權利必不能立於地球之上，非使中國人人都有保守權利的能力，必不能救中國之危亡。」〔註45〕那麼，人民應當保有哪些權利呢？有人仿照西方思想家，將權利分爲「公權」與「私權」兩個方面。公權，「歐人稱之爲公民權或公權權」。「公民權之最重者，第一，參與代議之事，即有選舉權及被選舉權；第二，參與裁判權之事，即陪審及充當裁判僚屬之權；第三，據法律之規定而爲各種官吏之權；第四，參與自治之權。」〔註46〕又有，「民有立法權，民有參政權，民有監督財政權。」〔註47〕還有，「國家行爲請求權，司法行爲請求權，請願權，參政權」，〔註48〕以及「對於國家之責任曰監督權」〔註49〕這些從不同角度開列的所謂「公權」基本概括了人民參與政治生活所需要的各項權利內容，可見時人對這個問題的理解已經相當成熟。同時，人們對「私權」也有著比較完整的認識。如，「自由權者，言不受國家干涉之自由範圍以內之權屬。」〔註50〕主要包括：「居住

〔註40〕 清涼散士：《論民權之說以駁愈明》，《選報》第 39 期，1902 年 12 月 30 日。
〔註41〕 君劍：《權利責任淺說》，《競業旬報》第 7 期，1906 年 12 月 26 日。
〔註42〕 攻法子：《英人之權利思想》，《譯書彙編》第 2 年第 9 期，1902 年 12 月 10 日。
〔註43〕 崇實：《說權利》，《雲南》第 8 號，1907 年 8 月 25 日。
〔註44〕 攻法子：《英人之權利思想》，《譯書彙編》第 2 年第 9 期，1902 年 12 月 10 日。
〔註45〕 崇實：《說權利》，《雲南》第 8 號，1907 年 8 月 25 日。
〔註46〕 西藝叢鈔：《各國公民公私權緒論》，《政藝通報》，壬寅第 11 期。
〔註47〕 《民權問答篇》，《東浙雜誌（錄意軒稿）》第 4 期，1904 年。
〔註48〕 法意：《民權說》，《廣益叢報》第 225 號，第 8 年第 1 期，1910 年 3 月 10 日。
〔註49〕 劍虹：《論國民之責任》，《雲南》第 7 號，1907 年 7 月 20 日。
〔註50〕 法意：《民權說》，《廣益叢報》第 225 號，第 8 年第 1 期，1910 年 3 月 10 日。

及轉移之自由，身體保全之自由，住所安全之自由，書信秘密之自由，集會結社之自由，思想發達之自由，所有之自由，信教之自由。」〔註51〕總之，「私權者指人命各營其生活而得之權利也；公權者指社會中之一人參與公共事務而得之權利，所謂公益上之權利也。故私權大抵以民法規定之，而公權大抵以憲法及其他國法規定之。」〔註52〕最後，關於應當如何行使權利，總結起來大約有三點：一是學習保護自己的權利，即「養成國民自衛之能力，以為共同生存權利之保全」〔註53〕；二是學習運用法律，否則「若夫權利之所在，明明為吾人所應有，而以不知法律故，或請求不如法，或拋棄不知恤，或被司法官行政官之蹂躪，而不知所以挽救之道，則權利之喪失已多」〔註54〕；三是享有權利的同時要盡義務，認識到權利與義務相對而生，二者不可偏廢。

　　總體上講，清末民初時期權利觀念的認知和傳播程度已經近代民族主義和民權觀念的勃興之所以構成清末民初以來政治思想領域的兩大主題，其主要原因在於面對民族危機，尋求民族和國家的獨立富強，解決人民的生存問題是當時亟待破解的現實困難，而建設近代民族國家和樹立權利意識自然成為思想者們需要思考的兩個理論問題。

三、回應「西化」中興起的現代新儒學

　　中國傳統政治秩序的破壞及其思想觀念的變化極大影響了中國社會的發展進程，人們對傳統政治秩序和政治信仰產生嚴重質疑。一個顯見的事實告訴我們，延續數千年以儒家思想為主要治國方略的政治制度及其作為政治信仰的功能已經不再適應現代化的現實需要，中華帝國的政治制度和政治信仰都被迫發生變化。此外，現實政治變革所暴露出的嚴重問題說明中國政治發展還遠沒有達到預期的效果。孫中山等真誠的革命者繼續用實際行動推動實踐領域的變化，而一些更為激進的思想精英主張與傳統徹底決裂，把「西化」看做是解決中國社會發展問題的根本方法。梁漱溟正是在審視傳統文化和回

〔註51〕支那子：《法律上人民之自由權》，《浙江潮》第 10 期，1903 年 12 月 8 日。
〔註52〕西藝叢鈔：《各國國民公私權緒論》，《政藝通報》壬寅第 11 期，1902 年 8 月 4 日。
〔註53〕《中國國民權利保全會宣言書》，《國報》第 1 號，1909 年 11 月 13 日。
〔註54〕《論國人宜知政法之大要（錄丙午三月二十九日時報）》，《東方雜誌》第 3 年 第 5 期，1906 年 6 月 16 日。

應反傳統觀點的基礎上，創立了現代新儒學這樣一種理論思潮。以下將對此做詳細闡述：

（一）中國傳統政治制度及其意識形態的信仰危機

1、制度危機。所謂「制度」是一個複雜的概念，英國學者布瓦索這樣定義它：「制度是已有的社會慣例、結構的儲存，通過這種儲存，我們使集體記憶、表述、價值、標準、規則等外部化。」〔註 55〕制度是一種集體認同，它確定了人類社會生活的秩序，使在該秩序中生活的人們對自己和他人的行為規範、思想觀念具有可靠的預期。制度一旦形成，它便依靠權力和知識維繫。中國傳統政治制度亦是如此，君主作為整個制度結構中的核心角色，他不僅掌握生死予奪的專斷權力，也是真理的最高代表。兩漢代以降的歷代王朝，大都願意將儒家思想認作為真理，並使其制度化從而通過權力對其加以維護。我們認同一種制度的合法性，一方面是對權力的恐懼，一方面是對真理的信服。然而，清末民初的中國歷史逐漸打破了這種局面。

清王朝末期，中央政府對包括國防、財政在內的各方面社會資源的整合和調動能力持續減弱。特別是經歷了太平天國運動和庚子事件之後，中央政府對地方政府的控制力顯著下降。此外，西方國家進一步加大了對清政府的控制，它逐漸淪為所謂「洋人的朝廷」。20 世紀初葉開始的「新政改革」不僅沒有改變這種局面，反而使其進一步惡化。最高統治者最終在與地方實力派和革命黨人的鬥爭中敗下陣來，西方也對其徹底失去興趣。歷史證明，傳統儒家政治思想倡導的君主專制並不意味著效率，威權政府也不等同於能夠永遠佔據權威地位。傳統儒家政治制度失敗的另一個強有力的證明即是清末科舉制度的瓦解。我們都知道，科舉制度隋唐以來中國選拔官吏的主要形式，宋明之後尤以考察準官員們對於儒學知識的瞭解程度為標準，逐步確定了「八股取士」的選材方案。這種選官方式使得學習儒學成為獲得王朝官職的最重要途徑，從某種意義上講，儒家思想成為整個社會的普遍真理，甚至是唯一真理，並且由官方掌握對它的解釋權，充分體現了專制權力與儒學這一真理性知識的曖昧關係。然而，近代以來，科舉制度的選官方式無法適應中國社會的變化。飽讀經書的官吏們面對來自西方軍事、經濟、政治、文化各個方

〔註55〕【英】馬克斯·布瓦索：《信息空間：認識、制度和文化的一種框架》，王寅通譯，上海譯文出版社，2000 年版，第 390 頁。

面的衝擊束手無策。甲午戰敗後，一些先進知識分子和上層官僚首先提出廢除科舉，倡導學習西方政治法律制度，從教育制度和考試制度兩個方面進行改革。1905 年，清政府宣佈廢科舉，有當代學者對此這樣評價：「科舉之廢除表明了儒家與權力及真理之間的有機聯繫被割斷，儒家已不再是成為獲得權力的前提和知識流動的惟一內容，這樣制度化儒家便全面崩潰。」〔註 56〕廢除中國長期以來的選官制度是社會危機和科舉制自身困惑綜合作用的結果。按照馬克斯・韋伯的理解，現代社會中，負責國家行政事務的官僚應由那些受過專門技術訓練的人充任。反觀科舉選官，它的本意是將具有高尚道德情操的君子們選拔出來，這些人並不具備行使行政事務的能力，更為糟糕的是，科舉制度在發展過程中逐漸僵化，它甚至違背了「傳道」的初衷。因此，無論從道義上還是從技術上理解，科舉制度不再適應中國社會變革。總之，君主專制制度和科舉選官一度是中國歷代王朝維繫統治的基礎性制度設計，但面對現代化衝擊，它們失去了有效維持國家秩序的能力，它背後的思想支撐，傳統儒學思想，也暴露出它的局限性。這一時期那群被列文森視作「業餘人員」（amateur）的中國官僚和儒學知識分子〔註57〕無法改變自己的命運，也無法扭轉制度化的儒學被淘汰的現實。

　　2、意識形態的信仰危機。傳統儒學思想除了作為君主專制政治制度的指導思想，它還為中國人塑造精神世界的理想圖景提供了知識支撐。古代中國人試圖通過研習孔孟聖人之學培育自己的道德品質。修齊治平是傳統儒學人格培育的基本路數，忠君愛民是對官員的基本道德要求，人們相信一個具有高尚道德情操的官員能夠忠於他的君主，同時也能很好地為百姓服務。正是在這種道德感召下，立德、立功、立言必然是讀書人和官員需要踐行的君子之路。然而，事實卻並非如此，這些道德條款並沒對歷代王朝的官員們起到實質性的約束，也正因為這樣，歷代史書中才常常對如明代海瑞這樣的模範官員大加讚賞，民間野史也極力貶斥那些貪官污吏。如果說儒家思想對官員的行為規制能力稍顯欠缺的話，那麼在更廣泛的民間，以倫理關係維繫的鄉村秩序則表現得非常頑固。孝、悌、忠、信等不僅是讀書人的道德標準，也

〔註56〕干春松：《制度儒學》，上海人民出版社，2006 年版，第 89 頁。

〔註57〕列文森將中國的士大夫稱為「amateur」，因為他們既不是職業官僚，也不是職業的道德家或藝術家。但他們卻不僅佔據官僚系統，而且以布道者自居。詳見，【美】列文森：《儒教中國及其現代命運》鄭大華、任菁譯，廣西師範大學出版社，2009 年版，「序言」。

是絕大多數普通百姓的行爲準則。違背道德的人不僅要承受強大的道德壓力，甚至還會受到官府的法律懲罰。因此，雖然官僚系統存在致命缺陷，但憑藉底層社會的穩定，君主專制制度依然不會受到實質性打擊，儒家思想作爲一種信仰，也深植中國人的思想觀念之中。直到西方近代思想在中國大範圍傳播之後，隨著專制制度的瓦解，作爲信仰的儒家思想失去它的合法性和特殊地位，當人們發現儒家思想不僅不是唯一的眞理，而且還遭到來自西方甚至自己人的否定、輕蔑時，一種關於信仰問題的精神危機如同瘟疫一樣在知識分子中間傳播開來。一些無法擺脫精神危機的人，如梁漱溟的父親梁濟付甚至出了生命的代價。1918 年 11 月 9 日，在梁濟 60 歲生日的前 5 天，他最後修改了《敬告世人書》，自沉淨業湖，最終選擇了爲自己堅持一生但卻破碎了的信念殉葬。在梁濟的絕筆中他聲稱自己是「殉清」，實際上，他既非爲清王朝也不是爲君主專制殉難，清王朝覆滅後，梁濟並沒有拒絕民國政府的公職，也沒有支持袁世凱和張勳的復辟，但最後被自幼就擔負起的君子的責任壓垮。他無法接受傳統道德觀念的崩潰，更無法忍受民國亂世中的國人喪失精神支撐。正如艾愷所言：「他的死是要爲由眞正有理想有社會責任感有個人正直心的人所組成的額共和國的一代人作一個榜樣。」〔註 58〕梁濟的死在當時產生了不小的社會影響。雖然得到了來自梁啓超、陳獨秀等人的敬意和惋惜，但也受到如胡適等人的不解和非議：公眾應從梁濟的死吸取教訓，「養成一種歡迎新思想的習慣，使新知識新思想可以源源進來。」〔註 59〕這正是五四新文化運動的前夜，各種新思想暗流湧動，梁濟堅守了成爲君子的道德理想，也以自殺這種極端方式呼籲國人必須重建自己的精神家。

（二）否定傳統，倡導「西化」

毫無疑問，作爲思想者，很難說在政治實踐領域能夠發揮多大作用，他們的主要任務應當是推動社會文化發展，影響其他人的觀念和意識。五四新文化運動即是一大批持各種不同觀點的知識精英們爲中國開啓的一場聲勢浩大的啓蒙運動。它主要以西方民主、科學思想爲理論武器，旨在徹底批判中國的傳統文化及作爲中國人精神核心的儒家思想，進而爲國人構建新的精

〔註 58〕 【美】艾愷：《最後的儒家》，王宗昱、冀建中譯，江蘇人民出版社，2004 年版，第 44 頁。
〔註 59〕 《胡適文存》（卷一），臺北遠東出版公司，民國 57 年版，第 707 頁。

神生活和信仰對象。陳獨秀、胡適等人明確提出反儒學、反孔教。用陳獨秀的話講：「（孔教之）根本的倫理道德，適與歐化背道而馳，勢難並行不悖。吾人倘以新輸入之歐化爲是，則不得不以舊有之孔教爲非；倘以舊有之孔教爲是，則不得不以新輸入之歐化爲非。新舊之間，絕無調和兩存之餘地。」〔註60〕又如胡適言：「孔教的問題，向來不成什麼問題；後來東方文化與西方文化接近，孔教的勢力漸漸衰微，於是有一班信仰孔教的人妄想用政府法令的勢力來恢復孔教的尊嚴；卻不知道這種高壓的手段恰好挑起一種懷疑的反動。因此，民國四五年間的時候，孔教會的活動最大，反對孔教的人也最多。」〔註61〕可見，陳、胡等人反對儒學有著深刻的認識原因和歷史原因，他們將儒學、孔教視作思想障礙，雖然表現出過分的對立情緒，但基本觀點還是比較正確的。隨著五四新文化運動的深入發展，傳統儒學思想的話語空間愈加遭到打壓，尤其是在青年知識分子群體裏，自由、平等、獨立取代了儒家傳統道德，成爲新的精神信仰。此時的儒家思想不僅喪失了制度性維度的合法性，其作爲精神信仰的功能也逐漸喪失，與前者相比，這可能是儒學思想所面臨的更爲嚴重的後果。

　　在這場思想啓蒙運動裏，陳獨秀、胡適、錢玄同、魯迅等新一代知識分子站在西方人文主義精神的立場上，批判中國僵化了的儒家思想及其道德標準，並斥之謂「吃人的禮教」。從某種意義上講，他們的觀點帶有激烈的反傳統傾向，並將「西化」作爲解決問題的方法。林毓生對此評價道：「20世紀中國思想史最顯著特徵之一，是對中國傳統文化遺產堅決地全盤否定的態度的出現與持續」，其「直接歷史根源，可以追溯到本世紀中國現代知識分子起源的特定性質，尤其可以追溯到1915～1927年五四運動時代所具有的特殊的知識傾向」，「所以我們完全有理由把它說成是全盤的反傳統主義。就我們所瞭解的社會的文化變遷而言，這種反崇拜偶像要求徹底摧毀過去的一切思想，在很多方面都是一種空前的歷史現象。」〔註62〕當然，這只是一種評價，還有很多學者對此存在質疑。但是，五四新文化運動所表現出來的反傳統傾向

〔註60〕陳獨秀：《答佩劍青年》，《獨秀文存》，安徽人民出版社，1987年版，第660頁。

〔註61〕《胡適哲學思想資料選》（上冊），華東師範大學出版社，1981年版，第128頁。

〔註62〕【美】林毓生：《中國意識的危機──五四時期激烈的反傳統主義》，貴州人民出版社，1988年版，第2～6頁。

是有目共睹的，至於它是不是「徹底摧毀過去一切思想」並不在本文討論之列。此外，五四新文化運動在否定傳統，特別是批判儒家傳統的基礎上，掀起了一股中國 20 世紀最為激進的「西化」思潮。對此，我們有必要開列兩種觀點：陳獨秀的「全盤西化論」與胡適的「中西調和論」。

陳獨秀在反思辛亥革命過程中，逐漸認識到，這場革命僅停留在社會政治層面，並未觸及這個民族的文化、道德等精神世界。他言道：「繼今以往，國人所懷疑莫決者，當為倫理問題。此而不能覺悟，則前之所謂覺悟者，非徹底之覺悟，蓋猶在惝恍迷離之境。吾敢斷言：倫理的覺悟，為吾人最後覺悟之最後覺悟。」〔註 63〕在他看來，改造國人道德倫理問題是中國社會進步的重要推力。用新道德代替舊道德，以西方近代文化徹底批判中國傳統文化從而實現精神世界的重構。他指出：「無論政治學術道德文章，西洋的法子和中國的法子，絕對是兩樣，斷斷不可調和遷就的」，「或是仍舊用中國的老法子，或是改用西洋的新法子，這個國是，不可不首先決定。若是決計用舊，一切都應該採用中國的老法子，不必白費金錢派什麼留學生，辦什麼學校，來研究西洋學問。若是決計革新，一切都應該採用西洋的新法子，不必拿什麼國粹，什麼國情的鬼話來搗亂。」〔註 64〕陳獨秀本人當然贊成後者。胡適雖與陳獨秀同樣贊成「西化」，但他在中西文化間保持了一種較穩溫和的態度，他明確反對用西方「新文化」全盤否定中國「舊文化」，指出中國的真正問題在於如何有效地吸收西方文化，在結合舊有文化後使二者協調有效的發展。〔註65〕胡適雖然主張「全盤西化」，無非是藉此宣傳西方文化中的精華，將其合理部分與中國本土文化結合在一起。在他看來，東西方文化存在相互調和的可能。

（三）梁漱溟對「西化」的態度

梁漱溟在五四新文化運動期間重新關注現實問題，繼而也參與到這場思想啟蒙運動的討論中來。〔註 66〕1920、21 兩年間，他圍繞東西方文化問題為

〔註63〕陳獨秀：《吾人最後之覺悟》，《獨秀文存》，安徽人民出版社，1987 年版，第 41 頁。

〔註64〕陳獨秀：《今日中國之政治問題》，《獨秀文存》，安徽人民出版社，1987 年版，第 152 頁。

〔註65〕詳見胡適的博士論文《中國古代哲學方法之進化史》中相關解釋。

〔註66〕關於梁漱溟早年的思想轉變過程，將在第二章給予詳細闡述。

學生做了幾次講演，後整理成書，即著名的《東西方文化及其哲學》。該書開明宗義，緊貼當時社會中流行的西化思潮，指出必須分清東西方文化這個根本問題，一方面贊同陳獨秀、胡適等人對文化問題的洞見力，一方面批評陳獨秀全盤西化論和胡適文化調和論。需要說明的是，此處我們先僅僅給出梁漱溟在五四新文化運動中關於文化問題的基本觀點和立場，至於他如何得出自己的種種結論，我們當在隨後的幾章中加以詳細闡述。

　　梁漱溟認為，必須首先分清何謂東方化、何謂西方化的問題。他批評清末以來人們學習西方文明的努力在思路上是錯誤的。在他看來，以往照搬西方先進技術、制度到中國，忽視了一個重要問題：「這時候全然沒有留意西洋這些東西並非憑空來的，卻有它們的來源。它們的來源，就是西方的根本文化」，「如此的輕輕一改變，不單這些東西搬不過來，並且使中國舊有的文化步驟也全亂了」，「他們本來沒有見到文化的問題，僅只看見外面的結果，以為將此種結果調換改動，中國就可以富強，而不知道全不成功的！」〔註67〕梁漱溟在經歷了清末民初的社會變遷後，同陳獨秀等人一樣，也意識到文化的重要性。在看過陳獨秀的文章後，梁漱溟贊同他的觀點，「歎服陳先生頭腦的明利」。雖然辛亥革命推翻了封建帝王，但西方民主制度並未在中國生根發芽，其根本問題在於文化的差異。梁漱溟講道：（陳獨秀的意思）是「要將種種枝葉拋開，直截了當去求最後的根本。所謂根本就是整個西方文化——是整個文化不相同的問題。如果單採用此種政治制度是不成功的，鬚根本的通盤換過才可」，「因為大家對兩種文化的不同容易麻糊，而陳先生很能認清其不同，並且能見到西方化是整個的東西，不能枝枝節節零碎來看！這時候因為有此種覺悟，大家提倡此時最應做的莫過於思想之改革——文化運動。」〔註68〕與陳獨秀一樣，梁漱溟直指東西方文化這個根本問題，用他的話講：「這個問題並不是很遠而可以俟諸未來的問題，的確是很急迫而單單對於中國人逼討一個解決問題，」〔註69〕由此可見他對破解文化問題的重視程度。

　　對於胡適「調和論」的觀點，梁漱溟的態度很明確：「隨便持調和論的不

〔註67〕梁漱溟：《東西方文化及其哲學》，《梁漱溟全集》（一），山東人民出版社，2005年版，第333頁。

〔註68〕梁漱溟：《東西方文化及其哲學》，《梁漱溟全集》（一），山東人民出版社，2005年版，第334~335頁。

〔註69〕梁漱溟：《東西方文化及其哲學》，《梁漱溟全集》（一），山東人民出版社，2005年版，第337頁。

對」。〔註70〕他認爲，東方文化（主要是指中國文化）在當時的歷史環境和現實條件下「看不出翻身之道」，因爲，科學與民主是植根於西方文化深層的精神要素，若要眞正將其納爲己用，則必須徹底檢討中國文化，「照我們以前所說的東方化的現狀，一般頭腦明利的人都覺得東方化不能存留；假如採用西方化，非根本排斥東方化不可。近三四年來如陳仲甫等幾位先生全持此論調，從前的人雖然想採用西方化，而對於自己根本的文化沒有下徹底的攻擊。」〔註71〕胡適在《中國哲學史大綱》中認爲，中國文化與西方文化相比，亦有其相對優秀的一面，因此，中國人在精神方面仍有西方人所不具備的長處。梁漱溟對此不以爲然，他毫不客氣地批評道：「胡先生這樣將東方與西洋兩派哲學相提並論，同樣尊重的說話，實在太客套了！」「大家一般人所說精神方面比較西方有長處的說法，實在是很含混不清、極糊塗、無辨別的觀念，沒有存在的餘地！」〔註72〕按照這種邏輯，如果隨便將中西文化調和融通，另開一種新文化，「只能算是迷離含混得希望，而非明白確切的論斷。像這樣糊塗、疲緩、不眞切的態度全然不對！」〔註73〕梁漱溟的判斷是，西方文化雖然有其自身的弊端，但沒有到走不通的地步，它還具有自我修正的能力和機會。但中國文化已經瀕臨絕境，固守「東方化」無疑是愚蠢的選擇，必須爲中國文化重新打開一條活路。

總之，在梁漱溟看來，無論是陳獨秀還是胡適，他們還沒有搞清中國文化究竟面臨何種困境。當然，梁漱溟也同意，無論如何，中國傳統文化必須首先得到改造。至於如何改，在沒有弄清它的問題之前，「全盤西化」或者「東西調和」都不能被盲目地推崇。

（四）回歸傳統，借「西學」改造儒學

如果梁漱溟只停留於此，他可能會成爲一個主張西化的自由主義者甚至或許成爲共產主義的信徒。然而，我們仔細觀察他的論述，便不難發現，梁

〔註70〕 梁漱溟：《東西方文化及其哲學》，《梁漱溟全集》（一），山東人民出版社，2005年版，第338頁。

〔註71〕 梁漱溟：《東西方文化及其哲學》，《梁漱溟全集》（一），山東人民出版社，2005年版，第338頁。

〔註72〕 梁漱溟：《東西方文化及其哲學》，《梁漱溟全集》（一），山東人民出版社，2005年版，第341頁。

〔註73〕 梁漱溟：《東西方文化及其哲學》，《梁漱溟全集》（一），山東人民出版社，2005年版，第342頁。

漱溟雖然支持陳獨秀的觀點，即必須明確辨析東西方文化，做出堅定的抉擇。但並不能說明他同時贊同「全盤西化」，梁對陳的支持僅限於分清東西文化的明確立場。同樣，他反對「隨便的持調和論」，即在未弄清東西文化的情況下不可「隨便」調和，但並不表示他徹底放棄東西方文化調和的思路。在為中國文化打通一條活路的理論任務指引下，審愼辨析兩種文化，冷靜批判、理解各自的內涵、特徵及本質，最終仍落實到對中國文化困境與出路問題的關切上。從這個意義上講，梁漱溟實際上是在文化領域嘗試做進一步的思考，為解決中國現實問題找尋新的出路。

　　梁漱溟等人最終選擇了用「西學」來改造傳統儒學，旨在構建出一種具有現代精神的「新儒學」。這裏所謂的「新」即在儒學中融入現代化需要的那些元素。眾所週知，「現代」是一個非常難以界定的概念。每一個學科門類幾乎都可以用自己特有的話語表述方式對其加以詮釋。需要說明的是，本文完全依照馬克思‧韋伯的理解使用這一詞彙。韋伯在他的《宗教社會學論集》前言裏提出這樣一個問題：「為什麼科學、藝術、政治、或經濟的發展沒有在歐洲之外也走向西方所特有的這條理性化道路？」〔註74〕這是他整個學說生涯試圖回答的理論問題。哈貝馬斯對此的理解是：「韋伯把那種解神秘化的過程說成是『合理的』，在歐洲導致了宗教世界圖景的瓦解，並由此形成了世俗文化。隨著現代經驗科學、自律藝術和用一系列原理建立起來的道德理論和法律理論的出現，便形成了不同的文化價值領域，從而使我們能夠根據理論問題、審美問題或道德—實踐問題的各自內在邏輯來完成學習過程。」〔註75〕從以上表述可以得出這樣幾點認識：第一，現代化是一種「祛魅」的過程，它旨在瓦解傳統社會中某些被認作眞理性的知識系統；第二，現代社會以韋伯所謂的「合理的」為思想武器，所謂合理即合乎理性；第三，正因為人類能夠運用理性去把握客觀世界的某些規律，所以便能夠構建出某些「原理性」知識並以此獲得新知；第四，韋伯時代所謂的現代社會帶有明顯的區域特徵，它直接代表了地理意義上的歐美世界。

　　回到20世紀20、30年代的中國，主張西化的人們通常把「西化」與「現代化」當做同一種概念使用。因此才有了五四新文化運動中向西方學習，主

〔註74〕　【德】韋伯：《新教倫理》（第1卷），Heidelberg, 1973。
〔註75〕　【德】哈貝馬斯：《現代性的哲學話語》曹衛東等譯，譯林出版社，2004年版，第1頁。

張在中國發動啓蒙運動的論調。他們將儒學作為「祛魅」的對象，認爲只要對傳統思想做徹底的檢討，才能掃清現代化道路上的思想障礙。

傳統儒學爲西化論者們詬病的一個重要理由是封建社會中看不到理性的延伸，儒學與理性主義相背離，因此，他們將儒學認作中國的神學。新儒學思想家們首先試圖解決的就是這個問題，即如何改造儒學話語，使之能夠實現伸張個體理性，並運用理性得到自我確證。梁漱溟並不拒斥西方現代哲學傳統中的主客二分式的思維模式。他將除個體之外的整個宇宙看作客體，而作爲主體的自我在個體生命中體認外部世界，體認的根據則是他所謂的「意欲」。梁漱溟提出以「意欲」爲核心的生命本體論：「文化是什麼東西呢？不過是那一民族生活的樣法罷了。生活又是什麼呢？生活就是沒盡的意欲（Will）。」〔註76〕在梁漱溟那裏，整個宇宙便是一個生活，透過意欲的主體認知與實踐活動則成就了文化與生活。梁漱溟雖然沒有提出系統性體系設計，然而，哲學重在立本的理論傾向則是不言自明的。梁漱溟的好友熊十力在《新唯識論》中寫道：「本書生命一詞，爲本心之別名，則斥指生生不息之本體而名之。」「仁者，本心也。即吾人與天地萬物所同具之本體也。」〔註77〕熊十力關於儒學本體論建構的思考雖與西方哲學的思維習慣相去甚遠，但他提出的內聖開新外王的基本思路被他的弟子們繼承，唐君毅、徐復觀、牟宗三正是沿著熊十力的路子進一步進行論證。直到今天，它也是現代新儒學學者們需要解決的基本理論問題。

梁漱溟的學生，馮友蘭繼承了程朱理學以降的中國式的思辨精神。他試圖沿著古人的道路「繼續講」中國「哲學」。馮友蘭提出「理世界」的本體論觀念，「理世界」在程、朱那裏雖已提出但並未得到充分的論證，馮在此運用邏輯分析的方法對此觀念加以證明，這無疑是原創性的理論貢獻。頗爲弔詭的是，馮友蘭並不否認客觀事物的實在性，但又堅持認爲事物的實在性不由其本身所規定，它取決於形而上的本體世界。我們只有通過本體世界才能把握事物的根本，除此之外，一切便只是現象。只有「理世界」中的內在規定性才表徵、詮釋事物的本質屬性。馮友蘭認爲，「理」是事物的「極」：「所謂極有兩義，一是標準之義……一是極限之義。每理對於依照之事物，無論就極之任何一義說，皆是其極。」〔註78〕總之，在馮友蘭那裏，一切事物的客

〔註76〕梁漱溟：《梁漱溟全集》（一），山東人民出版社，2005年版，第352頁。

〔註77〕熊十力：《新唯識論》，中華書局，1985年版，第525、567頁。

〔註78〕馮友蘭：《新理學》，三聯出版社，2007年版，第23頁。

觀存在只是本體存在的前提，而本體只能在他所構建的形上世界——理世界——中去把握。事實上，解決本體論的哲學論證問題並不是新儒家思想者們的最終目的。與主張西化者們一樣，反省舊文化，建設新中國是所有人的共同理想，只是他們選擇了不同的方法。中國儒學與西方神學不同，它並不預設哪些基本論斷屬於絕對眞理、不同質疑。因此，在儒學話語系統中引入理性主義則沒有思想障礙。現代新儒家們無論從陸王心學的角度還是程朱理學的角度都完全可以對「儒學非理性」的詰難做出回應，儘管其中仍不免存在一些局限，後文將專門對其做進一步討論。

　　現代性不僅限於哲學層面的探討，在社會公共生活領域內，民主與科學被那個時代的中國人看做是西方現代社會的兩大特徵，用梁漱溟的話講，民主和科學是西方社會的兩大「異彩文化」。在大多數人的心目中，儒學與民主、科學也存在大然的隔閡，這大約從事實和邏輯兩個方面都得到印證，在新儒家們那裏，這也是必須給出合理解釋的問題。梁漱溟等人對建設一個民主的新中國完全持支持的態度。在此立場上，新儒家思想者們試圖找到儒學與民主的契合點，開發儒學中有利於民主社會建設的思想資源，同時也在這個過程中實現儒學現代化的根本轉型。這大概可以看作是現代新儒學面臨的一項重要理論任務。

本章小結

　　正如前文所言，現代新儒學思潮有它特定的產生背景。清末民初這段時期，政治制度變革在形式上打破了傳統政治秩序格局，雖然不能過分高估辛亥革命產生的實際效果，但也不能否認這場革命爲中國政治發展進一步掃清障礙。專制統治不再是中國人公共生活的唯一選擇，自由和民主成爲有識之士們新的追求。也正是在制度變革中，中國迎來了一次更爲深刻的思想啓蒙。與洋務運動、戊戌變法不同，在這個階段裏，西方政治價值系統成規模地輸入到中國。「西化」成爲當時思想界的流行話語。傳統儒學式的政治價值觀無力回應這種挑戰，其根本原因當然在於它無法適應中國現代化發展的需要。以梁漱溟爲代表的思想家們在此時舉起現代新儒學的旗幟，將「西化」與現代化分開，斷定全盤西化不能解決中國的問題，認爲應當堅守中國本土文化，提出在「西學」中汲取現代化的元素，並以之改造傳統儒家思想，期望儒學

思想能夠適應並繼續為邁向現代化的中國社會輸出智識，同時也給儒學思想開出新的發展空間。總之，現代新儒學這一思潮就是在反對西化、接納現代化，吸收「西學」、改造儒學的立場和基礎上發展出來的。

第二章　梁漱溟民主思想的思想來源

　　研究思想家的任何理論都有一個不可迴避的問題，即他的思想根底是什麼？也就是說，我們有必要釐清研究對象的知識結構、發展過程及基本特徵等內容，藉此更加深入地體認研究對象的精神世界與知識結構，嘗試構建出與其對話的平臺，也可以更為客觀地對他的思想進行剖析和詮釋。梁漱溟本人也非常重視自己知識結構和思想變化過程。他曾不止一次對此加以說明，在晚年的口述歷史中，他說：「我自十四歲進入中學之後，便有一股向上之心驅使我在兩個問題上追求不已：一是人生問題，即人活著為了什麼；二是社會問題亦即是中國問題，中國向何處去。這兩個問題是相互關聯，不能截然分開。為了敘述方便，則必須分別言之。對於人生問題之追求，使我出入於西洋哲學、印度哲學、中國周秦宋明諸學派間，而至後來被人看作是哲學家。對社會問題之追求，使我投身於中國社會改造運動，乃至加入過革命組織。總論我的一生八十餘年（指十四歲以後）的主要精力心機，無非都用在這兩個問題上。而這兩個問題的開端和確立，便自中學時代始。」「大約十四歲以後，我即形成自己的人生思想，胸中自有一個價值標準，時時用以評價一切人和一切事。」〔註1〕實際上，在此段談話的幾十年前，1942 年，梁漱溟即回顧過自己的學習經歷：「我很早有我的人生思想。約十四歲光景，我胸中已有了價值標準，時時用以評價一切人和一切事。這就是凡事看它於人有沒有好處，和其好處的大小。假使於群於己都沒有好處，便是一件要不得的事了。掉轉來，若於群於己都有頂大的好處，便是天下第一等事。以此衡量一切並

〔註 1〕汪東林：《梁漱溟問答錄》，湖北人民出版社，2004 年版，第 31 頁。

解釋一切，似乎無往不通。」〔註2〕從以上兩段話中可以看出，梁漱溟反覆強調他思想發端大約在十四歲左右，也就是說，梁漱溟在該時期所接受的教育可以被看做是其所有思想的發端。更值得注意的是，他曾言：「爲了救國，自然關注政治而要求政治改造。像民主和法治等觀念，以及英國式的議會制度、政黨政治，早在卅五年前成爲我的政治理想。後來做《我們政治上第一個不通的路——歐洲近代民主政治的路》，其中詮釋近代政治的話，還不出中學時那點心得。——的確那時對於政治自以爲是大有心得的。」〔註3〕由此可見，梁漱溟對於政治問題的思考與其他思想形成和發展幾乎是同步的，他的民主思想經歷過不小的變化，但其基礎正是梁漱溟一生學習與思考的不斷深入和總結。因此，有必要對他整個生命和學術經歷中幾個影響頗深的理論加以簡要梳理。

一、「西學」知識訓練和對生命哲學的借鑒

（一）梁漱溟的教育經歷

梁漱溟自幼受到在當時看來相當開放的教育，據他回憶，自讀完《三字經》、《百家姓》之後，父親便送他去接受西式教育。六歲時開始讀諸如《地球韻言》等介紹世界地理方面的啓蒙讀物，七歲開始學習英文，期間隨經波折，但梁漱溟自學能力極強，其英文水平在他後來各種著述中可見具有一定水準，至少在把握和理解英文專用術語方面能夠做到基本準確。更爲可貴的是，梁濟給了他一種寬鬆的教育環境，即便有時父子二人出現分歧，父親也僅僅表達出反對意見而不強加干涉。梁漱溟也繼承了父親的閱讀習慣，尤其是那些先進刊物，例如《新民叢報》、《國風報》、《民報》等等。在閱讀和自學過程裏，梁漱溟不斷瞭解到西方經濟、政治、哲學、社會、文化方面的情況。

對於西方情況，需要說明的是，沒有證據表明他在這個時期閱讀過邊沁、密爾等功利主義思想家的相關著作。〔註4〕後來他將這種兒時不自覺的感覺歸

〔註2〕梁漱溟：《我的自學小史》，《梁漱溟全集》（二），山東人民出版社，2005年版，第679～680頁。
〔註3〕梁漱溟：《我的自學小史》，《梁漱溟全集》（二），山東人民出版社，2005年版，第681頁。
〔註4〕據梁漱溟回憶，他大量接觸西方思想家著作應是1916年之後的事情——筆者注。

結爲受父親影響而具備的務實精神。用他自己的話講：「此時於西洋之『樂利主義』、『最大多數幸福主義』、『實用主義』、『工具主義』等等，尚無所聞。卻是不期而然，恰與西洋這些功利派思想相近。」〔註5〕但是，有這樣一個不可忽視的事實：在一批立憲派、革命黨思想家們的宣傳鼓譟下，當時中國的知識分子對西方文化表現出的重功利、重實用的思維已經有所瞭解。由此，便不能否認梁漱溟在此時就受到西方文化的薰陶。以下便是一個很好的證明：梁漱溟在回憶自學經歷時，特別在意那些對他思想啓蒙起到重要作用的刊物。他曾不無得意地講：「無論在人生問題上或是在中國問題上，我在當時已能取得住在北中國內地的人所可能有的最好的自學資料。」〔註6〕梁漱溟尤其喜歡梁啓超主持的《新民叢報》，「《新民叢報》一開頭有任公先生著的『新民說』；他自署即曰『中國之新民』。這是一面提示了新人生觀，又一面指出中國社會應該如何改造的；恰恰關係到人生問題中國問題的雙方，切合我的需要，得益甚大。任公先生同時在報上有許多介紹外國某家某學說的著作，使我得以領會近代西洋思想不少。」〔註7〕此外，這一時期正值清政府宣誓「預備立憲」，各種刊物大量介紹西方政治制度。梁漱溟也涉獵了不少近代西方政治知識，「《國風報》上以談國會制度、責任內閣制度、選舉制度、預算制度等文章爲多；其他如國庫制度、審計制度、乃至銀行貨幣等問題，亦常談到。」「有《立憲派與革命派之論戰》一厚冊，是梁任公和胡漢民（展堂）汪精衛等爭論中國應行革命共和抑行君主立憲的許多文章，搜集起來合印的；我反覆讀之甚熟。其他有些宣傳品主於煽動排滿感情的，我不喜讀。」〔註8〕在接觸西方知識的過程中，此時的梁漱溟也漸漸形成最初的一些見解。例如：「我只熱心政治改造，而不同情排滿。在政治改造上，我又以英國式政治爲理想，否認君主國體民主國體在政治改造上有什麼等差不同。轉而指謫民主國，無論爲法國式（內閣制），抑美國式（總統制），皆不如英國政治之善。」〔註9〕

〔註 5〕梁漱溟：《我的自學小史》，《梁漱溟全集》（二），山東人民出版社，2005 年版，第 680 頁。

〔註 6〕梁漱溟：《我的自學小史》，《梁漱溟全集》（二），山東人民出版社，2005 年版，第 681 頁。

〔註 7〕梁漱溟：《我的自學小史》，《梁漱溟全集》（二），山東人民出版社，2005 年版，第 682 頁。

〔註 8〕梁漱溟：《我的自學小史》，《梁漱溟全集》（二），山東人民出版社，2005 年版，第 681～682 頁。

〔註 9〕梁漱溟：《我的自學小史》，《梁漱溟全集》（二），山東人民出版社，2005 年版，

除了當時社會流行的西方民主自由學說，梁漱溟還比較早地接觸到「社會主義」相關知識。「約在民國元年尾二年初，我偶然一天從家裏舊書堆中，檢得《社會主義之神髓》一本書，是日本人幸得秋水（日本最早之社會主義者，死於獄中）所著，而張溥泉（繼）先生翻譯的，光緒三十一年上海出版。此書在當時已嫌陳舊，內容亦無深刻理論。它講到什麼『資本家』『勞動者』底許多話，亦不引起我興味；不過其中有些反對財產私有的話，卻印入我心。我即不斷地來思索這個問題。愈想愈多，不能自休。終至我到反對財產私有的路上，而且激烈地反對，好像忍耐不得。」〔註10〕梁漱溟自己承認，他當時對社會主義的理解非常粗淺，但卻十分熱心，因爲他也認定財產私有是社會一切痛苦與罪惡之源。回顧當時，他講：「那時思想，僅屬人生問題一面之一種社會理想，還沒有扣合到中國問題上。換言之，那時只有見於人類生活需要社會主義，卻沒有見社會主義在中國問題上，有其特殊需要。」〔註11〕

綜上所述，青年時代的梁漱溟對西方知識的接受和理解大致有這樣三個特點：其一，涉獵廣泛。從梁漱溟的閱讀種類和數量上說，有理由相信他在此時已經能夠掌握一些基本的西方政治學知識。這爲梁漱溟此後深入觀察中國政治問題提供了有效的知識工具；其二，知識來源的間接性。梁漱溟沒有留學經歷，與同時代絕大部分知識分子一樣，他主要借助其他理論家和宣傳家們的介紹，間接地把握和勾勒自己心中的西方世界圖景與文化特質。一方面爲他自己獨立思考留下了空間，另一方面也不可避免地產生一些理解上的偏差和誤會，這當然也包括梁漱溟對民主政治問題的理解；其三，獨立思考。梁漱溟在閱讀過程中不斷萌生自己對某個問題的獨到見解，雖然是一些片段性的，甚至帶有強烈的感情色彩，但也充分證明了青少年時代的梁漱溟便已經具備獨立思考的精神，這種精神伴隨了他一生，也爲他開創獨具特色的民主思想奠定了堅實的精神基礎。

（二）梁漱溟對柏格森生命哲學價值取向的借鑒

梁漱溟的思想中另一種重要的「西學」知識，即產生於19世紀末、盛行

第 684～685 頁。

〔註10〕 梁漱溟：《我的自學小史》，《梁漱溟全集》（二），山東人民出版社，2005 年版，第 689 頁。

〔註11〕 梁漱溟：《我的自學小史》，《梁漱溟全集》（二），山東人民出版社，2005 年版，第 691 頁。

於 20 世紀初的生命哲學。所謂生命哲學，又被稱爲生活哲學、生的哲學，其創始人爲狄爾泰，其後主要代表爲齊美爾和柏格森。從西方近代哲學的大背景講，19 世紀末的傳統哲學受到強烈的衝擊，人們不再把討論集中在本體論、形而上學方面。近代英國經驗哲學及後來的實證主義思潮倡導極力科學精神，哲學家們開始更加注重方法論問題的思考，這種哲學轉向把科學主義思潮推到主流地位。作爲它的對立面，人本主義思潮提出它的質疑：人生的一切問題是否都能用科學加以解決？這在科學主義者看來是肯定的，而且在他們眼中，人本主義與傳統形而上學式的哲學思辨一樣，都屬於不可確證的僞哲學，人們不能借助這樣的哲學知識得到眞理。而人本主義則批評科學主義是要否定人自身的主體性，進而喪失了精神世界（包括哲學領域）的主導地位。嚴格地講，這兩種思潮向對方提出的攻訐都存在漏洞，但僅就它們各自立場而言，則展示出另一個重要的問題：如何認識理性對於人的價值？科學主義者顯然是承認人類理性的價值並用科學的態度賦予理性新的含義，即理性有其更嚴格的內在規定性，如果得不到確實的驗證，即便符合某種邏輯，也就不能將其認作是理性。簡言之，科學主義者們試圖以此徹底顚覆傳統哲學。與其相對，人文主義者迴避了前者爲他們設下的圈套，他們通過構造新的哲學概念——生命，把它作爲思考哲學問題的核心概念，主張以內在體驗抑或稱之爲直覺的方式去把握生命，即反對傳統理性主義又反對科學式的理性主義，以此堅守人的主體性地位。如此一來，近代西方哲學演變出完全不同的兩種思維範式。

　　五四新文化運動前後，生命哲學與唯意志主義、實證主義、實用主義等其他哲學思潮同時湧入中國。正因爲它注重直覺體驗和對精神生命的關切，自然也博得中國思想界的興趣與關注，張君勱對此種哲學思想在中國的傳播起到了至關重要的作用。他 1913 年赴德國柏林大學讀書，1920 年師從德國哲學家倭鏗（Rudolf Euchen, 1846～1926），並與其合著《中國與歐洲人的人生問題》，後者與柏格森都是生命哲學的重要代表人物。張君勱回國後，極力宣傳和解釋柏格森的生命哲學，僅 1921 年，就在《改造》、《民鐸》等刊物上共刊登中國學者研究柏格森哲學的文章近 20 篇，其中就包括了梁漱溟的《唯識家與柏格森》一文。〔註 12〕實際上，梁漱溟在張君勱傳播生命哲學之前就

〔註 12〕郭齊勇、龔建平：《梁漱溟哲學思想》，北京大學出版社，2011 年版，第 259 頁。

已經接觸了柏格森哲學，早在 1916 年的《究元決疑論》中，就將其與佛家思想進行過比較，雖然他後來也承認，這篇文章存在不少問題。其後，在《東西方文化及其哲學》中，生命哲學更成爲梁漱溟論證文化發展的重要依據。由此可以看出，梁漱溟應當算是中國本土最早瞭解生命哲學的學者之一。可以這樣概括，生命哲學對梁漱溟起到了中介性的作用，正因爲梁漱溟接觸到了柏格森，才使他在思想上發生了一次重大轉變，即與重事功的實用思想和佛家思想告別（抑或暫時告別）而轉入儒家思想。他後來曾說：「於初轉入儒家，給我啓發最大，使我得門而入的，是明儒王心齋先生。……後來再與西洋思想印證，覺得最能發揮盡致，使我深感興趣的是生命派哲學，其主要代表爲柏格森。記得二十年前，余購讀柏氏名著，讀時甚慢，當時嘗有願心，願有從容時間盡讀柏氏書，是人生一大樂事。柏氏說理最痛快、透徹、聰明。」〔註 13〕有關王艮和泰州學派對梁漱溟的影響將在後文詳盡論述，此處集中討論梁漱溟對生命哲學的理解。

在《究元決疑論》時期，梁漱溟通過一本名爲「The Philosophy of Change」（H.Wildon Carr 著）的英文著作接觸到柏格森，但此時他甚至並未理解柏格森哲學的某些基本概念，如何謂「生命」（Life）、「實在」（Reality）、「理智」（Intelligence）等等，更談不上眞正領會柏格森的直覺主義、生命創化等核心思想。〔註 14〕而到了《唯識家與柏格森》時，梁漱溟對生命哲學的理解更加深入一些，已經認識到「直覺」這一核心概念對於生命派哲學的方法論意義。他總結唯識學與生命哲學的區別在於柏格森的方法拒斥理性而訴諸直覺，而唯識學則恰恰相反。這種理解一直貫穿在梁漱溟此後對佛家、儒家、西方哲學等各種思想流派的認知裏。同時，他讚賞柏格森透過直覺強調精神的整體性。「柏格森要人作整個的看法，不要拆散碎來看，說整個東西非即散碎部分之合。」〔註 15〕這種生命的整體性在生命哲學看來並不是機械的，簡單通過科學意義上的理性計算是無法把握的。這說明梁漱溟已經基本進入到生命哲學所關切的眞正主題之中。在《東西方文化及其哲學》時，梁漱溟完成了思想轉變，他站在儒家立場理解和評價柏格森。直到這一階段，才可以說梁漱

〔註 13〕 梁漱溟：《朝話》，《梁漱溟全集》（二），山東人民出版社，2005 年版，第 126
頁。
〔註 14〕 參見王宗昱：《梁漱溟與柏格森哲學》（上），載於《社會科學家》，1989（3）。
〔註 15〕 梁漱溟：《唯識家與柏格森》，《梁漱溟全集》（四），山東人民出版社，2005
年版，第 653 頁。

溟完成了對生命哲學的理解、詮釋並對其加以利用。在他看來，生命哲學有
助於比較分析東西方文化的本質與差別，以此爲依據構建自己心中世界未來
文化發展的圖景。

　　梁漱溟在不斷深入理解柏格森哲學的過程中，得到兩個重要收穫：其一，
他學會了運用比較的視角關注哲學問題，並且在比較中抓住了關鍵問題——
方法論問題。理解哲學問題是與其所運用的方法分不開的，例如他在分析中
國哲學與西方哲學、印度哲學「形而上學」部分的差別時指出它們存在明顯
的方法論上的不同：「中國形而上學所講，既爲變化的問題，則其所用之方法，
也當然與西洋印度不同。因爲講具體的問題所用的都是一些靜的、呆板的概
念，在講變化時絕對不能適用，他所用的名詞只是抽象的、虛的意味。……
我們認識這種抽象的意味或傾向，是用什麼作用呢？這就是直覺。我們要認
識這種抽象的意味或傾向，完全要用直覺去體會玩味，才能得到所謂的『陰』、
『陽』、『乾』、『坤』。固爲感覺所得不到、亦非由理智作用之雲，施而後得的
抽象概念。理智所製成之概念皆明確固定的，而此則活動渾融的也。」〔註16〕
這也是梁漱溟在做文化比較時的可貴之處，不僅從現象和問題出發，更要從
解釋現象、看待問題的方法層面去理解；其二，梁漱溟運用柏格森生命哲學
的某些資源，提出了自己關於儒家生命哲學體系的理論，改造傳統儒學知識
框架。可以說，建立儒家生命哲學體系是他後半生的主要工作，自1930年代
起，梁漱溟開思考儒家生命哲學問題，其思想主要集中在《人心與人生》一
書中。借助對柏格森哲學的理解，梁漱溟把理智與理性對應起來，認爲理智
是工具，理性才是根本，二者是體用關係。理智慧夠產生科學，使人獲得把
握外在客觀世界的規律性；理性則指向人本身無偏私的情感，它構成生命的
本質、產生行爲動向。據此而言，理性顯然對於人更加重要。他講：「今日科
學發達，智慮日周，而人類顧有自己毀滅之虞，是行爲問題，不是知識問題；
是理性問題，不是理智問題。」〔註17〕用今天的話講，梁漱溟眼中的理智和
理性可以認作爲工具理性與價值理性。儒家哲學大抵旨在突出人對價值理性
的把握和運用，某種意義上講，所謂它的現代轉型即是如何重新看待、運用

〔註16〕梁漱溟：《東西方文化及其哲學》，《梁漱溟全集》（一），山東人民出版社，2005
　　　　年版，第443頁。

〔註17〕梁漱溟：《中國文化要義》，《梁漱溟全集》（四），山東人民出版社，2005年版，
　　　　第130頁。

價值理性和工具理性。二者在傳統儒學思想家那里根本不做區分，只有到這一時期，新儒家們才借助西方哲學重新思考中國哲學問題，重新構建儒家哲學的知識體系。梁漱溟此處的這種洞見，足以說明他已經自覺地進行著儒學改造的工作。

二、精神危機與服膺唯識學思想

（一）青年時代的精神危機

晚年的梁漱溟在談到對自己一生影響最大的思想時承認他自始至終都是一個佛教徒。在接受王宗昱訪問時，梁漱溟曾表示：「一直是持佛家的思想，至今仍然如此」，「持佛家精神，過佛家生活」，是自己終身的「心願」。〔註 18〕1980 年美國學者艾愷赴北京與梁漱溟長談十餘次，在談話中，梁漱溟也說過這樣一段話：「我的意思啊，我們彼此談話，我還是希望你瞭解我的思想根本，我的思想的根本就是儒家和佛家。我的意思就是，如果能夠對我的根本的思想——就是對佛家跟儒家多瞭解，比什麼都好，比瞭解我的過去的一些事情都重要。我希望於你的（指艾愷，筆者注），就是多瞭解儒家，多瞭解佛家，我願意把我所懂得的儒家跟佛家說給你聽。我的意思是把我們的談話重點放在這個地方，而不是重在我個人的事情。因為佛家的跟儒家的是我的根本，所以如果瞭解這個根本，是最好，最要緊。」〔註 19〕從他整個思想發展過程上講，即便到出佛入儒時期，梁漱溟仍對佛家思想給予最高的評價：「現在這書裏（指《東西方文化及其哲學》，筆者注）反對大家作佛家生活。主張大家作孔家生活的結論，原是三四年來早經決定，卻是我自己生活的改變，只是今年的事，所以我自己不認做思想改變，因為實在是前後一樣的，只不過掉換一個生活。我以前雖反對大家作佛家生活，卻是自己還要作佛家生活，因為我反對佛家生活，是我研究東西文化問題替中國人設想應有的結論，而我始終認識只有佛家生活是對的，只有佛家生活是我心裏願意做的，我不願意

〔註18〕 王宗昱：《是儒家，還是佛家——訪梁漱溟先生》，《中國文化與中國哲學》，東方出版社，1986 年版，第 560～561 頁。

〔註19〕 梁漱溟口述，艾愷採訪《這個世界會好嗎——梁漱溟晚年口述》，天津人民出版社，2011 年版，第 7 頁。 需要說明的是，為了盡可能完成保存史料，筆者在參考本書和通過獲取完整錄音資料後進行相互對照。這段話完全根據錄音記錄，並未經過加工整理。

捨掉他而屈從大家去做旁的生活。」〔註20〕由是觀之，佛家思想對梁漱溟一生起到的至關重要的作用。

不僅如此，甚至可以毫不誇張地講，也正因爲梁漱溟青年時代涉獵佛學，幾乎拯救了他的生命。1911、1912 的兩年間，梁漱溟精神高度緊張，曾兩度試圖自殺。他的舉動來自於一種他自己也說不清楚的強大精神壓力。很顯然，不能將這種反常舉動僅僅歸結到青春期的反叛和焦慮。艾愷對此總結道：「一個人個人生活中的中心事件是他未來個性的決定因素。這個中心事件是複雜的，它由許多層面的事實和許多種眞理組成。也許要徹底澄清梁漱溟所經歷的精神苦惱是徒勞的。不過，梁漱溟的這種消沉對西方人來說並不陌生。陀斯妥耶夫斯基、穆勒和托爾斯泰及其他許多表達能力強的、敏感的人物都詳細地敘述過他們生活中的這類危機。」〔註21〕梁漱溟一度無法工作，甚至將自己與家人、社會隔離開，集中經歷用於研讀佛家經典，在佛學裏找尋眞理和精神慰藉。

根據梁漱溟後來的一些回憶，專注佛法，產生出家的念頭並不是心血來潮的衝動。他曾說：「大約十六七歲時，從利害之分析追問，而轉入何謂苦何謂樂之研索，歸結到人生唯是苦之認識，於是遂爾傾向印度出世思想了。」〔註22〕也曾堅定地以出家爲念：「所謂年來思想者，一字括之，曰佛而已矣！所謂今後志趣者，一字括之，曰僧而已矣！」〔註23〕梁漱溟的態度遭到梁濟的厭惡，父子關係也因此緊張起來。梁濟並不在意兒子茹素甚至誦經，但他難以容忍梁漱溟無意求學、就業或是成家。雖然如此，作爲父親，他還是採取相當寬容溫和，而梁漱溟的母親在垂危之際表達出了強烈的反對：「自知不起，挽兒手而泣，開喻叮嚀，情詞甚切。兒重違母意，請如教，而有難色。公旁坐獨無語。明日以書示之曰：汝母昨日之教，以哀情私語，墮吾兒遠志，失於柔纖委靡，大非吾意。汝既不願有室，且從後議。」〔註24〕梁濟對兒子

〔註20〕梁漱溟：《東西方文化及其哲學》，《梁漱溟全集》（一），山東人民出版社，2005年版，第 543 頁。

〔註21〕【美】艾愷著，王宗昱、冀建中譯《最後的儒家——梁漱溟與中國現代化的兩難》，江蘇人民出版社，2004 年版，第 32 頁。

〔註22〕梁漱溟：《我的自學小史》，《梁漱溟全集》（二），山東人民出版社，2005 年版，第 691～692 頁。

〔註23〕梁漱溟：《談佛》，《梁漱溟全集》（四），山東人民出版社，2005 年版，第 491頁。

〔註24〕梁漱溟：《思親記》，《漱溟卅後文錄》，臺北出版社，1971 年版，第 100 頁。

超乎尋常的撫慰態度也讓這一時期的梁漱溟並沒受到更多的精神壓力。總之，梁漱溟能夠平穩地走出精神危機。這一方面得意於他專心佛法，另一方面則離不開家庭的呵護，雖然他把自己與家人隔離。在經過數年精神折磨後，梁漱溟重新回歸世俗生活，於 1921 年底與黃靖賢成婚，完成了父親和母親的遺願。

如何看待梁漱溟能夠從青年時代的認同危機中走出來，重新回歸家庭生活？這樣一種解釋比較具有說服力：「年輕人的認同危機和成年人的完善自身的危機把宗教信徒個人的特性問題和本體的存在問題等同了起來。人類生活中的這種大量集中在青春前期或後期的危機，清楚不過地說明了為什麼那些在宗教和藝術上富有創造精神的人們似乎總是因為得不到補償的精神變態而遭受痛苦，但後來在傳播人類生活的全部意義方面他們卻被證明是得到了超乎常人的賜予。……這些出類拔萃的年輕人把自我確認問題擴大成為已知世界的存在問題。……他們似乎擔當著這樣的角色：只有他們本人意識到了自己的超凡入聖和仁愛之德時，人類才開始存在。」〔註 25〕毫無疑問，梁漱溟正是所謂具有仁愛之心的宗教信徒，他的確將自我確證與對現實社會理解過程並置在一起，在理想與現實的糾結中經受了精神折磨，而且成功地擺脫了這種困境。在佛家苦樂觀與現實社會的對照裏，梁漱溟實現了精神的自我救贖。

（二）梁漱溟對唯識學概念系統的把握

梁漱溟專心研讀佛家典籍主要集中在 1912 年到 1916 年的四、五年裏，在這一階段和隨後的幾年中，他撰寫發表了數篇探討佛學思想的文章，如《談佛》（1914）、《佛理》（1915）、《唯識約言》（1918）、《關於佛學辨明》（1919）、《唯識家與柏格森》（1921）等。而使他聲名鵲起的莫過於 1916 年在《東方雜誌》上連載的長文《究元決疑論》，正是因為此文獲得蔡元培的賞識，梁漱溟後來獲得北京大學哲學門的教席。當然，梁漱溟研究佛家思想的著述不僅限於此，但這些文章代表了他對佛學思想最初的理解。

關於什麼是佛教？梁漱溟曾說：「佛教者，以出世間法救拔一切眾生者也。（眾生或稱有情，一切含生者之謂也）故主出世間法而不救眾生者非佛教，

〔註 25〕Erikson, Erik H: 「Young Man Luther」. New York: Harcourt, Brace and Co., 1949. pp.161～162。

或主救眾生而不以出世間法者非佛教。」〔註26〕很顯然，在梁漱溟那裏，佛教必須同時滿足「出世」和「救眾生」，在他看來，所謂「出世間法」即「無始終無內外，強名曰法界，法界性即法身。因不覺（或曰無明，或曰妄，或曰染）故，而有情世間器世間以生（器世間指一切無機物）。所謂苦樂善惡要即以此不覺爲因，而入於因果律中而起，初非實有，故仍當以覺而返於法界而爲法身，名曰涅槃，即出世間法也。」〔註27〕從「不覺」（無明）到「覺」（涅槃）實現生命的昇華，這是佛教徒的個體追求，此外，大乘佛家同時關注「救拔眾生」，梁漱溟認爲：「孔仁耶愛，以及一切言救世者，其範圍不過止於人類而已，獨佛則必曰一切有情（有情即含生），非好爲高遠也。捨於有情而證涅槃實不可得故。蓋所謂法身者，統有情世間器，世間而言之也，有一小眾生未返於法界，斯法身爲不完，斯涅槃爲不成。」〔註28〕因此，要達到眞正的涅槃境界，還應以救拔一切眾生爲己任。總之，梁漱溟認同的佛教即通俗意義上講的大乘佛教，以「己渡渡人」、「己覺覺人」爲宗旨。

　　在中國佛教發展史上，大乘佛教曾一度被視爲佛教主流思想，唐代玄奘法師、窺基法師致力於翻譯、傳播大乘佛教思想，但隨著儒、釋、道三種思想學說彼此滲透，以及佛教在中國的命運起伏。大乘佛教逐漸分化，其地位也日漸式微，只有「唯識」一宗大體延續了它的基本面貌。作爲大乘佛學的忠實信徒，梁漱溟自然也以唯識宗爲本，他對佛家思想的體察也主要集中在唯識學理論中。在談到唯識宗對自己的影響時，他曾說：「佛教宗派很多，唯識屬法相宗。一般省略稱相宗……這一派學問最紮實，尤其以玄奘翻譯出來的東西，傳出來的一字不苟……玄奘、窺基，留下來的著作，把印度十家大意匯合起來，成爲《成唯識論述記》，這是重要典籍。我一生幾十年功夫全用在這部書，吃飯、睡覺都離不開它。這一派學問最紮實、嚴謹，一絲不苟，我老抱著這本書。」〔註29〕

　　梁漱溟自己也承認他對唯識學的理解水平達不到他的前輩和同時代另一

〔註26〕　梁漱溟：《談佛》，《梁漱溟全集》（四），山東人民出版社，2005 年版，第 493
　　　　頁。

〔註27〕　梁漱溟：《談佛》，《梁漱溟全集》（四），山東人民出版社，2005 年版，第 493
　　　　頁。

〔註28〕　梁漱溟：《談佛》，《梁漱溟全集》（四），山東人民出版社，2005 年版，第 494
　　　　頁。

〔註29〕　白吉庵：《物來順應——梁漱溟傳及訪談錄》，山西人民出版社，1997 年版，
　　　　第 191 頁。

些佛學家的程度。楊文會、歐陽竟無、呂澂、太虛、熊十力等人對唯識學的
理解更為精準。因此，在討論梁漱溟關於唯識學的理解之前，有必要對唯識
學做簡單的介紹。唯識學又稱「法相唯識學」。按照太虛的解釋，「法」、「相」、
「識」構成唯識學的基本思考範疇。所謂法，即：「言論上可以言論，思想上
可以思想皆是也」，「事物之有者，可稱為法，即事物之無者，有此無之概念，
亦可稱之為法。」〔註30〕簡單地講，「法」就是一切能夠思考、把握的對象。
所謂相，即「相貌」、「義相」、「體相」，就是能為人見到、思想到、感覺到的
事物。由此，「法相謂所知一切法之相貌義相及體相。」〔註31〕通俗地講，「法
相」是人們把握、體認、思考的對象所表現出來的面貌。唯識學的精髓在於
「識」，按照唯識家的理解，人有八識：眼、耳、鼻、舌、身、意、末那、阿
賴耶。所謂「萬法唯識」就是說所有能夠被體認的對象在體認者那裏最終都
要依靠他的「八識」去把握。通過八識建立起能知世界，並向所知世界不斷
延伸。

　　拋開作為佛教徒的宗教信仰，單從學理上講唯識學，梁漱溟主要關注它
的起源和基本概念問題。關於起源，他從《成唯識論述記》談起，認為按照
此書說法，《瑜伽師地論》應當是唯識學的出處，此論是彌勒所說而無著菩薩
著錄，到世親造《唯識三十頌》時，唯識學才初具規模。「所以唯識學與其說
始於釋迦，不如說始於彌勒；與其說始於彌勒，不如說始於無著，而實實在
印度為這一宗始祖的還是世親」〔註32〕，而中國的唯識學，源於玄奘、窺基
的《成唯識論》。梁漱溟對唯識學最早起源的論證不免略顯單薄，其觀點也未
必正確，但堅持從歷史和文本中尋找證據的習慣是他為學的一個重要品質。
此外，他研究唯識學另一個特色是善於用通俗易懂的話語闡釋晦澀的佛學概
念。在討論唯識概念時，他說：「唯識家所謂唯識的就是說一切都無所有，唯
有感覺。唯識的識向來說不出來，我可以大膽指給大家看，就是這個感覺。」
〔註33〕這裏需要著重說明的是，梁漱溟對唯識的這種解釋存在很大的偏頗，
正如太虛所講，「識」絕不能僅僅把握為感覺，它還包括所見、所思的結果。

〔註30〕 太虛：《法相唯識學》（上），商務印書館，2002 年版，第 20 頁。
〔註31〕 太虛：《法相唯識學》（上），商務印書館，2002 年版，第 23 頁。
〔註32〕 梁漱溟：《唯識述義》，《梁漱溟全集》（一），山東人民出版社，2005 年版，第
　　　　267～268 頁。
〔註33〕 梁漱溟：《唯識述義》，《梁漱溟全集》（一），山東人民出版社，2005 年版，第
　　　　286 頁。

但卻是因為梁漱溟將「感覺」等同於「識」，此後便有了他自己關於唯識學、儒學甚至西方哲學的獨到見解。他的「大膽」解釋與唯識學本意愈來愈遠，卻又與他後來成就的原創思想愈來愈近。除此之外，梁漱溟在《東西方文化及其哲學》等著作中還反覆援引唯識學中「現量」、「比量」、「非量」等概念，也不免存在與其本意相去甚遠的解釋。簡言之，在原教旨主義和開拓性思維之間的這種張力，一面成就了作為思想者的梁漱溟，一面又限制了他思想的科學性。毫無疑問，梁漱溟善於觀察歷史，善於總結特徵，善於進行比較，但他的觀察、總結和比較往往都是大而化之，若對其做更精細的推敲，便不難發現其中諸多問題。對於理解佛學問題如此，對於此後理解民主問題亦如此。然而，對於作為佛教徒的梁漱溟來講，對佛學的信仰成就了他己渡渡人，己覺覺人的菩薩心。正是出於救拔一切眾生的慈悲，促使梁漱溟在未來的數十年裏為國事奔走，積極尋求解決中國問題的可行方案，為國家和民眾做出令人欽佩的貢獻。正如艾愷評價的那樣：「這種『聖賢之夢』是梁漱溟全部人格的基礎，它將經受住外部遭遇中的一次次失敗。在此後的一生中，他自以為掌握了一個秘訣。這個秘訣不僅能救中國，而且能拯救全人類，並且能通過絕對命令將這一秘訣傳給他人。」〔註34〕

三、出佛入儒，吸收「泰州學派」思想

（一）重新關注社會現實問題

　　1916 年，梁漱溟結束了隱居生活，成為司法部長張耀曾的秘書。次年末，24 歲的梁漱溟接受了蔡元培的邀請，赴北京大學主講印度哲學課程。他抱著闡揚釋迦和孔子學說的態度正式踏入中國思想界，同時也成為一名為中國命運奔走的實踐者，其標誌除了前文提到 1916 年發表的《究元決疑論》之外，另有一篇同年寫就的重要文章即《吾曹不出如蒼生何》。在這篇文章中，梁漱溟感歎國事凋敝、政治馳廢、經濟窘迫、天災頻發、風俗敗壞、學術低靡，這些都源於軍閥連年混戰，致使民不聊生。他呼籲國人「起而更張」，用實際行動改變現實局面，並且提出組織國民息兵會，通過政治途徑解決地方軍閥混戰問題。當然，不會有人認真對待他的呼籲，但對梁漱溟個人來說，標

〔註34〕　【美】艾愷著，王宗昱、冀建中譯《最後的儒家——梁漱溟與中國現代化的兩難》，江蘇人民出版社，2004 年版，第 39 頁。

誌著他重新回歸社會，關注現實問題。除此之外，在思想方面，梁漱溟在撰寫《東西方文化及其哲學》時曾講：「《東西方文化及其哲學》一書，在人生思想上歸結到中國儒家的人生，並指出世界最近未來將是中國文化的復興。這是我從青年以來的一大思想轉變。當初歸心佛法，由於認定人生唯是苦（佛說四諦：苦、集、滅、道。），一旦發現儒書《論語》開頭便是『學而時習之不亦說乎』，一直看下去，全書不見一苦字，而樂字卻出現好多好多，不能不引起我極大注意。在《論語》書中與樂字相對待的是一個憂字。然而說『仁者不憂』，孔子自言『樂以忘憂』，其充滿樂觀氣氛極其明白；是何爲而然？經過細心思考反省，就修正了自己一向的片面看法。此即寫出《東西方文化及其哲學》的由來，亦就伏下了自己放棄出家之念，而有回到世間來的動念。」〔註35〕由此可以確定梁漱溟大約在 1920 年前後徹底完成出佛入儒的轉變。

梁漱溟起初對中國傳統經典的態度也經歷了從拒斥到接受的過程。他說：「我入中學時十四歲，國文教師教我唐宋八大家的古文，我最不高興。……至若莊子上的文字，更叫我頭痛痛恨。因爲莊子上的文字，富有哲學意味，玄妙極頂；類如『此一是非，是是非非，非非是是，』實在是故示玄妙，完全是騙人誤認的東西。所有《莊子》、《老子》一類書，我概不以爲然。」〔註36〕隨著年齡增長和社交圈子的擴大，這種拒斥的心態開始發生變化，順天中學求學時，在朋友郭仁林的影響下，梁漱溟閱讀了《理學宗傳》、《陽明語錄》等儒家典籍，更爲重要的是，他狹隘的見解被打破，開始尊重中國哲學。據此也可以推測，梁漱溟在結束兒童時期的西式教育後直到任教北大前的十年間，除研究佛學典籍之外，也斷斷續續地涉獵中國傳統典籍，特別是儒家經典。若非有此長時間的積澱，他不會在蔡元培、陳獨秀面前放出頗具挑釁性的話語：「我此番來北大，實懷抱一種意志一種願望，即是爲孔子，爲釋迦說個明白，出一口氣。」〔註37〕更不可能有《東西方文化及其哲學》這樣的巨著問世。

〔註35〕 梁漱溟：《我的自學小史》，《梁漱溟全集》（二），山東人民出版社，2005 年版，第 698 頁。
〔註36〕 梁漱溟：《自述》，《梁漱溟全集》（二），山東人民出版社，2005 年版，第 7 頁。
〔註37〕 梁漱溟：《自述》，《梁漱溟全集》（二），山東人民出版社，2005 年版，第 12 頁。

（二）梁漱溟對「泰州學派」理論旨趣的吸收

正如前文（本章第一節）所述，梁漱溟在回顧自己初轉儒學時，使他受益最大的莫過於明代思想家王艮，「他最稱頌自然，我便是如此而對儒家的意思有所理會。」〔註 38〕因此，我們仍然有必要簡要介紹一下王艮與其開創的泰州學派的相關理論。王艮（1483～1541），字汝止，號心齋。他繼承了陽明心學的基本思路，開創了所謂泰州學派。據《明儒學案》、《明史》等史料記載，王艮雖師從陽明先生，但「時時不滿其師說」，甚至「往往駕師說之上」，把心學推向了自然主義的發展方向，提出「天理自然」的道德本體論。王艮說：「天理者，天然自有之理也。才欲安排如何，便是人欲。」〔註 39〕就是說，天理——這種道德本體——是自然而然形成的，如果人為地去塑造某種道德本體，便偏離了天理本身。如果把王艮全部思想學說放在整個儒家思想發展史中看，諸多後世思想家批評他幾乎背離了陽明學的本意，他眼中的天理幾乎已經稱不上是儒家追尋的道德本體。本文並不關注這些問題，而是要重點說清泰州學派對梁漱溟的影響。

在《東西方文化及其哲學》裏，梁漱溟談中國哲學明顯帶有泰州學派的痕迹。比如他在講儒家仁的問題時，指出：「我們已竟說過孔家是要作仁的生活了，最與仁相違的生活就是算賬的生活。所謂不仁的人，不是別的，就是算賬的人。仁只是生趣盎然，才一算賬則生趣喪矣！即此生趣，是愛人敬人種種美行所油然而發者；生趣喪，情緒惡，則貪詐、暴戾種種劣行由此其興。算計不必為惡，然算計實惟一妨害仁的，妨害仁的更無其他；不算賬未必善，然仁的心理卻不妨害。美惡行為都是發於外之用，不必著重去看；要著重他根本所在的體，則仁與不仁兩種不同之心理是也。要著重這兩種心理則算計以為生活不算計以為生活不可不審也！這是說明孔家不計較利害之由於違仁的一個意思。」〔註 40〕將這段話與王艮的天理自然說進行對比，不難發現梁漱溟也在強調仁是自然而然的，一旦落實到人為計算時，便沒了生趣，違背了仁。梁漱溟進一步指出：「他（指孔子——筆者注）原不認定計算而致情志繫於外，所以他毫無所謂得失的；而生趣盎然，天機活潑，無入而不自得，

〔註38〕梁漱溟：《朝話》，《梁漱溟全集》（二），山東人民出版社，2005 年版，第 126 頁。

〔註39〕《明儒學案‧泰州學派》。

〔註40〕梁漱溟：《東西方文化及其哲學》，《梁漱溟全集》（一），山東人民出版社，2005 年版，第 461 頁。

決沒有那一刻是他心裏不高興的時候，所以他這種樂不是一種關係的樂，而是自得的樂，是絕對的樂」，「他只是順天理而無私欲，所以樂，所以無苦而只有樂」，「私欲不是別的，就是認定前面而計慮。」〔註41〕直覺（油然而發）和理智（算賬、計慮）在梁漱溟那裏被對應著天理和私欲，這使直覺與理智被賦予道德意義，可以被放在在道德維度上加以衡量，進而也爲區分中、西、印三種文化路向提供了價值判準。此外，在苦樂之間，儒家講求無私欲即達到「絕對的樂」，它也要訴諸直覺，繼而也決定中國人的人生態度。

　　梁漱溟部分吸收了泰州學派天理自然思想，形成了他早期關於儒家思想的基本看法。在借鑒的同時，梁漱溟也批評明代儒學過分強調依靠直覺而忽視向外照看，他講：「明代而陽明先生興，始袪窮理於外之弊，而歸本直覺——他叫良知。然猶忽於照看外邊；所謂格物者實屬於照看外邊一面，如陽明所說，雖救朱子之失，自己亦未爲得。」〔註42〕可見，梁漱溟雖受陽明哲學及泰州學派的影響，但沒有沉浸於此，這也說明了他後來爲什麼能夠更加全面地看待和解釋儒家思想。但不管怎樣，與柏格森哲學的影響類似，泰州學派也爲梁漱溟理解「直覺」、「理智」等重要概念提供了思想資源。梁漱溟正是用這些概念構建出中國人的價值觀念、社會結構，形成了對中國問題的獨特認知。

本章小結

　　縱觀梁漱溟成長過程和思想變化歷程，「西學」知識、特別是柏格森生命哲學；佛家唯識學和儒家「泰州學派」三種思想知識交織在一起，深刻影響著梁漱溟對哲學問題、文化問題和現實問題的理解。他自信能夠弄清楚東西方世界的區別；相信東西方文化在一定條件下可以實現會通，在汲取西方文化精髓後，對其進行合理的詮釋與改造，有助於解決中國落後的現實。具體來說：首先，梁漱溟的教育經歷讓他對民主、科學等西方舶來品並不陌生，而且非常認可它們。在擔心科學主義、實用主義可能會對中國產生負面後果時，梁漱溟又接觸到生命哲學，正好爲其後來能夠有效溝通東西方哲學提供

〔註41〕梁漱溟：《東西方文化及其哲學》，《梁漱溟全集》（一），山東人民出版社，2005年版，第464～465頁。

〔註42〕梁漱溟：《東西方文化及其哲學》，《梁漱溟全集》（一），山東人民出版社，2005年版，第476頁。

了可能。甚至，梁漱溟關於人和社會等問題認識的某些觀點直接來自生命哲學的價值取向。其次，梁漱溟不但把佛教作爲他的個人信仰，並且運用唯識學中重要的概念去解釋和表述其他概念。但是，雖然梁漱溟自認爲這種解釋方式似乎更貼近中國人的思考習慣，卻因他對唯識學理解的偏差恰恰又會造成更多理解上的麻煩，這是他沒有想到的問題。最後，梁漱溟受「泰州學派」思想影響，確立了他對中國傳統儒家學說的基本認識和理論旨趣。並且，「泰州學派」作爲陽明心學的一種變化形式，它更貼近梁漱溟所服膺的佛家信仰，在某些方面也與柏格森生命哲學具有可以溝通的地方。綜上所言，梁漱溟的這三種思想來源聯繫在一起，共同構成了其民主思想的思想支撐。

　　然而，梁漱溟也有明顯的自我矛盾。他崇尙佛家，不認爲有任何其他的生活方式能夠超越佛家，但同時又極力勸誡國人要過入世的生活；他崇尙民主與科學，但又不無想像力的認爲未來世界的文化將以中國儒家文化爲標杆。或許，梁漱溟內心世界所體現出的矛盾情緒也隱喻著中國走向現代化需要面臨的種種困境。梁漱溟可以被看做是當時中國典型知識分子，他所持的思想資源幾乎代表了當時中國知識分子所能佔有的全部。也正因爲如此，在大致瞭解他的思想經歷和知識結構後，再去考察他的民主思想才可能更加可靠一些。

第三章　梁漱溟民主思想的基本内容

　　梁漱溟探討社會問題（包括民主問題）始終堅持從文化的角度出發，他相信，文化差異塑造了每個社會的個性特質。反過來講，在某個社會裏，它有何種制度安排、公共生活如何構建甚至社會成員的政治心理等都由該社會長久以來形成的文化所決定。此外，從戊戌維新到新中國成立前這段時期裏，中國涉及民主問題的討論幾乎都與憲法、憲政問題聯繫在一起。因此，討論梁漱溟的民主思想則也需要從他的這種邏輯進路出發，結合中國的自身時代特點。一是探究他怎樣理解民主的內涵及與憲政的關係；二是弄清楚梁漱溟如何分析中國產生不了民主的原因；三是討論他對中國民主政治的構想；四是總結梁漱溟民主思想的基本特徵；五是說明他民主思想的主要貢獻。

一、民主的內涵及其與憲政的關係

（一）民主是一種「精神傾向」

　　「民主」在梁漱溟看來即：「凡事大家開會討論商量，公同取決，是謂民主。其中包涵平等、講理、尊重多數之三點。民主之民，指多數人而言。民主之主，則有從多數人的主意，以多數人為主體，由多數人來主動，三層意思。」〔註1〕此外，他還將民主認作是一種精神「傾向」：「民主是人類社會生活中的一種精神，或傾向，其內容要點有五，即是：一、承認旁人；二、平等；三、講理；四、尊更多數；五、尊重個人自由。」〔註2〕首先，民主承認

〔註 1〕梁漱溟：《民主是什麼──什麼是民主？》，《梁漱溟全集》（六），山東人民出版社，2005 年版，第 124～125 頁。

〔註 2〕梁漱溟：《民主是什麼──什麼是民主？》，《梁漱溟全集》（六），山東人民出

個體利益訴求、價值觀念的差異性，「我承認我，同時亦承認旁人。我有我的感情要求，思想意見，種種；人家亦有人家的感情要求，思想意見，種種。所有這些都要顧及，不能抹殺，不能排斥之，滅絕之。——這是第一根本點。」〔註3〕其次，民主需要每個人都具有平等的資格。「從承認旁人，就有『平等』這一精神出現。那就是更進一步而承認彼此平等。不但承認他人的存在，乃至承認他人亦不比我低下。」〔註4〕第三，地位平等的每個人在面對公共問題時，需要以理性的方式進行商談，互相尊重各自訴求，不能以強力壓制對方、抹殺旁人的意見，這就是所謂的講理。第四，商談得出的意見需要以少數尊重多數的原則形成最終共識，承認民主生活的人必須接受這一程序原則。最後，以民主的程序討論的事僅限於社會公共事務而不涉及個人自由，這是運用民主的範圍。「凡一事牽涉到大家，不是一個人的事，當然大家商量決定。然若於大家無涉的個人私事，大家（團體或國家）亦要干涉他，似亦不合理。於是就有尊重『個人自由』之一精神。」〔註5〕

根據上述所言，我們至少可以看出以下幾點：首先，梁漱溟認識到雖然個體訴求和價值觀念各異，但在道德上都是平等的。民主的基礎也正是建立在承認個體平等之上。其次，他也看到民主是一種商談的程序，它要求以理性而非暴力的方式處理問題，並需要一個確定的程序把商談結果上陞為共識。這一點對於只好講情理而不願論公理的中國人尤其重要。最後，尤其值得稱道的是，梁漱溟意識到，民主應有其界限，正如專制制度是對個人自由的壓迫一樣，民主也不能妨害個人自由，否則民主便失去它的意義。

此外，關於民主制度的價值，梁漱溟講：「以我的瞭解，則此種制度實有使我們不能不迷信的兩點：一點是我們不能不承認他的合理；一點是我們不能不佩服他的巧妙。所謂合理是什麼呢？第一層，便是公眾的事，大家都有參與作主的權；第二層，便是個人的事，大家都無干涉過問權。前一項，即所謂公民權；後一項，即所謂個人之自由權。……又如何是他的巧妙呢？他

版社，2005 年版，第 125 頁。

〔註 3〕 梁漱溟：《民主是什麼——什麼是民主？》，《梁漱溟全集》（六），山東人民出版社，2005 年版，第 124 頁。

〔註 4〕 梁漱溟：《民主是什麼——什麼是民主？》，《梁漱溟全集》（六），山東人民出版社，2005 年版，第 124 頁。

〔註 5〕 梁漱溟：《民主是什麼——什麼是民主？》，《梁漱溟全集》（六），山東人民出版社，2005 年版，第 125 頁。

這種制度，使你爲善有餘，爲惡不足，人才各盡其用，不待人而後治。其結構之巧，實在是人類一大發明。如果問這種制度的眞正價值，則其遠勝過舊制度者，實在此。〔註6〕按照今天人們的理解，民主首先是一種制度、程序，保證公共生活的理性有序，正如美國當代學者羅伯特・達爾認識的那樣：「民主思想關心的是普通公民藉以對領導行使相對強的控制過程。」〔註7〕這是他所謂民主的「最低定義」。同時，民主更是一種價值追求，它否認特權與專斷統治，追求那種人民的自我統治，確實地講，只要存在階級對立，統治與服從就是相對的概念，它不可能是同一主體。因此，如果說人民即是自己的統治者，在邏輯上是不通的，另一位美國學者科恩也承認：民主是一種「自相矛盾的自治」。〔註8〕但是，如果將「人民的自我統治」做一種象徵性的解讀，便可發現，它是一種民主的觀念，表達了人們對理想政治生活方式的追求。

（二）民主與憲政的關係

回顧中國近代政治發展中的兩種主要思路——君主立憲與民主共和，不外乎都極力要求參政權和自由權的實現。思想家和革命者們同時將目光鎖定在建設憲政國家上來，他們相信，中國如走上憲政的道路，其問題便可隨之解決。同時，憲政也是民主制度的保障，談民主則不能迴避憲政問題。梁漱溟對此也有自己的看法。他講：「憲政是一個國家內，統治被統治兩方面，在他們相互要約共同瞭解下，確定了國家如何處理，國權如何運行，而大家就信守奉行的那種政治。」〔註9〕至於他們要確定哪些事項，梁漱溟指出兩點：「一項是國家和其組成分子相互間權利義務關係。一項是代表國家行使國權的爲那些機關，其彼此間如何相關係，而職權又如何劃分。」〔註10〕所謂權利義務關係，在梁漱溟看來主要是限制國家公權力的濫用，保障個人自由，如財產權；加重國家的義務，賦予人民積極權利，如參政權。關於國家權力

〔註6〕梁漱溟：《我們政治上的第一個不通的路——歐洲近代民主政治的路》，《梁漱溟全集》（五），山東人民出版社，2005年版，第134～135頁。

〔註7〕【美】羅伯特・達爾：《民主思想的前言》，顧昕、朱丹譯，三聯書店、牛津大學出版社，1999年版，第4頁。

〔註8〕【美】科恩：《論民主》，商務印書館，1988年版，第7頁。

〔註9〕梁漱溟：《中國到憲政之路》，《梁漱溟全集》（六），山東人民出版社，2005年版，第486頁。

〔註10〕梁漱溟：《中國到憲政之路》，《梁漱溟全集》（六），山東人民出版社，2005年版，第487頁。

運行，他強調國家機關之間的權力劃分，中央和地方的權力分配。可見，他對憲政的理解是比較精準的。

梁漱溟如何看待民主與憲政的關係呢？他講：「說『憲政』就等於說『法治』；卻是法治卒必歸於民治。」〔註11〕因為，憲政國家在形式上需要滿足兩點：「以國會為立法機關，非經一定程序，不能成為法律；法為最高，國人於此定其從違，任何機關命令亦不過依法而發出的，絕不許以命令變更法律。」〔註12〕法律是國家中的最高權威，它也是依據人民的共同意願所製定。「依理言之，此國法便須是國人公共的意思，絕非任何一個人或一部分人可以其意思加於全國人身上的。翻轉來說，若非出於國人公共意思，便不足以當國法之目。」〔註13〕按照這樣的邏輯，法治就是人民的公共意志，它的本質就是民主政治。用梁漱溟的話講：「政治上的民主不外兩點，一是國家對於個人自由之尊重；又一是國家大事付之國人公議公決。而立憲國家所要確定的，亦便是在此。則政治上的民主（民治），為憲政應有之義，不可或缺，自甚明白。……政治上民主精神，就過去歷史來看，端有賴於憲政之出現，乃得漸次開發出來。或云：憲政之出現於人類歷史，不外是為政治上漸次開發其民主精神。」〔註14〕綜上所言，憲政要求法治，而法治的本質即是民主政治，憲政與民主又起到了相互開發的作用。

既然民主與憲政關係如此緊密，憲政建設自然也關乎民主政治建設。對此，梁漱溟進一步指出，踐行憲政也需要一定的條件——「勢」與「理」。他講：「憲政並不是建築在憲法上面。憲法不過是事情確定之一種形式，而事情之所以確定生效者則別有所在，在哪裏呢？在兩種力量上面。一種可名曰外力，或他力，或機械力量；近有一種可曰內力，或自力，或精神力量。」〔註15〕外力即所謂的「勢」，內力即所謂的「理」。從前一方面說，梁漱溟從

〔註11〕 梁漱溟：《中國到憲政之路》，《梁漱溟全集》（六），山東人民出版社，2005年版，第489頁。

〔註12〕 梁漱溟：《中國到憲政之路》，《梁漱溟全集》（六），山東人民出版社，2005年版，第490頁。

〔註13〕 梁漱溟：《中國到憲政之路》，《梁漱溟全集》（六），山東人民出版社，2005年版，第490頁。

〔註14〕 梁漱溟：《中國到憲政之路》，《梁漱溟全集》（六），山東人民出版社，2005年版，第491頁。

〔註15〕 梁漱溟：《憲政建築在什麼上面》，《梁漱溟全集》（六），山東人民出版社，2005年版，第480頁。

憲政出現的歷史談開，認為西方出現憲政制度，是因為其社會內部各方力量發生變化，相互對抗之後形成妥協的結果。「憲政是建築在國內各階級間那種抗衡形式之上。」〔註 16〕憲法不過是各種力量的妥協點，憲政起源於限制王權，後來發展成為限制任何形式的專斷權力。被統治者一方形成「勢」的一面去對抗統治者，這也是梁漱溟在吸收了西方理論成果後根據自身經驗衍生出的思路。如果沒有這種外在力量，憲政則不可能實現。梁漱溟以保障個體自由為例，說明了「勢」的重要性：「自由是國家（團體）與個人之間的界限；個體不得越出此界以妨礙團體（國家），團體不得侵入此限以妨礙個人。……蓋以個人對國家太渺小了，又安得有力量劃清此界而守之？沒有力量，只空談以講理，是不行的。此時就需用階級了。」〔註 17〕散漫的個人聯合起來，形成階級抗衡之勢，便可以保證個人自由。從後一方面說，他也認識到：「單純以機械原理來說憲政，當然還不夠。在彼此挾持至外，當然還有出於本心要求之一面。自由平等，民主，並非全由外鑠，而是人心所本有之要求。人類社會不徒有『勢』，亦還有『理』。」〔註 18〕實際上，憲法作為憲政的重要標誌之一，只有當人們真正信仰它時，才有意義，否者仍不過是一紙空文。對於法律的信仰可以來自某種宗教信念，道德信念或社會習俗，人們表現出的正義感、寬容、誠信、自尊等等都是維持人們信仰法律的內在精神支柱。比如，近代西方「天賦人權」的觀念即源於宗教又來自人們尋求個體解放的衝動，在它的感召下人民奮起抗爭，英、法、美等國都實現了民主政治，這種力量後來也成為其憲政秩序的強大精神支撐。這也即是梁漱溟心中的「理」。總之，按照他的理解，憲政制度既是各種社會力量博弈妥協的結果，又是每個人的精神與價值追求，二者具有緊密的內在關聯。

落實到中國的憲政問題上，梁漱溟的態度經歷了一些變化，從強烈支持到審慎的看待。他講：「我最初的態度，自然是渴望中國憲政之實現。大約當前清光緒宣統年間，比較有知識的人，都是如此。」〔註 19〕這是因為他受到

〔註 16〕梁漱溟：《憲政建築在什麼上面》，《梁漱溟全集》（六），山東人民出版社，2005年版，第 481 頁。

〔註 17〕梁漱溟：《中國到憲政之路》，《梁漱溟全集》（六），山東人民出版社，2005年版，第 501 頁。

〔註 18〕梁漱溟：《憲政建築在什麼上面》，《梁漱溟全集》（六），山東人民出版社，2005年版，第 482 頁。

〔註 19〕梁漱溟：《談中國的憲政問題》，《梁漱溟全集》（六），山東人民出版社，2005年版，第 503 頁。

當時社會背景的影響很深，然而在經歷過幾次立憲、制憲的失敗後，梁漱溟開始反省，他認為，首先，中國的憲政運動總是人為地遭到打擊；其次，將憲政僅僅寄託於製定憲法上是不可靠的，「一種政治制度不寄於憲法條文上，卻託於政治習慣而立。」〔註20〕最後，中國與西方民族精神彼此相異，照搬模倣西方制度不可能成功。因此，必須根據中國特殊的國情（當時中國最大的任務是抵抗日本帝國主義的侵略），有針對性地進行解決。由此，梁漱溟總結自己對於中國如何實現憲政的思考：「一、眼前迫切需要的，為國內之團結統一；我祝望國人以求憲政者，求團結統一。二、實現團結統一為談憲政之前提；卻不是從憲政可以達團結統一者（有人這樣思想）。三、民主精神實為團結統一所必需；沒有或少些民主精神則團結不可能，不如以團結統一責勉於執政方面；隨著團結統一，自然帶來了民主精神自由空氣。四、對於憲政不曉得愛惜，不曉得鄭重其事，便是憲政的罪人，願國人警覺。」〔註21〕在上面的表述中，梁漱溟再一次提到民主對於國家政治生活的意義，可見，他並不反對民主政治，只是對在中國如何建設民主政治有自己的看法。

二、傳統中國社會產生民主的兩大難題

民主的內涵即已明確（雖然梁漱溟對民主內涵的認識是存在問題），那麼，中國為何一直未能實現民主政治？梁漱溟認為：「中國文化自古富於民主精神，但政治上則不足。政治上的民主不足，主要是為了缺乏政治，缺乏國家生活，因為缺乏政治，亦缺乏政治的民主。」〔註22〕「何謂缺乏政治？就是缺乏國家生活；何謂國家生活？國家生活，是人類生活中最強大的團體生活。中國人社會生活，最缺乏團體組織，尤其是強大的團體；特別在國家生活上是消極的。」〔註23〕在他看來，民主是團體中的制度安排，民主社會的前提必須是有發達的集團生活的社會。

〔註20〕 梁漱溟：《談中國的憲政問題》，《梁漱溟全集》（六），山東人民出版社，2005
年版，第 507 頁。

〔註21〕 梁漱溟：《談中國的憲政問題》，《梁漱溟全集》（六），山東人民出版社，2005
年版，第 515 頁。

〔註22〕 梁漱溟：《民主是什麼──什麼是民主？》，《梁漱溟全集》（六），山東人民出
版社，2005 年版，第 125～126 頁。

〔註23〕 梁漱溟：《中國文化的兩大特徵》，《梁漱溟全集》（六），山東人民出版社，2005
年版，第 134 頁。

　　除了社會問題，梁漱溟對中國人是否能適應民主也存在疑問。從他對民主內涵的五點認識分析，梁漱溟說：「（中國人）第一，承認旁人之一點，充分的有。第二，平等之一點，表現的有曲折；即一面講平等，又一面講等差。第三，講理之一點，表現極充分。第四，尊重多數之一點，意識上有之，生活習慣上則缺乏。第五，尊重個人自由之一點，表現的有曲折；即一面有，又一面不然。同時在生活習慣上是忽略的。……還有我要指出西洋人的民主精神多建築在行動習慣上；中國國人的民主精神則多表現在意識要求上。」〔註24〕總結起來，中國人在文化意義上也一定程度上具有民主精神，但不是政治學意義上的民主精神，這種精神不過是「有如藝術家所謂的眼高手低者。」〔註25〕以下便沿著梁漱溟的思路，從中國人和中國社會兩個方面進行具體說明：

（一）中國人「長於理性短於理智」，缺乏追求民主的精神動力

　　「文化」這個概念是梁漱溟全部理論的基礎。在梁漱溟看來，無論是個體生命還是社會結構都由不同的文化形態所塑造。然而什麼是文化？梁漱溟指出，意欲求滿足的方式即是文化：「我以為我們去求一家文化的根本或源泉有個方法。你且看文化是什麼東西呢？不過是那一民族生活的樣法罷了。生活又是什麼呢？生活就是沒盡的意欲（Will）——此所謂『意欲』與叔本華所謂『意欲』略相近——和那個不斷的滿足與不滿足罷了。通是個民族通是個生活，何以他那表現出來的生活樣法成了兩異的色彩？不過是他那為生活樣法最初本因的意欲分出兩異的方向，所以發揮出來的便兩樣罷了。然則你要去求一家文化的根本或源泉，你只要去看文化的根原的意欲，這家的方向如何與他家的不同。你要去尋這個方向怎樣不同，你只要他已知的特異彩色推他那原出發點，不難一目了然。」〔註26〕按照他的理解，文化即生活的樣法，每一種生活都有它自己意欲滿足的方式，那麼搞清楚什麼是意欲便是至關重要的問題。

〔註24〕梁漱溟：《中國民主運動的障礙究在何處》，《梁漱溟全集》（六），山東人民出版社，2005 年版，第 128～129 頁。

〔註25〕梁漱溟：《中國民主運動的障礙究在何處》，《梁漱溟全集》（六），山東人民出版社，2005 年版，第 129 頁。

〔註26〕梁漱溟：《東西方文化及其哲學》，《梁漱溟全集》（一），山東人民出版社，2005 年版，第 352 頁。

　　意欲又是什麼？梁漱溟認為：「生活即是在某範圍內的『事的相續』。這個『事』是什麼？照我們的意思，一問一答即唯識家所謂一『見分』。一『相分』——是為一『事』。一『事』，一『事』，又一『事』。……如果湧出不已，是為『相續』。為什麼這樣連續的湧出不已？因為我們問之不已——追尋不已。一問即有一答——自己所為的答。問不已答不已，所以『事』之湧出不已。因此生活就成了無已的『相續』。這探問或追求的工具其數有六：即眼、耳、鼻、舌、身、意。凡剎那間之一感覺或一念皆為一問一答的一『事』。在這些工具之後則有為此等工具所自產出而操之以事尋問者，我們叫他大潛力、或大要求、或大意欲——沒盡的意欲。」〔註27〕在這段論述中，梁漱溟用唯識學思想解釋了意欲的本質，有學者認為：梁漱溟的意欲「既是一種盲目的意志，又是一種精神，又是一種趨向、態度及動機，有時又含有一超越的實體的味道，甚至也有純粹理性的味道，也有如柏格森所提出的『生機力』的意思。籠統的說，『意欲』乃是『萬法唯識』的『識』。〔註28〕筆者認為，這種解釋不免有失偏頗，因為唯識學所講的「識」，本身即靜即動，即過程即結果，從範圍上說也要比梁漱溟的「意欲」要廣。按照筆者的認識，「意欲」實際上指向了提問主體——人（抑或稱之為「我」），滿足意欲就等同於解決了人所提出的問題，解決了我所面臨的「事」。簡單地講，梁漱溟通過意欲，把握作為主體的人，同時也揭示出人生命本質——不斷滿足沒盡的意欲！雖然在梁漱溟看來，人的生活總是要去解決一個一個的事，滿足沒盡的意欲。但他也清楚地看到，並不是每一個事都可以解決，還存在一些無法滿足的意欲。因此，他將事分為：可滿足者，如科學進步；滿足與否不可定者，如奴役壓迫他人，是否能制服他的心則未定；絕對不能滿足者，如希望長生不老；以及無所謂滿足與否四種情況，如歌舞音樂以及種種自然的情感發揮。〔註29〕可以看出，梁漱溟眼中的人並不是無限放大的主體而是具有有限性的。滿足意欲只不過是一條單向性的維度，只能說明它是構成生命的重要組成部分，卻不意味著是生命的全部，不能用抽象化的概念理解生命問題，拋開生活便無所謂生命。因此，梁漱溟斷言：「所有人類生活大約不出這三個路徑樣法：

〔註27〕梁漱溟：《東西方文化及其哲學》，《梁漱溟全集》（一），山東人民出版社，2005年版，第376～377頁。
〔註28〕林安悟：《現代儒學論衡》，業強出版社，1987年版，第59頁。
〔註29〕梁漱溟：《東西方文化及其哲學》，《梁漱溟全集》（一），山東人民出版社，2005年版，第380頁。

（一）向前面要求；（二）對於自己的意思變換、調和、持中；（三）轉身向後去要求；這是三個不同的路向。這三個不同路向，非常重要，所有我們觀察文化的說法都以此為根據。」〔註30〕至此，我們先簡單梳理一下梁漱溟對意欲問題理解的邏輯：意欲與人和事相關聯，人生命的本質在於滿足各種意欲，但由於人的有限性使得並不是所有意欲都可以得到滿足，因而不可能單向度地一味向前要求意欲滿足，進而，人類生活體現出三種不同的路向，不同社會中的人在這三條路向上的選擇差異決定了存在各種不同的社會文化。這即是梁漱溟體察個體生命和人類生活的一個重要觀點。

除了圍繞意欲闡述生命問題，梁漱溟還注重分析人類知識的構成問題，它決定了人把握問題、解決問題的能力。在此，梁漱溟援引佛家唯識學現量、比量、非量的概念，認為它們是構知識的工具：「我們觀察知識，即要曉得知識如何構成的。知識之構成，照我們的意思，即由於此三量。此三量是心理方面的三種作用，一切知識皆成於此三種作用之上。」〔註31〕什麼是現量？「所謂『現量』就是感覺（Sensation）。譬如我喝茶時所嘗到的茶味，或我看桌上的白布所得到的白色，都是『現量』。卻是此處要聲明，感覺時並不曉得什麼是茶味或白色，只有由味覺和視覺所得到茶或白色的感覺，而無茶味或白色所含的意義——知茶味或白色之意義另為一種作用——所以，『現量』的作用只是單純感覺。」〔註32〕也就是說人接觸外在事物所得到的某種反饋信號，它是一種未上陞到運用理智去進行辨識的單純的心理作用。比量，「『比量智』即是近所謂的『理智』，也是我們心理方面去構成知識的一種作用。……我們構成只是第一須憑藉現量，但如單憑現量——感覺——所得的仍不過是雜多零亂的影像，毫沒有一點頭緒，所以必須還有比量智將種種感覺綜合其所同、簡別其所異，然後才能構成正確明瞭的概念。所以知識之成就，都藉重於現量、比量的。」〔註33〕梁漱溟語中的「理智」與我們現在理解的「理性」不是一個概念，理智簡單地說就是人類特有的分析計算能力，把無意義

〔註30〕梁漱溟：《東西方文化及其哲學》，《梁漱溟全集》（一），山東人民出版社，2005年版，第382頁。

〔註31〕梁漱溟：《東西方文化及其哲學》，《梁漱溟全集》（一），山東人民出版社，2005年版，第397頁。

〔註32〕梁漱溟：《東西方文化及其哲學》，《梁漱溟全集》（一），山東人民出版社，2005年版，第397頁。

〔註33〕梁漱溟：《東西方文化及其哲學》，《梁漱溟全集》（一），山東人民出版社，2005年版，第399頁。

的符號、現象變成概念的能力。按照一般人的理解，人類把握事物，具有從感性認識到理性認識的能力。如果說現量代表感覺，比量代表理智，那麼知識也即由這兩部分構成。問題在於，如何解釋由感性到理性的過程？梁漱溟認為，還存在一個非量（直覺）作為聯繫二者的中介：「知識是由於現量和比量構成的，這話本來不錯。但現量和比量之間還應當有一種作用，單靠現量和比量是不成功的……所以在現量與比量中間，另外有一種作用，就是附於感覺——心王——之『受』、『想』二心所。『受』、『想』二心所是能得到一種不甚清楚而且說不出來的意味的。……『受』、『想』二心所對於意味的認識就是直覺。故從現量的感覺到比量的抽象概念，中間還須有『直覺』之一階段；單靠現量與比量是不成功的。」〔註34〕簡言之，直覺是一種意味精神、趨勢或傾向，在認識事物過程中起到介質的作用。人獲得知識必然經過感覺、直覺到理智這樣一個過程。

梁漱溟總結另一個人類特徵就是人擁有理性。他承認，人之所以區別於動物，是因為人具有理智，理智與本能相對，在學習中，人可以不斷獲得更多的理智，過著運用理智征服外在世界，而動物的生存則依靠它的本能。但梁漱溟又指出，理智雖是人特有的生活手段，有些東西卻單憑它是追求不來的，比如求真之心、好善之心，這些都要借助理性才能把握到，更為重要的是，理性是人獲得理智的根據。「蓋理智必造乎『無所為』的冷靜地步，而後得盡其用；就從這裏不期而開出了無所私的感情（impersonal feeling）——這便是理性。理性、理智為心思作用之兩面：知的一面曰理智，情的一面曰理性，二者本來密切相連不離。譬如計算數目，計算之心是理智，而求正確之心便是理性。數目算錯了，不容自昧，就是一極有力的感情，這一感情是無私的，不是為了什麼生活問題。分析、計算、假設、推理。……理智之用無窮，而獨不作主張，作主張的是理性。理性之取捨不一，而要以無私的感情為中心。」〔註35〕「總起來兩種不同的理，分別出自兩種不同的認識：必須摒除感情而後其認識乃銳入者，是之謂理智；其不欺好惡而判別自然明切者，是之謂理性。」〔註36〕梁漱溟之所以將理智和理性進行區分，也是為解釋中

〔註34〕 梁漱溟：《東西方文化及其哲學》，《梁漱溟全集》（一），山東人民出版社，2005年版，第399～400頁。

〔註35〕 梁漱溟：《中國文化要義》，《梁漱溟全集》（三），山東人民出版社，2005年版，第125～126頁。

〔註36〕 梁漱溟：《中國文化要義》，《梁漱溟全集》（三），山東人民出版社，2005年版，

國人與西方人的差異提供依據。

回顧一下梁漱溟關於人生命特質的討論：首先，人類生活的本質是不斷追求意欲的滿足，但它有限制性；其次，人擁有通過感覺、直覺、理智獲得知識的能力，通過運用知識創造更好的生活；最後，人類還具有無偏私、不自昧的理性，以此駕馭理智，從而能夠求真、求善。那麼，在梁漱溟心中，中國人具有哪些特徵呢？在意欲滿足問題上，梁漱溟講：「中國文化是以意欲自為、調和、持中為其根本精神的。」〔註37〕中國人所持的人生道路正是對於自己的意思變換、調和、持中。遇到矛盾時，首先想到在意欲與滿足之間尋找一個平衡點，以調和的方式化解掉二者的矛盾。因此，與西方人善於向前面要求不同，中國人沒有對於自然向前奮鬥的態度，創造不出西方人發達的物質文明；也沒有西方人要求改變現狀，求真的科學精神；更沒有面對種種權威勢力勇於反抗鬥爭的德謨克拉西精神。用他自己的話講：「中國人的思想是安分、知足、寡欲、攝生，而絕沒有提倡要求物質享樂。……不論境遇如何他都可以滿足安受，並不定要求改造一個局面。……他持這種態度，當然不可能有什麼征服自然的魄力，那輪船、火車、飛行艇就無論如何不會產生。他持這種態度，對於積重的威權把持者，要容忍禮讓，哪裏能奮鬥爭持而從其中得個解放呢？那德謨克拉西實在無論如何不會在中國出現！」〔註38〕關於知識的構成方面，梁漱溟指出：「中國生活是理智運用直覺的。」〔註39〕他給出的解釋是：「這實由中國很早的時代就想成功那極高的文化，為其聖人——天才——領著去作以理智運調直覺的生活，卻其結果只成了這非高非低渾沌難辨的生活、文化。中國古代那很玄深的哲理實是由理智調弄直覺所認識的觀念。」〔註40〕其造成的結果就是中國人在知識領域注重以直覺體悟玄深的生命哲理，而相對忽視運用理智去求得科學之理。關於理性與理智，梁漱溟認為，中國人長於理性短於理智。「中國人既理性早啓，冷靜不足，展轉相引，乃愈來愈長於理性，愈短於理智。」

第 127 頁。

〔註37〕 梁漱溟：《東西方文化及其哲學》，《梁漱溟全集》（一），山東人民出版社，2005年版，第 383 頁。

〔註38〕 梁漱溟：《東西方文化及其哲學》，《梁漱溟全集》（一），山東人民出版社，2005年版，第 392～393 頁。

〔註39〕 梁漱溟：《東西方文化及其哲學》，《梁漱溟全集》（一），山東人民出版社，2005年版，第 485 頁。

〔註40〕 梁漱溟：《東西方文化及其哲學》，《梁漱溟全集》（一），山東人民出版社，2005年版，第 486 頁。

〔註41〕在他看來，中國人不善於西方人那樣樂意向知識發展，追求知識本身，而善於講情理，道理，看重人自身。因此，在理智方面便有很大的欠缺，學術停滯且與社會生活相互隔絕。

梁漱溟總結的是傳統中國人的普遍特徵，其中有不利於民主發展的因素，如安於現狀，不願輕易反對權威，缺乏追求民主的精神動力。但也不乏建設民主生活所需要的因素，如善於講理，當然這個理的內涵需要重新被定義。毋庸置疑，構建任何一種政治生活都離不開盡可能合理地把握和解釋該共同體中人的特質，梁漱溟對中國人的解釋也具有很高的洞見力。

（二）中國社會缺乏集團生活，沒有適合民主產生的階級力量

梁漱溟認為，長期困擾中國的種種社會問題，說到底是個文化問題。按照梁啓超的說法，中國從器物、制度到文化變革，是中國社會現代化變遷的基本思路。因此，在梁漱溟看來，分析中國社會問題也應當從文化入手，以文化觀社會，進而分析社會問題的成因，針對性的加以解決。

梁漱溟選取中國鄉村社會作為分析對象，用歷史發展的眼光審視社會，他指出：「原來中國社會是以鄉村為基礎，並以鄉村為主體的；所有文化，多半是從鄉村而來，又為鄉村而設，——法制、禮俗、工商業等莫不如是。在近百年中，帝國主義的侵略，固然直接間接都在破壞鄉村，即中國人所作所為，一切維新革命民族自救，也無非是破壞鄉村。所以中國近百年史，也可以說是一部鄉村破壞史。」〔註42〕這種觀點不免有失偏頗，甚至表現出他對現代化的理解比較狹隘，但也正表達出他對中國傳統社會情態的獨特認知，在此基礎上，梁漱溟指出：「今日中國問題在其千年相沿襲之社會組織構造既已崩潰，而新者未立；鄉村建設運動，實為吾民族社會重建一新組織構造之運動。」〔註43〕他將此又稱作「文化失調」：「人非社會則不能生活，而社會生活則非有一定秩序不能進行；任何一時一地之社會必有其所為組織構造者，形著於外而成其一種法制、禮俗，即是社會秩序也。一社會之文化要以

〔註41〕 梁漱溟：《中國文化要義》，《梁漱溟全集》（三），山東人民出版社，2005 年版，第 276 頁。

〔註42〕 梁漱溟：《鄉村建設理論》，《梁漱溟全集》（二），山東人民出版社，2005 年版，第 150 頁。

〔註43〕 梁漱溟：《鄉村建設理論》，《梁漱溟全集》（二），山東人民出版社，2005 年版，第 161 頁。

其社會之組織構造為骨幹，而法制、禮俗實居文化之最重要部分。」〔註44〕在此，他將社會法制、禮俗問題轉為文化的問題，社會組織構造與文化相互牽扯，互為依存，前者出現問題，後者也隨之變質。那麼，中國傳統社會組織構造和文化是什麼樣呢？梁漱溟對此進行了詳盡的解釋：

　　第一，中國傳統社會是「倫理本位的社會」。所謂倫理本位即：「人類在情感上皆以對方為主（在欲望中則自己為主），故倫理關係彼此互以對方為重；一個人似不為自己而存在，乃彷彿互為他人而存在者。這種社會，可稱倫理本位的社會。」〔註45〕中國傳統社會構造恰是標準的倫理本位。在社會方面，中國人的家庭和宗族占極重要的位置，禮義廉恥這種道德維度的價值判準不僅作為社會習俗為人們公認，甚至被視作國家法律的根本精神。在經濟方面，以倫理關係為紐帶的財產共有也在中國延續幾千年。兄弟宗族之間分享財產，親朋好友之間也有通財之義，否則就被視為不義，會遭到道德甚至法律的懲罰。在政治方面，官民關係被倫理化，忠孝節義是歷代王朝的治國之基，治國宗旨也是要維繫人與人之間的倫理關係，使人人安分於各自位置上。總之，傳統中國社會處處體現著倫理關係，拋開它則不能理解和解釋各種社會現象。

　　第二，中國傳統社會還是「職業分立的社會」。職業分立是指：「生產工作者（農民、工人）恒自有其生產工具，可以自行其生產。各人作各人的工，各人吃各人的飯，只有一行一行不同的職業，而沒有兩面對立的階級。」〔註46〕梁漱溟此處以「階級」和「職業」來說明問題，需要指出，他對「階級」的理解也比較中肯：「何謂階級？俗常說到階級不過是地位高下、貧富不等之意；那其實不算什麼階級，此處所稱階級乃特有所指，不同俗解。在一社會中，其生產工具與生產工作有分屬於兩部分人的形勢——一部分人據有生產工具，而生產工作乃委於另一部分人任之；此即所謂階級對立的社會。」〔註47〕實際上，他就是要說明勞動與生產資料相分離的社會即可稱之為階級社會，那麼，按照

〔註44〕梁漱溟：《鄉村建設理論》，《梁漱溟全集》（二），山東人民出版社，2005年版，第162頁。

〔註45〕梁漱溟：《鄉村建設理論》，《梁漱溟全集》（二），山東人民出版社，2005年版，第168頁。

〔註46〕梁漱溟：《鄉村建設理論》，《梁漱溟全集》（二），山東人民出版社，2005年版，第171頁。

〔註47〕梁漱溟：《鄉村建設理論》，《梁漱溟全集》（二），山東人民出版社，2005年版，第170頁。

這種理解，中國傳統社會顯然與之不符。中國人以士、農、工、商四種職業爲努力的方向，而且在四種職業中的人可以經過奮鬥相互流轉，尤其是中國的官吏制度決定了其職位向所有人開放。生產資料與勞動力不分，參政權具有相當程度的開放性，都決定了在中國社會中階級分界十分模糊，而只有一條相對清晰的職業分途的路子。

倫理本位、職業分立，二者相互作用，造就了中國傳統社會，經濟生活、政治生活都受該特點的影響，同時它們又在彼此作用下聯繫得更爲緊密。從職業分立影響倫理本位上說，由於沒有生產資料和生產技術的壟斷，小農經濟（抑或稱自給自足的自然經濟）得以長時間維繫，同時也讓人們在小規模生產勞動過程中強化了倫理關係。反過來講，也正因爲倫理本位的經濟生產方式，固化了財產共有，這也導致資源無法集中，繼而也形成不了階級對立之生產關係和階級統治。用梁漱溟的話總結：「階級統治之不成，而中國政治乃不得不倫理化；由政治之倫理化，乃更使社會職業化。職業又有助於倫理。倫理與職業輾轉相成，彼此扣合，其理無窮。『倫理本位、職業分立』八個字，說盡了中國舊時的社會結構，——這就是一很特殊的結構。」〔註48〕

上述兩點是梁漱溟對中國傳統社會狀況的判斷，而對於當時的中國社會來說，梁漱溟說道：「近百年來以世界交通使中國與西洋對面只見他引起我們得變化，誘發我們的崩潰，而不見我們影響到他有何等變化發生，這無疑是中國文化的失敗。」〔註49〕換句話講也即是中國社會之組織構造的崩潰，由此也導了政治無辦法。「所謂政治無辦法，即國家權力之不能建立，也即平常所說之不能統一。中國國家權力不能建立，是中國社會崩潰之因，也是中國社會崩潰之果。」〔註50〕他認爲，導致這樣的結果是因爲：第一，中國自古以來政治上都是消極無爲的，「中國向來有統治者，而無統治階級；無統治階級，所有沒有力量；沒有力量，所以不敢用力量；沒有力量統治，所以只能敷衍。」〔註51〕用今天的話說，就是政府缺乏行動力，不能有效調動整合

〔註48〕梁漱溟：《鄉村建設理論》，《梁漱溟全集》（二），山東人民出版社，2005年版，第174頁。

〔註49〕梁漱溟：《鄉村建設理論》，《梁漱溟全集》（二），山東人民出版社，2005年版，第191頁。

〔註50〕梁漱溟：《鄉村建設理論》，《梁漱溟全集》（二），山東人民出版社，2005年版，第213頁。

〔註51〕梁漱溟：《鄉村建設理論》，《梁漱溟全集》（二），山東人民出版社，2005年版，第214頁。

社會資源。第二，思想發生分歧。缺乏公共信仰，沒有一個足以統御整個社會的政治意識形態。第三，沒有階級。梁漱溟尤其強調：「真正讓中國國家權力建立不起的原因，還是沒有階級。……一切國家都是階級統治。」〔註 52〕但中國「社會上無階級集團勢力可為中心，武力無所屬，無可交代從前承認皇帝作主，武力尚可交給個人；現在不承認個人作主，武力交給個人大家不服，而除了個人又無可交代。」〔註 53〕這就讓中國社會陷入了民主與專制都達不到的兩難境地，表現出的則是軍閥割據的無政府狀態。第四，社會現實與意識要求不符合。他指出：「本來社會的秩序（包含社會上一切法制禮俗），是跟著社會事實來的。」〔註 54〕但是，「中國革命是因外來影響刺激太強，引起了自己的意識要求，一下把舊秩序推翻，要再建造新秩序，而新秩序又建造不起！此其故即因意識要求與舊有事實不符。」〔註 55〕推翻專制統治是辛亥革命的基本任務，追求自由平等是革命者們的共同願望，它需要建立起一個以保護自由、平等、民主、法治的政治秩序，但這卻又沒能建立起來，不能不說是當時中國面臨的嚴重問題。第五，中西精神之不同。「國家權力之所以不能建立，最根本的原故，即在於此——精神的不合。中國之所以亂，所以沒辦法，就是因為中國人的神情態度與西洋人的神情態度得不到調和，彼此之間，很有些距離，找不出一個可以彼此溝通之點。」〔註 56〕實際上，梁漱溟在此暗喻了新社會秩序構造以西方為標桿，學習西方精神。

綜上所述，解決社會結構重構問題，在現實層面上要恢復國家權力的有效性，在精神層面上要解決中西方政治文化（精神）融合的問題。梁漱溟把落腳點放在中國的「集團生活」（或稱團體生活）上面。中國人缺乏集團生活是亟待解決的現實問題。梁漱溟認為，團體（組織）需要四個要素「第一，公共觀念；第二，紀律習慣；第三，組織能力；第四，法制精神。這四點亦

〔註 52〕 梁漱溟：《鄉村建設理論》，《梁漱溟全集》（二），山東人民出版社，2005 年版，第 215〜216 頁。

〔註 53〕 梁漱溟：《鄉村建設理論》，《梁漱溟全集》（二），山東人民出版社，2005 年版，第 221 頁。

〔註 54〕 梁漱溟：《鄉村建設理論》，《梁漱溟全集》（二），山東人民出版社，2005 年版，第 232 頁。

〔註 55〕 梁漱溟：《鄉村建設理論》，《梁漱溟全集》（二），山東人民出版社，2005 年版，第 234 頁。

〔註 56〕 梁漱溟：《鄉村建設理論》，《梁漱溟全集》（二），山東人民出版社，2005 年版，第 240 頁。

可總括以『公德』一詞稱之。公德，就是人類爲營團體生活所必需的那些品德。這恰爲中國人所缺乏，往昔不大覺得，自與西洋人遭遇，乃深切感覺到。」〔註57〕而集團生活就是：「一、要有一種組織，而不僅是一種關係之存在。組織之特徵，在有範圍（不能無邊際）與主腦（需要有中樞機關）。二、其範圍超越於家族，且亦不依家族爲其組織之出發點。——多半依於地域，或職業，或宗教信仰，或其他。三、在其範圍內，每個人都感受一些拘束，更且時時有著切身利害關係。合於此三條件者，即可說是集團生活；不合的，便不是。我們以此爲衡，則中國人是缺乏集團生活的。」〔註58〕梁漱溟針對上述幾點逐條說明，對於「公德心」而言，他指出，中國人徇情優先於守法；沒有相互協商的習慣，便缺少了組織能力；紀律習慣也無從養成；更不知公共觀念爲何物。進而，集團生活便自然與中國人相去甚遠，絕大多數中國人都不在宗教組織中，於國家組織而言更無從談起。然而，現代國家政治制度卻正是建立在階級對抗、集團生活上的，梁漱溟對中國社會的認識和對現代政治生活的理解具有很高的合理性。

三、梁漱溟對中國民主政治的構想

可見，在梁漱溟看來，當時中國無論是社會還是個人都無法滿足實現民主政治生活需要的條件，但也不能以此否定中國走不了民主政治的道路。如果中國能建設出發達的集團生活，並能夠滿足「團體公共之事人人有參與作主之權；各人自己的事，於公眾無涉者，公家就不要管」〔註59〕同時改變個人思想意識，使之符合民主精神需要，那麼實現政治上的民主是完全有可能的，即讓人民享有參政權和自由權。由此，梁漱溟提出了他關於中國未來民主政治的構想：

（一）實現民主政治要從鄉村建設入手

作爲一位「有了心思便要去行」的實踐者，梁漱溟的「思想是從實在的

〔註57〕 梁漱溟：《中國文化要義》，《梁漱溟全集》（三），山東人民出版社，2005年版，第68頁。
〔註58〕 梁漱溟：《中國文化要義》，《梁漱溟全集》（三），山東人民出版社，2005年版，第72～73頁。
〔註59〕 梁漱溟：《政治上的民主和中國人》，《梁漱溟全集》（六），山東人民出版社，2005年版，第263頁。

問題中來，結果必回歸於實在的行動中去。」〔註 60〕他在總結中國社會構造基礎上，將目光集中在了中國鄉村建設上。20 世紀 30 年代，中國掀起一股鄉村建設熱潮，出現了一批鄉建派領袖並形成一種思潮。在眾多的鄉建派別中，梁漱溟在他的理論基礎與操作實踐上結合得非常緊密。他認為，中國鄉村建設擔負著拯救中國文化的歷史責任，這其中當然也包涵了解決當下的政治失序問題。

　　梁漱溟認為，鄉村是承載中國傳統文化的主體，也是中國社會的基礎。但隨著帝國主義的侵略加劇，中國鄉村遭到前所未有的破壞，正如本章前文闡述過的，鄉村在政治、經濟、文化各個方面都遭到破壞。他講：「中國鄉村破壞不自今日始；稍一回省，當發見其中由來已久。蓋自近百年來，世界大交通，西洋人東進，老的中國社會為一新環境所包圍，激起一劇烈而嚴重的變化。——此變化自始至終是一個趨勢，即中國鄉村一天一天破壞益加尖銳刻露的趨勢。」〔註 61〕因此，中國近百年史，也可以說是一部鄉村破壞史。在梁漱溟的心裏，鄉村之所以重要，是因為它關係到中國人的生存問題。「中國近百年史裏面，鄉村是一直破壞下去不回頭的，其關鍵全在要走都市文明的路而未成之一點。假令中國也像日本一樣，成功了近代的工業國家，走上了一條新路；則鄉村雖毀也不成大問題。無如新路未曾走通，而所靠唯一吃飯的道兒——鄉村農業——又毀；問題就大了！」〔註 62〕在他看來，中國嘗試都市化、工業化都是以破壞鄉村為代價，從一定意義上講的確如此，但如果一定要說二者是完全對立的，又不免有失偏頗。但不管怎樣，梁漱溟做了一種事實判斷，即都市化未成鄉村又遭破壞，而非形式上的邏輯判斷。

　　面對這種局面，梁漱溟的判斷是，中國尋不到一個強大的外力來救濟鄉村，「中國經濟上所以無辦法，亦實為政治上無辦法。歸根是一個政治問題。」〔註63〕因此，鄉村建設運動實際上就是鄉村的自救運動。至於如何展開自救，梁漱溟指出：「鄉村自救運動，其工作第一步就是要防止直接的破壞，對於土

〔註60〕　梁漱溟：《自述》，《梁漱溟全集》（二），山東人民出版社，2005 年版，第 9頁。

〔註61〕　梁漱溟：《鄉村建設理論》，《梁漱溟全集》（二），山東人民出版社，2005 年版，第 150 頁。

〔註62〕　梁漱溟：《鄉村建設理論》，《梁漱溟全集》（二），山東人民出版社，2005 年版，第 152～153 頁。

〔註63〕　梁漱溟：《鄉村建設理論》，《梁漱溟全集》（二），山東人民出版社，2005 年版，第 153 頁。

匪赤匪和雜牌軍隊的騷擾，必須武裝自衛。地方武裝自衛，在此刻中國很明白地成爲了一種必要。此種必要即政府亦承認的。本來武力是只許國家有的。國家最低限度的作用就在維持秩序，而不許國內人於法律外各自拿武力來解決問題。乃現在中國卻要鄉村與土匪以武力賭其命運這就證明中國國家在一特殊狀態中鄉村之自衛、自救，在任何國家可以沒有，也不應有，獨於今日中國乃必然發生，不能不有。」〔註64〕從政治學的常識講，國家失去對社會的有效控制後，其權力真空領域必然有其他的力量去塡補，以此維持社會正常運轉，鄉村武裝在此便發揮了這個作用。

除了被動的自救，鄉村建設還源於中國社會積極建設之要求。「中國以經濟落後而一切落後。所缺乏的東西太多，因而國人都抱有一種積極建設的要求。不過有人想走近代資本主義的路，有人要學蘇俄，有人要學意大利，所見種種不同。鄉村建設亦是其中一種；並且也許是漸漸要占勢力的一種。於此，鄉村建設運動實是圖謀中國社會之積極建設的運動。」〔註65〕梁漱溟瞭解當時中國先進分子對國家發展道路有各種追求，他相信走鄉村建設的道路更爲可行，後來的歷史證明他的判斷過於自信，而他當初這種自信的原因是什麼？梁漱溟有自己的理由，他把中國與日本進行對比說明這個問題。一方面，從歷史的角度講，中國與日本面臨的國內、國際情況差異很大。對於國內情況，他說：「日本皇室是萬世一系的，維新以前，一切都由幕府當權；不當家則不招怨，大家老是希望他。而中國則清廷爲外族入主，他又當家當了二百多年惹了很多怨恨。所有日本有尊王運動，而中國則要推翻滿清。故日本的政治改革，改革之中尚有因襲，其制度有一變化而未中斷。中國則清室一倒，數千年相傳之政治制度也頓然隨之俱廢，全社會乃驟失其維繫作用。政治制度一斷再聯不上氣，直亂到今天。」〔註66〕由此一來，日本可以穩步地吸收新文化，漸行政治和社會改革，走民主和工業化道路。而中國由於政治接續不上，其他一切改革也沒有辦法，走入破壞的道路。對於國際環境，梁漱溟總結，日本在明治維新的時候，歐洲列強正集中力量經營澳洲、非洲，

〔註64〕 梁漱溟：《鄉村建設理論》，《梁漱溟全集》（二），山東人民出版社，2005年版，第155頁。
〔註65〕 梁漱溟：《鄉村建設理論》，《梁漱溟全集》（二），山東人民出版社，2005年版，第155頁。
〔註66〕 梁漱溟：《鄉村建設理論》，《梁漱溟全集》（二），山東人民出版社，2005年版，第156頁。

對東亞地區不感興趣，所以日本有了發展空間。當時的科學技術也沒有現在發達，追趕西方也相對容易。歐戰爆發給了日本發展工商業的最好機會。反觀中國，因為政治混亂將這種種的機遇都錯過了。另一方面，從現實和未來發展角度講，梁漱溟也認為中國不可能像日本那樣走上資本主義的道路。他認為：「1、近代資本主義的路，今已過時；人類歷史到現在已走入反資本主義的階段，所以不能再走此路。2、近代工商業路為私人各自營謀而不相顧的。不合現在國家統制經濟、計劃經濟之趨勢。在今日國際間盛行傾銷政策下威脅太大，亦無發展餘地。3、中國沒有一個近代工商業所需要的政治環境（政府安定秩序，讓工商業發達，兼能保護獎勵其發達，）所以 不能走此路。」〔註67〕暫且不對梁漱溟此觀點做評價，繼續沿著他的邏輯，他堅信，中國政治經濟問題的解決都要依靠走鄉村建設的路子，恢復農業經濟生產和鄉村社會秩序是積極主動地進行鄉村建設運動所面臨的當務之急。

在被動自救和主動建設之外，梁漱溟指出，鄉村建設的根本源於中國社會要求構建新的社會結構，以適應國家發展的需要。改變中國政治無力、經濟萎靡、文化失落的局面。「作鄉村運動而不著眼整個中國問題，那便是於鄉村問題也沒有看清楚，那種鄉村工作亦不會有多大效用。須知今日整個中國社會日趨崩潰，向下沉淪，在此大勢中，其問題明非一鄉、一邑或某一方面（如教育一面、工業一面、都市一面、鄉村一面等），所得單獨解決。所以鄉村建設，實非建設鄉村，而意在整個中國社會之建設，或可云一種建國運動。」〔註68〕從鄉村自救到建國運動，梁漱溟把鄉村建設問題上陞到解決國家根本問題的高度上。我們之前已經談到過他對當下中國社會的基本認知——社會構造崩潰，政治上無辦法。因此，他說：「今願為國人告者，政治問題實為總關鍵。摺開政治問題，而談建設，求進步（經濟建設、國防建設、乃至任何建設，）無非瞎撞。認得政治問題實為一切先決問題者，比較進了一步。而不知此政治問題繫於整個社會構造問題；摺開整個社會構造問題去想辦法，完全是無根的，不但不能應急，恐怕更耽誤事。」〔註69〕根據上述所言，可

〔註67〕梁漱溟：《鄉村建設理論》，《梁漱溟全集》（二），山東人民出版社，2005年版，第157頁。
〔註68〕梁漱溟：《鄉村建設理論》，《梁漱溟全集》（二），山東人民出版社，2005年版，第161頁。
〔註69〕梁漱溟：《鄉村建設理論》，《梁漱溟全集》（二），山東人民出版社，2005年版，第166頁。

以知道，梁漱溟政治問題看做是國家建設的根本，而政治問題的根本又在於社會構造。那麼，解決社會構造即是解決政治問題，亦即是解決國家建設問題。

梁漱溟對中國鄉村社會狀況的分析是比較深刻的，時至今日，鄉村問題仍不是個別問題，而應將其放在中國整個中去考量。中國問題的解決必然有賴於鄉村問題的解決。正如有學者評價道：「鄉村建設運動絕不是一般意義上的社會運動。從本質上說，它是一種文化復興和文化自救運動，就其所標示的精神意義而言，代表著當今世界文化發展的歸趣。……這就使梁漱溟不僅一躍而爲中西方文化比較研究的先行者，而且成爲實踐其中西文化融彙交合的理想的實踐者。」〔註 70〕總之，在梁漱溟那裏，鄉村是基礎，重塑社會結構是根本，實現國家振興和文化復興是目標，而他所謂社會構造問題的解決正是其獨具特色的民主實踐方案。

（二）民主政治是以「新禮俗」爲內核的團體生活

前文已述，梁漱溟對中國社會組織構造的理解是——倫理本位，職業分途，缺乏集團生活，而且這種社會組織構造業已崩潰。那麼針對這種特點，梁漱溟提出在中國社會構造集團，營造起發達的組織生活，創造民主政治所需的平臺。他將這種社會改造稱之爲「建設新的禮俗」：「所謂建設，不是建設旁的，是建設一個新的社會組織構造；——即建設新的禮俗。爲什麼？因爲我們過去的社會組織構造，是形著於社會禮俗，不形著於國家法律，中國的一切一切，都是用一種由社會演成的習俗，靠此習俗作爲大家所走之路（就是秩序）。……中國將來的新社會組織構造仍要靠禮俗形著而成，完全不是靠上面頒行法律。所以新禮俗的開發培養成功，即社會組織構造的開發培養成功。新組織構造、新禮俗，二者是一件東西。」〔註 71〕在此，他看到社會習俗（中國古代稱之爲禮俗）對於中國社會秩序形成的作用，並且相信它是構建新秩序的基石。那麼，所謂的「新」又意味著什麼？「就是中國固有精神與西洋文化的長處，二者爲具體事實的溝通調和（完全溝通調和成一事實，事實出現我們就叫他新禮俗），不只是理論上的溝通，而要緊的是從根本上調

〔註70〕 郭齊勇、龔建平：《梁漱溟哲學思想》，北京大學出版社，2011 年版，第 165頁。

〔註71〕 梁漱溟：《鄉村建設理論》，《梁漱溟全集》（二），山東人民出版社，2005 年版，第 276 頁。

和溝通成一個事。」〔註72〕西洋文化的長處則自然是指民主政治和科學精神。

　　梁漱溟在瞭解西方社會發展後，認爲民主政治是大趨勢，中國未來也必須踐行民主政治，而其先決條件就是要有團體組織。「眼前的事實問題，就是讓中國人必須有一個團體組織。這個必要，不必多講，很明顯的，中國人居現在的世界，如不往團體組織裏去，將無以自存，事實上逼著我們往組織裏去，向西方轉。」〔註73〕同時，他指出，中國社會雖然缺乏團體組織，但並不反對它，更不妨礙建設它。需要說明的是，梁漱溟理想中的團體組織，與西方的團體組織並不相同，它是中西文化交融的產物。

　　梁漱溟期望的團體組織，是一種尊重專家治國的民主政治共同體。「中國舊日的國家，也可以算是一個團體，不過是一個不進步的團體組織，其內部的份子，多是被動的。而進步的團體組織，內部的多數份子是主動的（所謂團體分子是主動而非被動，即民治主義的精神）。〔註74〕他看到，中國傳統社會是被動的人治社會，是多數人服從少數人的統治。它與不符合法治精神，與民主政治相違背。但是，梁漱溟也觀察到西方政治發展的兩個新趨向，即他們越來越強調專家治國。他說：「我們要知道，人類社會往前去，因爲生活方法的進步，事實上讓我們的關係越來越密切，許多事情漸次歸入團體去作；……團體對個人生活的干涉，越來越到細微處，個人越不得隨便，……因爲科學的進步，每一條事情都漸成爲一種科學，任何事情都放在專門學術裏去，所以任何事情的處理都須靠專門技術才行。這兩種趨勢相聯，結果就有了所謂學者立法、專家立法、技術行政、專家政治等名辭。……以前的行政是靠權力，政府以權力指揮大家，監督大家；現在的行政，主要的則是靠技術。」〔註75〕基於這種理由，梁漱溟看到，西方人也尊重學者和專家，在處理公共事務時往往不依靠多數。在他看來，這是西方科學發展帶來的必然結果，科學爲政治生活開闢了新路。這就找到了中西方的契合點──尚賢尚智。他指出：「（中國）如果有團體組織，那麼，這個尚賢的風氣仍要恢復，

〔註72〕 梁漱溟：《鄉村建設理論》，《梁漱溟全集》（二），山東人民出版社，2005 年版，
　　　　第 278 頁。
〔註73〕 梁漱溟：《鄉村建設理論》，《梁漱溟全集》（二），山東人民出版社，2005 年版，
　　　　第 278 頁。
〔註74〕 梁漱溟：《鄉村建設理論》，《梁漱溟全集》（二），山東人民出版社，2005 年版，
　　　　第 282 頁。
〔註75〕 梁漱溟：《鄉村建設理論》，《梁漱溟全集》（二），山東人民出版社，2005 年版，
　　　　第 289 頁。

事情的處理，一定要聽從賢者的話。本來賢者就是智者，如果尊重智者，在團體中受智者的領導是可行得通的；則尊重賢者，在團體中受賢者的領導也是可以行得通的。尚賢尚智根本是一個理，都是因爲多數未必就對。」〔註76〕在此，他看到了一個事實：隨著社會進步，人類生活（包括政治生活）追求科學上的眞、道德上的善，這是理性作用的結果。對於公共生活而言，民主政治能夠保證人們不受專斷權力的侵害，但卻不能完全保證人們對眞、善生活的追求。梁漱溟的討論涉及到現代政治生活中一個重要話題：決策的科學化與民主化的關係問題。我們在此暫不做評價，只說明他認爲專家決策優先於民主決策。他相信：「我們將來所以要成功的團體組織，也正是西洋將要變出來的一個團體組織。這一個團體，雖不必取決多數，可是並不違背多數；它正是一個民治精神的進步，而不是民治精神的取消。」〔註77〕正是在這種意義上講，中國與西方在政治發展上有交融的可能。

此外，它還是一種民治與非法治結合的團體組織。梁漱溟希望「在一團體中，多數份子對於團體生活應作有力參加。」〔註78〕「團體中的多數份子對團體事情能把力氣用進去，能用心思智慧去想就好。因爲他用心，他將更能接受高明人的領導。要緊的一點就是要看團體中多數份子是不是能用心思去想，能作有力的參加；如不然，則爲機械的、被動的。如能用心思，則雖是聽從少數人的領導，而仍爲主動、自動。……以上的話如果能通，那麼，我們就將要有一個新的政治，新的途徑方向出來；這個新的政治，一方面是民治，一方面非法治。」〔註79〕按照一般理解，人治與法治完全相互違背，法治要求政治共同體中多數人意見所形成的公共意志被視爲最高權威，以法律的形式確定下來。人治則意味著以個人命令作爲權威，它與民主是衝突的。然而，梁漱溟根據團體中尚賢尚智的原則，認定如果人們共同的意願可以被看做最高權威的話，那麼大家通過理性思考，共同決定把權力交給一個比自己更優秀的人，這種人治也即具有了正當性。人治與民治的衝突便由此

〔註76〕梁漱溟：《鄉村建設理論》，《梁漱溟全集》（二），山東人民出版社，2005 年版，第 290 頁。

〔註77〕梁漱溟：《鄉村建設理論》，《梁漱溟全集》（二），山東人民出版社，2005 年版，第 290 頁。

〔註78〕梁漱溟：《鄉村建設理論》，《梁漱溟全集》（二），山東人民出版社，2005 年版，第 292 頁。

〔註79〕梁漱溟：《鄉村建設理論》，《梁漱溟全集》（二），山東人民出版社，2005 年版，第 292 頁。

調和了。他把這種政治生活稱作:「多數政治的人治」,或「人治的多數政治」。
〔註80〕在他看來,這種政治非常符合中國人的精神習慣,也與古代理想政治
相符。它不但不違背民治精神,而且是民主政治的進步。

　　團體中個體參與的主動性還涉及另一個重要問題——公民權問題。他
講:「這個公民權的意思,與中國固有精神有點衝突。根本上『權利』與『權
力』兩個名詞,在中國固有精神上都合適。中國固有精神是倫理精神,在倫
理精神上是不許人說『我有什麼權利』的。……在中國應當是調轉來說才對,
應當說:權利是對方給的,不是自己主張的;義務是自己認識的,不是對方
課給的。」〔註81〕個人與國家應作相互對待理解,互相賦予權利。以選舉為
例,按照梁漱溟的觀點,選舉權並不是我爭取來的,而是國家從尊重我的角
度而應當給予我的。「按中國道理,從分子說是個人對團體應盡的義務,從團
體說是團體應給個人的權利。」〔註82〕在西方思想家(如盧梭)和政治實踐
中,對於選舉權的認識也帶有兩重性,一方面是他的權利,一方面是他的義
務。梁漱溟設想,如果西方政治生活發展到「權利不從自己說,義務不從對
方說,就可與我們完全相合。」〔註83〕從這個角度講,「我們的新組織一面與
我們固有精神完全相合不衝突,而同時對於西洋近代團體組織的長處也完全
容納沒有一點缺漏。」〔註84〕

　　毫無疑問,民主政治繞不開個人自由,關於新社會組織中的個人自由問
題,梁漱溟又是如何看待的呢?梁漱溟承認:「團體中的個人自由,本是西洋
人很大的長處,也可以說這是西洋近代替人類開出來的一個很大的道理;同
時就中國社會來說,中國過去對於自由沒有認識,是一種短缺。」〔註85〕他
認為,中國人缺乏自由意識,是因為自古以來缺乏團體對個人的干涉,但自

〔註80〕 梁漱溟:《鄉村建設理論》,《梁漱溟全集》(二),山東人民出版社,2005 年版,
　　　　第 293 頁。
〔註81〕 梁漱溟:《鄉村建設理論》,《梁漱溟全集》(二),山東人民出版社,2005 年版,
　　　　第 294 頁。
〔註82〕 梁漱溟:《鄉村建設理論》,《梁漱溟全集》(二),山東人民出版社,2005 年版,
　　　　第 294 頁。
〔註83〕 梁漱溟:《鄉村建設理論》,《梁漱溟全集》(二),山東人民出版社,2005 年版,
　　　　第 295 頁。
〔註84〕 梁漱溟:《鄉村建設理論》,《梁漱溟全集》(二),山東人民出版社,2005 年版,
　　　　第 295 頁。
〔註85〕 梁漱溟:《鄉村建設理論》,《梁漱溟全集》(二),山東人民出版社,2005 年版,
　　　　第 297 頁。

由與中國精神沒有大的衝突，只需做一點調和，便也合乎中國人的需要。西方人在反對專制過程中主動爭取個人自由，但中國人是不許主動爭取的，還應把它看做是團體出於尊重個人而賦予他的。這種看待個人自由的思路還有一個好處，那就是不會把個人自由引入極端，發展到個人主義上去。社會的發展趨勢是走入社會本位而不是個人本位。此外，梁漱溟對自由的理解與西方傳統自由觀不一樣，他講：「團體為什麼給個人自由？是由於期望團體中的每個人都能盡力的發展他的個性，發揮他的長處，如不給以自由，將妨礙他個性的發展。且社會的進步，團體的向上，必從個人的創造而來；從此意思，團體必須給個人自由。」〔註86〕也就是說，自由是個體個性伸展，團體進步向上的必要條件。「自由是團體給你的，團體為尊重個人所以才給你自由，──自由是從對方來的，此合乎倫理之義；團體給你自由是給你開出一個機會，讓你發展你的個性，發揮你的長處，去創造新文化，此又合乎人生向上之意。合乎倫理有合乎人生向上，新的自由觀年乃與中國完全相合而不衝突。……在新的自由說上邊，政教合一才有可能；若舊的自由說，則政教合一不能講。政教合一就是以團體的力量來干涉人的道德問題，打破自由的界限；而在舊的自由說上，自由界限很嚴，無論他人是人生向上或是向下，團體皆不得過問。」〔註87〕需要說明的是，梁漱溟的新自由觀雖然打破了西方「消極自由」的觀念，卻又不能等同於「積極自由」，只不過與後一種自由存在某些相似之處。

綜合上述說法，梁漱溟為中國政治生活勾勒出一副儒家色彩濃厚的政治圖景：中國可以建設出一種新的社會組織構造，它符合中國人的精神氣質，又能容納西方政治的長處；崇尚真理，卻不違民意；承認賢人政治，又不反民主精神；團體（國家）與個人相互尊重，權利來自對方，義務出於自己；擁有個人自由的目的是為了促進個體生命的積極向上和社會的進步。用他自己的話總結：「這一個團體組織是一個倫理情誼的組織，而以人生向上為前進的目標。整個組織即是一個中國精神的團體組織，可以說是以中國固有精神為主而吸收西洋人的長處。」〔註88〕

〔註86〕 梁漱溟：《鄉村建設理論》，《梁漱溟全集》（二），山東人民出版社，2005年版，第298頁。

〔註87〕 梁漱溟：《鄉村建設理論》，《梁漱溟全集》（二），山東人民出版社，2005年版，第299頁。

〔註88〕 梁漱溟：《鄉村建設理論》，《梁漱溟全集》（二），山東人民出版社，2005年版，

四、梁漱溟民主思想的特徵

（一）以文化言說政治，在中西方歷史和文化的比較中看待民主問題

正如前文所言，梁漱溟將「文化」作爲思考一切問題的基礎，故而許多學者將他的哲學思想稱爲「文化哲學」。落實到民主問題上，他依然從文化談起，認爲民主是由文化決定的。具體說就是西方文化決定了民主的起源、概念、特徵等各個方面。將民主引入中國，也需要通過對其加以改造，使之能夠符合中國文化的根本要求。實際上，前文某些闡述已經涉及到這方面的內容，但仍然有必要繼續把它講清楚，因爲它是梁漱溟民主思想的合理性來源。〔註89〕梁漱溟語境中的「文化」幾乎無所不包，但它主要還是指向：人的精神和社會狀況兩方面。〔註90〕爲了能更好地說明此問題，我們舉這樣一個例子：

梁漱溟在《東西方文化及其哲學》中用大量篇幅闡述「何謂東方化，何謂西方化」的問題，並且斷定：西方文化造就了民主與科學兩大文化異彩。「我觀察西方化有兩樣特長，所有西方化的特長都盡於此。……所謂兩樣東西是什麼呢？一個便是科學的方法，一個便是人的個性伸展，社會發達。前一個是西方學術上特別的精神，後一個是西方社會上特別的精神。」〔註91〕他所指的「西方社會上特別的精神」就是民主精神。「西方化是以意欲向前要求爲其根本精神的。或說：西方化是由意欲向前要求的精神產生『塞恩斯』與『德謨克拉西』兩大異彩的文化。」〔註92〕我們知道，對意欲追求的方式塑造了文化形態。也就是說，西方文化塑造了民主精神。梁漱溟認爲，西方人追求意欲向前，是一種向前的文化路向。在遇到問題時，堅持本來的路向

第 308 頁。

〔註89〕需要說明的是，筆者認爲，梁漱溟的民主思想存在很大的缺陷和錯誤，因此不能說它具有正當性或正確，只能說在他自己的整個邏輯中具有一定程度的合理性。關於對其民主思想的評價，將在後文給出。

〔註90〕關於中國人的精神和中國社會之構造，前文已經做了比較詳細的闡述，這裏如涉及到相關內容就只給出結論。

〔註91〕梁漱溟：《東西方文化及其哲學》，《梁漱溟全集》（一），山東人民出版社，2005年版，第349頁。

〔註92〕梁漱溟：《東西方文化及其哲學》，《梁漱溟全集》（一），山東人民出版社，2005年版，第353頁。

「就是奮力取得所要求的東西，設法滿足他的要求；換一句話說就是奮鬥的態度。遇到問題都是從對於前面去下手，這種下手的結果就是改造局面，使其可以滿足我們的要求，這是生活本來的路向。」〔註93〕西方人秉持著向前的人生態度，在政治生活領域，西方人獲得了個體的自我確證，「必要有了『人』的觀念，必要有了『自己』的觀念，才有所謂『自由』的。而西方人便是有了這個觀念，所以他們要求自由，得到自由。大家彼此通是一個個的人，誰也不是誰所屬有的東西；大家的事便大家一同來作主辦，個人的事便自己來做主辦，別人不得妨害。……這種傾向我們叫他：『人的個性伸展。』因為以前的人通沒有『自己』。不成『個』，現在的人方覺知有自己，漸成一個個的起來。」〔註94〕此外，意欲向前的文化同時造就了西方人社會性發達。「個性伸展的時候，如果非同時社會性發達，新路就走不上去；新路走不上去，即刻又循舊路走，所謂個性伸展的又不見了。個性、社會性要同時發展才成，如果說個性伸展然後社會性發達，實在沒有這樣的事。所謂個性伸展即指社會組織的不失去個性，而所謂社會性發達亦即指個性不失的社會組織。」〔註95〕梁漱溟也講述了西方人在文藝復興、宗教改革以及反抗教權、專制的鬥爭中獲得了這種品格，他們奮鬥的動力即來自意欲向前的精神。「總而言之，據我看西方社會與我們不同所在，這『個性伸展，社會性發達』八字足以盡之，不能復外，這樣新異的色彩，給他個簡單的名稱便是『德謨克拉西』。」〔註96〕從上面梁漱溟的論證過程中不難看出，意欲向前——這種文化形態——促使西方人獲得個性伸展，社會發達（亦即德謨克拉西精神）。以文化言說政治的特點表現得非常充分。

我們再來說梁漱溟以比較的方式討論民主政治的問題。在思考中國應走什麼樣的民主道路時，他先列舉了另外兩種民主道路——歐洲近代民主政治的路和俄國民主政治的路，並認為這兩種民主到路在中國都不可能實現。

根據他的觀察，歐洲近代民主政治的道路於中國現實不合之處有二：其

〔註93〕梁漱溟：《東西方文化及其哲學》，《梁漱溟全集》（一），山東人民出版社，2005年版，第381頁。

〔註94〕梁漱溟：《東西方文化及其哲學》，《梁漱溟全集》（一），山東人民出版社，2005年版，第365頁。

〔註95〕梁漱溟：《東西方文化及其哲學》，《梁漱溟全集》（一），山東人民出版社，2005年版，第367頁。

〔註96〕梁漱溟：《東西方文化及其哲學》，《梁漱溟全集》（一），山東人民出版社，2005年版，第370頁。

一，物質條件不合；其二，精神條件不合。先說前者，首先，中國的經濟生產方式（小規模農業經濟）使中國人只能專心致力於生產生活，教育水平低下，更無暇顧及政治生活。而西方人產業發達，教育先進，便有能力和空閒去過問政治問題。其次，與西方相比，「是交通不太發達，而國土太大。中國人之不注意政治，並且沒有國家觀念，其一大原因，即在於此。」〔註97〕他講：「中國之大，直可說數倍於全歐了！大的直放佛沒有邊，在內地人民的感覺上，實在不能不麻糊了，——他看不到國在那裏。政治上無論怎樣大事件，他亦聽不到；或者聽到，亦是不知過去好久了。……以國之大，人之多，交通之不便，其力量亦難有什麼影響達於國家政治。」〔註98〕第三，中國不具備歐洲那樣發達的工商業，工商業發展使歐洲產生新的階級——資產階級，他們為了保護自身利益，必須要求獲得參與政治的機會。「這少數人若有他們一定的生活基礎，則為自護持其生業之安穩，並發展繁榮起見，必要過問政治；一面其知識能力閒暇，既足以過問政治，則政治必能公開來有個辦法。」〔註99〕而中國是沒有這樣一股力量的，也就沒有更多的人要求參與政治。除了物質條件問題，梁漱溟斷言，中國無法走入歐洲近代民主政治道路的根源還是精神上的不合。「歐洲近世所開辟之政治制度，仿行於中國，使吾人深見其永遠不得成功，大有在前說物質條件欠缺之外者，則精神條件不合是。此制度所需於社會眾人治心理習慣，必依之而後得建立運行者，乃非吾民族所有；而吾民族固有精神實高越於其所需要之上。」〔註100〕精神不合有四個方面：第一，人生態度各異。中國人沒有歐洲人積極向前的態度。歐洲人在爭取民主制度的鬥爭中培養了反抗精神和權利意識。「各人都向前要求他個人的權利，不甘退讓；如其不然，必須良善者受害，而惡人橫行；……在此制度下的大家眾人；又非要待大家的熱心好義來維持，只是由大家各自愛護其自由，關心其切身利害而維持，而運行。」〔註101〕對中國人來說，安分守己是

〔註97〕梁漱溟：《我們政治上的第一個不通的路——歐洲近代民主政治的路》，《梁漱溟全集》（五），山東人民出版社，2005年版，第143頁。
〔註98〕梁漱溟：《我們政治上的第一個不通的路——歐洲近代民主政治的路》，《梁漱溟全集》（五），山東人民出版社，2005年版，第143頁。
〔註99〕梁漱溟：《我們政治上的第一個不通的路——歐洲近代民主政治的路》，《梁漱溟全集》（五），山東人民出版社，2005年版，第143頁。
〔註100〕梁漱溟：《我們政治上的第一個不通的路——歐洲近代民主政治的路》，《梁漱溟全集》（五），山東人民出版社，2005年版，第146頁。
〔註101〕梁漱溟：《我們政治上的第一個不通的路——歐洲近代民主政治的路》，《梁漱

最標準的態度，消極怕事、不敢出頭、忍辱吃苦，苟且偷生都是長期以來的習慣心理。自然也不會產生歐洲人的抗爭精神。第二，歐洲人在參與政治生活時，表現出極強的自信；中國人講求謙德君子，尊重他人，時時自己的不足，看到別人的優點，由此就不可能搞出民主競選。第三，歐洲人習慣向外用力，表現在民主政治中「到處都是一種彼此牽制，彼此抵對、相互監督，相互制裁，相防相範，而都不使過的用意；人與人之間，國家機關與機關之間，人民與國家機關之間，都是如此。」〔註102〕這種結果也源於不輕信他人。反觀中國人，以誠、敬示對方。「崇敬對方，信託於對方，有極高的期望於對方人。……彼此看待都很高，這才是中國人的精神。必這樣，中國政治才可弄得好；彼此感召，精神俱以提振而上故也。反之，此之待彼者不高，則彼自待及還以待我亦不高；彼此精神，俱因而委降於下。無禮不敬，則國家大事一切都完了。」〔註103〕這種對人做正面判斷的思維方式不可能適應制度至上的歐洲民主政治。第四，在梁漱溟看來，「歐洲近代政治，實是專爲擁護欲望，滿足欲望，而其他在所不計或無其他更高要求的；我名之曰『物欲本位的政治』。其法律之主於保障人權，即是擁護個人的欲望，不忍受妨礙；其國家行政地方行政（尤其是所謂市政），無非是謀公眾欲望之滿足。從來的中國國家固斷斷乎做不到此，要亦未甘如此，不屑如此。」〔註104〕按此邏輯，歐洲民主政治即是滿足個人欲望的政治，而中國人向來不以滿足欲望爲止。由於西方歷史中發生了政教分離，他們注重現世的幸福；而中國一直把國家同時看做是一種教育團體，因此則更在意過一種道德生活。

　　中國與歐洲在物質、精神上差異非常明顯，因此也不具備實踐歐洲民主政治的條件。梁漱溟據此斷定，歐洲民主政治的道路在中國走不通。

　　「十月革命」的勝利在俄國建立起第一個以共產主義爲政治理想的民主社會，它開創了另一條民主政治的道路。梁漱溟對這種新的民主模式給予了肯定，認爲它對於改造社會，建設理想國傢具有積極作用，但中國卻不能取

　　　　溟全集》（五），山東人民出版社，2005年版，第148頁。

〔註102〕梁漱溟：《我們政治上的第一個不通的路──歐洲近代民主政治的路》，《梁漱
　　　　溟全集》（五），山東人民出版社，2005年版，第157頁。

〔註103〕梁漱溟：《我們政治上的第一個不通的路──歐洲近代民主政治的路》，《梁漱
　　　　溟全集》（五），山東人民出版社，2005年版，第159頁。

〔註104〕梁漱溟：《我們政治上的第一個不通的路──歐洲近代民主政治的路》，《梁漱
　　　　溟全集》（五），山東人民出版社，2005年版，第167頁。

法於俄國共產黨。共產黨的成功需要具備兩個條件：「第一，必須有好方法團結成此一大力量；第二，必須有好方法保證此一大力量用得正當，不致走入歧途。」〔註105〕他把俄國社會與中國社會進行了對比，得出三點差異：第一，無階級基礎。與俄國相比，中國沒有成熟的無產階級隊伍，難以建立起堅強的階級基礎。「照馬克思所設想共產革命應以近代產業工人的無產階級爲其革命的基礎力量。——共產黨的社會基礎即是無產階級。」〔註106〕中國社會本是職業社會而非階級社會，即便是到了近代，產業工人群體力量也很弱，更重要的是這些人又不具備革命精神，不可能成爲可以依靠的力量。因此，據他判斷，中國很難組織起如俄國那樣的階級基礎。第二，革命對象模糊。俄國社會主義革命將矛頭清晰地指向資產階級，中國表面上看面臨著帝國主義和軍閥的壓迫，但在現實裏，沒有一個力量，包括國民黨，能夠站出來明確分清鬥爭對象。「革命對象抓不到，革命力量無所施，不得其用而枉用濫用，敵（革命對象）我（基礎力量）分不清，沒有溝界。」〔註107〕第三，理論難統一。俄國革命有統一的革命綱領和馬克思主義理論爲指導，而中國「在革命理論界中，有兩大可注意的現象。一是極見分歧，一是每每流於靈空玄妙。」〔註108〕在沒有基礎，對象模糊，思想分歧的情況下，中國沒有辦法走入俄國式的民主道路上來。

　　梁漱溟用歐洲、俄國的情況與中國相比較，雖然也有某些不夠嚴謹之處，但他畢竟帶著比較的眼光，對中國文化和現狀做綜合的評估。他的結論非常值得商榷，但不妨礙他展現出了開放的視野，縱觀中國民主政治的發展，也正是在這種比較中不斷進行自我修正和完善。不可否認，梁漱溟以文化言說政治的比較文化視角也是一種值得借鑒的思路。

（二）用儒學話語表述民主思想

　　這一特點主要表現在梁漱溟對民主內涵的界定和勾勒理想民主藍圖兩個

〔註105〕梁漱溟：《我們政治上的第二個不通的路——俄國共產黨發明的路》，《梁漱溟全集》（五），山東人民出版社，2005 年版，第 264 頁。

〔註106〕梁漱溟：《我們政治上的第二個不通的路——俄國共產黨發明的路》，《梁漱溟全集》（五），山東人民出版社，2005 年版，第 268 頁。

〔註107〕梁漱溟：《我們政治上的第二個不通的路——俄國共產黨發明的路》，《梁漱溟全集》（五），山東人民出版社，2005 年版，第 285 頁。

〔註108〕梁漱溟：《我們政治上的第二個不通的路——俄國共產黨發明的路》，《梁漱溟全集》（五），山東人民出版社，2005 年版，第 286 頁。

方面。梁漱溟語境中的民主是「一種精神傾向」，而且「中國文化自古富於民主精神」。如此，便將民主與中國文化便聯繫在了一起，他所謂的中國文化毫無疑問的是說儒家文化。「民主是一種精神或傾向，而不像是一件東西，所以難於斬截地說它有沒有。它表現得一點，就算民主；表現得多，更算民主。反之，表現得少，就是不夠民主；假如缺的太多，就是反民主它在正面負面一長一消上見，在彼此比較相對上見，而非絕對如何的事。」〔註109〕按照這種理解，民主有多與少之分，那麼再用民主的五個要素（我承認我，同時亦承認旁人；平等；講理；尊重更多數；尊重個人自由）衡量中國文化（儒家文化），他得出的結論是，「己所不欲，勿施於人」的恕道即意味著對自己和別人的承認；中國社會職業分途，沒有階級等級劃分，而且政治機會向所有人開放便體現出平等的品質，如果說存在不平等的話，那就是儒家思想崇尚德行，而且每個人都可以通過培養獲得，本質上還是平等的；儒家精神還要求以理服人，所以梁漱溟認爲中國人也最好講理，「所謂有理走遍天下」。他同時承認，少數服從多數和尊重個人自由兩點在中國文化中找不到，但五點已具備三點足以說明儒家文化裏的民主精神。

除了用儒學話語詮釋民主的內涵，他還運用儒學話語構造了理想的民主藍圖。前文已述，梁漱溟完全依照中國文化（儒家文化）的精神設計民主，他理解的儒家文化精神是「倫理精神」。倫理精神與禮俗相關聯，因此要建設新禮俗，他倡導專家治國，因爲那是「求眞求善」、「尚智尚賢」的表現。主張人治放棄法治，是因爲儒家講「以力服人者，非心服也，力不贍也；以德服人者，中心悅而誠服也。……導之以政，齊之以刑，民免而無恥；導之以德，齊之以禮，有恥且格。」〔註110〕他把人治理解成爲以德治國，法治則是以力或以刑治國。在團體（國家）與個人關係上，他說：「照我們剛才所講的團體組織，其組織原理就是根據中國的倫理意思而來的；彷彿在父子、君臣、夫婦、朋友、兄弟這五倫之外，又添了團體對分子、分子對團體一倫而已。這一個團體組織是一個倫理情誼的組織，而以人生向上爲目標。」〔註111〕個

〔註109〕梁漱溟：《中國文化要義》，《梁漱溟全集》（三），山東人民出版社，2005 年版，第 241 頁。
〔註110〕梁漱溟：《鄉村建設理論》，《梁漱溟全集》（二），山東人民出版社，2005 年版，第 293 頁。
〔註111〕梁漱溟：《鄉村建設理論》，《梁漱溟全集》（二），山東人民出版社，2005 年版，第 308 頁。

人權利不自己出，而源於團體給予，個人義務出於自身而不由團體課責。可以看出，梁漱溟用儒家倫理思想解釋個人與國家的關係。此外，他又用儒家傳統中政教合一的觀念解釋了個人自由問題，即創造了所謂的合乎倫理又合乎人生向上的新自由觀。在思考個人本位還是社會本位問題時，他說：「中國倫理思想就是一個相對論，相對論是真理！是一個最通達的道理！社會本位思想雖然與我們相近，就是還差這麼一層——互以對方為重的一層。如其很呆板的就是以社會為重，則不可通；從社會本位再說活一點，即從個人應當尊重社會，從社會說應當回頭來尊重個人。如此才可以產生均衡，才是一個正常的人類社會！」〔註112〕這段話表現濃厚的儒家「中和」思維，它也是梁漱溟討論其他問題時習慣性的解釋方法。

文化比較的思路和儒學話語的表述方式，這兩個特徵具有非常明顯的典型性，它們對梁漱溟之後其他新儒者思考民主問題也產生了不小影響，弄清這個問題有助於我們分析整個現代新儒學民主思想的邏輯進路和詮釋範式。

五、梁漱溟民主思想的貢獻

（一）提出具有一定反思價值的民主實踐思路

梁漱溟很長一段時間致力於鄉村建設工作，他把對民主問題的思考與鄉村建設緊密結合在一起。建設新禮俗、新社會組織是民主建設的核心，它應該從鄉村入手。他講：「中國這個國家，彷彿是集家而成鄉，集鄉而成國。我們求組織，若組織家則嫌範圍太小，但一上來就組織國，又未免範圍太大；所以鄉是一個最適當的範圍。——不惟從大小上說鄉最為合適，並且他原來就是集鄉而成的一個國，所以要從鄉村入手。再則，我們的這個新組織，明白地說：是要每一個分子對於團體生活都會有力的參加，大家都是自動的，靠多數人的力量組織而成；那麼，為團體主體的多數人既都在鄉村，所以你要啟發他自動的力量，啟發主體力量，只有從鄉村作工夫。」〔註113〕這段話再一次交代了中國社會的現實狀況，也表達了梁漱溟嘗試從建設基層社會組

〔註112〕梁漱溟：《鄉村建設理論》，《梁漱溟全集》（二），山東人民出版社，2005 年版，第 307 頁。

〔註113〕梁漱溟：《鄉村建設理論》，《梁漱溟全集》（二），山東人民出版社，2005 年版，第 313 頁。

織的民主秩序開始，推動整個中國實現民主政治這一基本思路。此外，他認為，從經濟和人的素質因素方面考慮，推動鄉村組織的民主化也是比較現實的考慮。「中國的經濟建設必從復興農村入手，從那一段道理上就確定了現在我們的新機構是要從農村開端倪，從鄉村去生長苗芽；──中國新社會組織的苗芽一定要生長於鄉村。而也正因爲中國的新社會組織要從鄉村去求，恰好也就適合了那種從理性求組織的意思。」〔註114〕談到「從理性求組織」，就要回顧梁漱溟對中國人的那個基本判斷──中國人長於理性。新社會秩序是理性作用的結果，「中國將來的秩序，是大家慢慢磋商出來的，是從理性上慢慢建造成的一個秩序，彷彿是社會自有的一種秩序，而非從外面強加上去的。」〔註115〕而中國鄉村中的人恰好具備這種理性精神。在梁漱溟看來，中國人的理性即「平靜通曉而有情」，因爲有情，才以倫理情誼爲本源，以人生向上爲目的。梁漱溟根據這種理性設計了他的民主方案，也就能夠比較容易地融入鄉村。他將鄉村人與城市人進行對比，總結出了從鄉村入手建設民主秩序的幾點優勢：第一，農民具有寬舒自然的性情，很適合於理性的開發。「農夫所接觸的是廣大的自然界，所以使他心裏寬舒安閒；工商業者居於人口密集的狹窄的都市中，睜眼所碰到的就是高牆，所以使他的性情非常褊急不自然。」〔註116〕第二，農民有一種自然活潑的溫情。因爲他們接觸的都是生動而有活趣的東西，非常符合理性的要求。第三，與城市工商業者相比，農民養成了從容不迫的神氣，懂得從容品味人生，也是讓他的理性容易開發，而工商業者則面臨快速工作的壓力，難以培養性情。第四，農村人注重家庭情誼，而家庭反過來適合培養人的感情。上述四點說明鄉村人較之都市人更具備理性精神，或者說更易於理性的開發。梁漱溟繼續從組織結構的角度說明民主建設從鄉村入手的其他原因：第一，鄉村人帶有鄉土觀念，能夠引起小範圍的公共觀念，借助鄉村人對周圍人的倫理情誼搞自治是比較容易的。第二，與都市中人比，中國倫理社會、情誼社會的風氣在鄉村中保存的還多一些。進而梁漱溟主張的民主政治更容易落實。第三，「我們是在求正常形態的人類文

〔註114〕梁漱溟：《鄉村建設理論》，《梁漱溟全集》（二），山東人民出版社，2005 年版，第 314 頁。

〔註115〕梁漱溟：《鄉村建設理論》，《梁漱溟全集》（二），山東人民出版社，2005 年版，第 313 頁。

〔註116〕梁漱溟：《鄉村建設理論》，《梁漱溟全集》（二），山東人民出版社，2005 年版，第 314～315 頁。

明，那麼，從鄉村入手，由理性求組織，與創造正常形態的人類文明之意正相合。因為鄉村是本，都市是末。」〔註117〕他承認都市作為政治中心的必要，但不認為社會生活的一切重心都應轉向都市，所以，中國社會還必須以鄉村為本，都市為末，建設民主秩序也不能本末倒置。這種認識當然也有待商榷，暫且簡單評價一句：明顯表現出他對現代化和現代社會的認知有很嚴重的偏差。第四，培養新的政治習慣應先從小範圍著手。「所謂新政治習慣，即團體分子對團體事件的關切注意；欲養成這種新政治習慣，必須從其注意力所及的地方培養起才行。會運用觀念的人，其注意力所及，才能及到大範圍；而鄉村人頭腦簡單，多運用感覺，不會運用觀念，故其注意力所及，必從小範圍——鄉村入手才行。」〔註118〕綜合上述所有原因，梁漱溟相信，中國民主政治建設必然要從鄉村開始。

　　用今天的眼光看，梁漱溟提出的從鄉村入手的民主實踐思路是非常值得我們思考的，為我們提供了極具價值的分析空間。

　　首先，關於農民（中國人）的素質問題。時至今日，仍有不少人認為，由於人素質差所以不適合民主政治生活，這種論斷實際上存在非常嚴重的邏輯缺陷。誠然，民主政治要求其參與者具備政治參與能力。但如果把獲得這種能力等同於提高素質的話，顯然是將後者做了狹隘解釋，何況政治參與能力本來就應該在實踐中慢慢培養起來。更為重要的是，正如梁漱溟總結的那樣，中國人自古就具備豁達、溫和、寬容、重情誼倫理的品格，這些都是參與民主政治生活的人所不可缺少的理性元素。就此而言，說中國人，特別是農村人素質差完全是立不住腳的錯誤認識。當然，梁漱溟用都市人和鄉村人做對比也是不恰當的，那些他看重的理性元素在都市人身上也並非沒有。因此，以素質論否定中國人只能說是非常荒謬和無知。其次，民主政治建設的確需要一個落腳點。民主政治不僅是一種觀念，他更需要落實在實踐的土壤中。梁漱溟為此設計了一個原點——鄉村，它仍然是今日中國的基礎所在。因此，中國民主建設必須要著眼於廣大鄉村地區，為推動整個國家民主政治進程奠定基礎。最後，梁漱溟論證了在中國鄉村地區實踐民主政治是可能的。

〔註117〕梁漱溟：《鄉村建設理論》，《梁漱溟全集》（二），山東人民出版社，2005 年版，第 317 頁。

〔註118〕梁漱溟：《鄉村建設理論》，《梁漱溟全集》（二），山東人民出版社，2005 年版，第 318～319 頁。

當下中國大力推行基層民主建設，特別是村民自治，並且在某些地區已經取得初步成效。這與梁漱溟的思路相類似，當然並不能據此說明是受他的影響，但也佐證了其的主張的合理性。總之，梁漱溟的觀點足以反駁那些否定中國人適合民主政治生活的謬論，也讓我們相信基層民主是可以落實的。

（二）開創現代新儒學民主思想之先河，爲該理論的發展開闢空間

1、梁漱溟堅守儒學本位，創造了「援西入儒」民主思想範式。用艾愷的話講：「梁漱溟主要地是被看作一個『文化上的守成主義者』。梁漱溟的思想和行動初看去像是眾人熟知的張之洞的體用二分法，即『中學爲體，」西學」爲用』。」〔註119〕在 20 世紀早期的中國思想界，「中體西用」的思維方式隨著清王朝倒臺也日漸式微。特別是經歷了五四新文化運動後，一些被稱爲「國粹派」思想家還固守這一思維，致力於中國傳統精神的保持。表面上看，梁漱溟也極力推崇傳統文化，但與他們不同的是，他堅守儒家思想的理由並不是那麼單調。他一方面指謫那些全盤否定傳統文化者的衝動無知，一方面又不甘於抱著原教旨主義式的儒學不放，而是企圖賦予它新的解釋，創造儒學思想的新生。

他眞誠地相信，以儒家思想爲主導的中國文化與近代西方文化並不存在單向度的高與下、快與慢、先進與落後的分別，而是各自「發展路向」上的差異，因此，沒有充分理由很夠斷定中國文化和儒家式的生活道路已經走入了死路，反而通過自己的分析論證，斷定世界未來的文化應是中國文化的復興。有學者評價他的想法過於自信和武斷，但筆者認爲，做如此評價的人本身對這個問題的理解就出現了偏差，在梁漱溟的語境裏，所謂的中國文化復興，其實是指「理性運用直覺」的復興，而並非特指中國文化的某種具相的表現形式。他執著於儒家文化，其自信心正源於此。事實上，在當今世界文化發展中，我們已經能看到一些趨勢，在反思現代性和現代社會的問題上，即便是西方思想家們，如反唯科學論者、非理性主義者甚至某些後現代主義者也不自覺地在一定程度上表現出了這種精神。梁漱溟雖然「保守」、「傳統」但決不反對現代化，更不反對中國政治現代化。他深知傳統政治資源不足以

〔註119〕【美】艾愷：《最後的儒家：梁漱溟與中國現代化的兩難》，王宗昱、冀建中譯，江蘇人民出版社，2004 年版，第 4 頁。

構建出現代政治生活，汲取西方政治思想資源成爲必需。他承認民主政治是人類政治生活的偉大發明，中國也需要民主政治，因此，他花了大量功夫思考民主問題，對它的概念進行轉換和詮釋，甚至創造新的概念（例如，他把團體與個人的關係解釋爲新的倫理關係。）將其納入儒學話語系統之中，使之符合中國人的認知習慣。雖然在這種論證過程中出現不少理解上的偏差，但他畢竟構建出一套相當完整的民主思想學說，爲現代新儒家們繼續思考民主問題創造了一種解釋範式。

2、現代新儒家政治哲學開闢了更廣闊的理論思考空間。梁漱溟對民主問題的思考中包含了許多政治哲學問題。例如，在儒家思想系統中，如何理解理性、平等、自由、人權、民主、專制等概念？如何解釋民主與憲政、國家與個人、法治與人治、眞理與民意、權利與義務、自由與干涉等各種關係？梁漱溟自己也解釋，如，他認爲民主與憲政互爲因果；國家與個人既的關係應是相互均衡的，國家本位和個人本位都是錯誤的；賢人政治優於法治；眞理優先於民意等等。平心而論，梁漱溟對這些問題的思考有些是比較恰當的，有些略顯偏頗，也有些是明顯錯誤的，包括他整個民主思想的論證邏輯也並不是十分嚴密和完備，也正因爲如此，梁漱溟之後的新儒者們在他創造的論域裏繼續開拓，並最終構建起一套比較成熟的政治哲學系統，時至今日，仍有眾多的繼承者和支持者，這其中不能不說梁漱溟起到了開拓性的作用。

本章小結

綜上所言，梁漱溟認爲，民主是一種精神傾向，或者說是人們嚮往的公共生活方式，它需要人尊重他人，具有平等意識，彼此能夠以理性的方式通過商談解決公共事物，並且尊重多數人的選擇。此外，他指出，民主（多數人決定）僅限於公共生活領域，不得干涉私人生活空間。按照他對民主的界定，那麼傳統中國人和社會缺乏形成民主政治的條件。個人精神方面缺乏追求民主的動力，社會結構方面缺乏民主產生的階級基礎。因此，梁漱溟有針對性地解決上述兩方面問題，他斷定中國未來民主建設應當從鄉村建設入手，圍繞培育新禮俗、建立新的社會結構，從根本上解決人的問題和社會結構問題。與西方自由主義式的民主不同，梁漱溟認爲，中國人更願意接受儒家政治思想與民主政治相結合的制度安排。他爲我們勾勒的民主圖景可被看

做是一種「模式」，雖然它並不具備任何可操作性，甚至存在嚴重的理論問題。但從政治思想史發展的角度講，梁漱溟畢竟是第一位用現代新儒學思想中思考民主問題，爲其他新儒家提供很多有益的經驗和教訓，爲後來現代新儒學民主思想的發展奠定了基礎。

第四章　梁漱溟之後現代新儒學民主思想的發展

　　1958 年元旦，牟宗三、徐復觀、張君勱、唐君毅四人聯名發表了《爲中國文化敬告世界人士宣言——我們對中國學術研究及中國文化與世界前途之共同認識》（以下簡稱「宣言」）一文。它是現代新儒學思潮發展歷史中一次標誌性的事件，《宣言》全文四萬餘言，旨在弘揚民族文化，謀求實現其現代化轉變，對中國傳統文化的價值、對中西方文化之關以及中國文化和世界文化未來發展方向等問題作出了詳細的反思和論述。其中，關於「中國文化之發展與民主建國」問題的闡述非常值得我們思考。《宣言》講：「中國文化歷史中，缺乏西方近代民主制度之建立。中國過去歷史中，除早期之貴族封建政治外，自秦以後即爲君主制度。在此君主制度下，政治上最高之權力，是在君而不在民的。由此而使中國政治本身，發生許多不能解決之問題。……以致中國之政治歷史，遂長顯爲一治一亂的循環之局。欲突破此循環之唯一道路，則只有繫於民主政治制度之建立」〔註1〕他們不諱言中國缺乏民主政治並且需要民主，而更重要的是，與梁漱溟一樣，他們也認爲中國不缺乏民主思想的種子。比如，古代政治要求君主施行仁政，不得濫用權力等。儒家更主張「天下爲公」、「人格平等」，但若想實現這樣的理想，就需要政治生活中確實建立起民主秩序。「從中國歷史文化之重道的主體之樹立，即必當發展爲

〔註1〕牟宗三、徐復觀、張君勱、唐君毅：《爲中國文化敬告世界人士宣言——我們對中國學術研究及中國文化與世界前途之共同認識》，轉載於張君勱：《新儒家思想史》，中國人民大學出版社，2006 年版，第 579 頁。

政治上之民主制度，乃能使人真樹立其道德的主體。……今日中國之民主建國，乃中國歷史文化發展至今之一大事業，而必當求其成功者，其最深理由，亦即在此。」〔註2〕民主制度不僅是中國政治社會的必須，更關涉到中國文化未來的發展，他們站在中國文化的立場上思考這個問題。

《宣言》的發表它意味著在梁漱溟、熊十力、馬一浮等人之後，張君勱〔註3〕、牟宗三、徐復觀、唐君毅這樣一批新儒者開始擔負起改造、傳播中國文化的責任。同樣的，他們四人在承認並在不同角度和程度上借鑒了梁漱溟的民主思想後，對中國的民主建設也有各自的思索，提出了自己的理論主張。本章主要闡釋上述四人的民主思想，因為，在梁漱溟之後，現代新儒學政治哲學比較成熟的理論框架、主要觀點、思維模式等都是由他們搭建起來的，對整個學派的發展起到了至關重要的作用。

一、張君勱的民主思想

張君勱，原名張嘉森，字士林，號立齋，江蘇寶山人（今上海市寶山區）。中國近代著名政治學、哲學家。1887 年 1 月 18 日出生，張君勱出生在一個中醫兼經商的家庭，6 歲入私塾啓蒙，12 歲考入上海江南製造局廣方言館學習。1902 年，16 歲的他參加鄉試並中秀才。次年投考震旦學院主修拉丁文，後因經濟拮据而轉入南京高等學堂，因參加拒俄愛國運動被勒令退學。1906 年，張君勱赴日本早稻田大學學習法律與政治學，學成歸國參加清政府組織的殿試，獲翰林庶吉士。1913 年，在梁啓超的安排下又遠赴德國柏林大學攻讀政治學博士學位。兩年後回國，在北洋政府短暫任職後，1918 年又隨梁啓超再赴歐洲考察，師從倭鏗研習哲學。1923 年，張君勱與丁文江、陳獨秀、胡適等人交鋒，掀起了著名的「玄科論戰」，被斥之爲「玄學鬼」。國民政府時代，張君勱先後與張東蓀等人組織「國家社會黨」、任職「國民參政會參政員」、與黃炎培等人組織「中國民主同盟」，1947 年主持起草《中華民國憲法》，1949年後赴美定居，1969 年病逝美國。

〔註2〕牟宗三、徐復觀、張君勱、唐君毅：《爲中國文化敬告世界人士宣言——我們對中國學術研究及中國文化與世界前途之共同認識》，轉載於張君勱：《新儒家思想史》，中國人民大學出版社，2006 年版，第 582 頁。

〔註3〕從嚴格意義上講，張君勱屬於第一代新儒家的代表人物，《宣言》其他三位作者都出於熊十力門下，可被視爲真正的第二代新儒家。

張君勱學貫中西，有相當完整而系統的西方教育背景，但他又對中國本土文化有著異常堅定的信心，先後著有《人生觀》、《民族復興之學術基礎》、《中華民國民主憲法十講》、《社會主義思想運動概論》、《中國專制君主制之評議》、《立國之道》、《明日之中國文化》、《新儒家思想史》等討論中國文化和社會政治發展問題的著作，被公認爲是現代新儒學的思想重鎮。他政治學理論素養極高，親身參與過中華民國憲法製定工作，其民主思想較之梁漱溟則更加科學、完整。

（一）「德法合一」，一種儒家文化路徑中的民主觀

張君勱與梁漱溟在如何看待生命、如何看待」西學」等問題上有著相同的基本立場，早在「玄科論戰」時期，二人便共同反對唯科學主義、唯實用主義的哲學觀。同時，他贊同梁漱溟對民主的態度，認爲民主是現代政治生活的必然選擇。然而，涉及到民主的邏輯和民主制度建設等問題，張君勱與梁漱溟則有不同。他雖然贊同梁漱溟堅守中國文化的立場，但對其進行了修正，不主張用儒學統攝民主政治，而是應以民主政治承續儒學。對於梁漱溟的鄉村建設運動，張君勱講：「梁漱溟先生要拿村治代替歐洲近代民主政治，則我實在不能瞭解。因爲既云爲村治，自然非國治。……漱溟先生以民主政治的路爲不通，而其《山東鄉村建設旨趣》中又有『由是而政治亦是形成爲民主的』的話，一方羨慕民主，一方不要民主，究竟梁先生宗旨安在，有點不大明白。須知一個國家有的問題是非村治所能解決的。」〔註4〕在這一點上，張君勱的見地比梁漱溟更爲明智。

張君勱在《立國之道》中提出「民族建國」的概念，它至少包涵了兩層意思：其一，依據中華民族自身文化精神建國；其二，在中國建設出一個民主政治的現代國家。他強調，民族建國要依靠法律和道德，要把中國建設成爲法治社會和道德社會的統一體。「今後之政治學，應以德法二者相輔而行。爲今後學術發展之途徑。良以國之所以爲國，有各機關之關係，有政府與人民之關係，有人民與人民之關係，決不如師生之以內心修養爲教，家庭之以和愛相處爲事，恃德以處理之者也。爲其然也，儒家既恥尚力尚術尚勢之法家之託名於法，然則捨德法之相輔，別無途矣。」〔註5〕道德與法律是國家建

〔註 4〕張君勱：《民族復興之學術基礎》，中國人民大學出版社，2006 年版，第 239 頁。
〔註 5〕張君勱：《立國之道》，轉引自顏炳罡：《當代新儒學引論》，北京圖書出版社，

設的基礎性條件，失去二者，則國家無法建立，民族也無法生存，因此，他
將德與法看做是民族建國的最高原則。落實到實踐中，就是要培養人的法律
習慣和道德觀念。一方面製定各種法律，一方面要加強人民的道德教育。在
道德和法律的關係上，張君勱更看重道德的基礎作用，「德法合一」的基礎在
於德的一面，這明顯體現出他儒家思維的特色。這種思維也源於他二元論式
的唯心主義哲學觀。他講：「心者應視爲宇宙之根本也，非自物質流出者也，
非物質世界中寄宿之旅客也。申言之，心之地位，至少應與物同視爲宇宙之
根本與實在。惟如此，宇宙觀之不以心爲根本或特殊物者，則其說終無以自
圓。」〔註6〕但心雖爲「根本」，而「物」也不自「心」出，正如心「非自物
質流出者也。」心與物是相互獨立的，都是其他事物的本源。按照他的邏輯，
存在超越經驗世界的「絕對精神」（心或理性），而物雖不出自於它，但要受
它控制。基於這樣一種本體論思維，他在思考德與法的關係上也表現出一種
傾向，即「德法合一」意味著德是基礎，處於主導地位。

　　當然，提出「德法合一」的建國原則僅靠形而上學的邏輯思辨是不夠的，
更重要的原因是，它還源自張君勱對中西方政治思想的認識不同。「東西方政
治思想之異同，可以一語別之：日東方無國家團體觀念，而西方有國家團體
觀念是矣。惟以團體觀念爲本，然後知國家之爲一體，其全體之表示日總意，
全體號令所自出日主權，更有政權活動之方式日政體，與夫本於團體目的之
施爲日行政；反之，其無團體觀念者，但知有國中之各種因素，如所謂土地、
人民、政治，所謂君君臣臣、父父子子是矣。東方唯無團體觀念，故數千年
來儒、道、法、墨各家政治思想之內容，不外二點：日治術，所以治民之方
術也；日行政、兵刑，銓選、賦稅之條例而已。」〔註7〕又講：「儒家好言德
治，孔子曰：『爲政以德，譬如北辰，居其所而眾星拱之。』又曰：『其身正，
不令而行；其身不正，雖令不從。苟正其身矣，於從政乎何有？不能正其身，
如正人何？』此但言乎治人者有正身修心之必要，而治人者所屬之團體，則
未之及也。孔子曰：『道之以政，齊之以刑，民免而無恥；道之以德，齊之以
禮，有恥且格。』此亦言乎治國者應捨刑法重道德。」〔註8〕中國無國家團體

1998 年版，第 176～177 頁。
〔註6〕張君勱：《中西印哲學文集》，臺灣學生書局，1983 年版，第 100～101 頁。
〔註7〕張君勱：《民族復興之學術基礎》，中國人民大學出版社，2006 年版，第 115
　　　頁。
〔註8〕張君勱：《民族復興之學術基礎》，中國人民大學出版社，2006 年版，第 117

觀念，也就沒有主權、政體等政治觀念，沒有政治思想，幾千年的統治只能稱爲「治民之方術」，而儒家以德治天下的治理方法是中國社會的主流，中國民族建國當然也要符合歷史傳統中的統治思路。「德法合一」即是可以被接受的政治原則。

　　然而這種「德法合一」的思路如何落實？張君勱判斷，法雖然要取自西方，但直接移植西方的法律制度未必適合中國的文化土壤，因此，還必須從文化上面入手，改造中國的文化。他認爲，西方政治的長處在於它的人民具備自由精神，所以，對於中國而言，最重要的也是樹立國人精神之自由。「吾人以爲今後吾族文化之出路，有一總綱領曰：『造成以精神自由爲基礎之民族文化。』……今後必須經一番新努力，以求新政治之基礎之確立，而後舊傳統反可因新努力而保存，而不至動搖。否則新者不能創造，而舊亦無由保存。」〔註9〕他提出在中西方政治文化對比中發現問題並矯正中國政治文化的缺失，於學術、政治、藝術等各個領域培育自由精神，以充滿自由精神的新文化來接受西方政治制度的長處。如此，德爲中國舊有，法亦可爲中國所用，「德法合一」便是一種可以選擇的原則。

　　「德法合一」的命題似乎還有一種隱喻，那就是儒家「內聖外王」之道。當然，我們不能從本源的意思看待它，現代新儒家們追求的即是由「內聖」開出「新外王」的路子，張君勱思想裏自然也帶著新儒家的一般特點。而問題在於，按照他的這種邏輯，所謂的「新外王」究竟是由「內聖」開出來的，還是因爲調整了「內聖」的內涵而去適應民主這種「新外王」，他甚至沒能解釋中國傳統中民主的種子在開新外王過程中起到了什麼作用。這不能不說是他政治思想中的邏輯困境。但不管怎樣，張君勱堅持以中國文化爲根本，積極尋求西方文化的有效融合，進而創造新的文化情態，其中的有益之處仍值得我們思考和學習。

（二）「修正的民主政治」，憲政模式的精髓

　　上文主要是思想觀念的角度講述張君勱的民主觀念，而他民主思想的主要內容體現在他對中國憲政制度的設計之中。由於他在憲政領域的突出貢獻，後人將其稱之爲「中國憲政之父」。張君勱的憲政理論涉及內容龐雜，而

〔註9〕張君勱：《明日之中國文化》，中國人民大學出版社，2006年版，第85～86頁。

他提出「修正的民主政治」則是整個憲政理論的思想精髓。

張君勱主張中國實行憲政，主要源自他青年時代受梁啓超的影響很大，又在日本、德國留學多年，廣泛涉獵西方政治學經典，如洛克的《政府論》、密爾的《代議政治論》、威爾遜的《國家論》等等，並且親身感受到憲政制度的魅力。特別是 1919 年，德國頒佈了《德意志國家國憲法》，深深吸引了他的注意，他評價這部憲法代表了「二十世紀社會革命之潮流」，是「以往的成文憲法中最徹底的民主文件之一。」〔註 10〕此後，張君勱對憲政制度的追求貫穿一生。

他首先解釋了「國家爲什麼要憲法」。「我們現在心目中人人所想望的，就是要建立一個現代國家。但是所謂現代國家的要點何在？……所謂近代國家，就是一個民主國家，對內工商業發達，注意科學研究，乃至軍備充實；對外維持其主權之獨立，領土之完整，且能與各大國相周旋；至於政府機構方面，一定有內閣、議會以及選舉制度。這都是現代國家的特色，亦即近代國家應具備的種種特點。……鴉片戰爭後，歐洲國家踏進我們的國土，我們最初所認識的是船堅炮利，最後乃知道近代國家的基礎在立憲政治，在民主政治，在以人權爲基礎的政治。」〔註 11〕人人都有不可拋棄的權利，而且相互之間是平等的，設立政府是要保護人民的生命財產，既然它擔負此責任，就不能有無限的權力，必須受憲法的約束。張君勱認同西方政治哲學的基本邏輯，即國家存在的目的在於保障和增進人民的權益。其次，他特別注重人權問題，「對民主政治作正確之認識與實踐。第一民主運動沒有不尊重人權的；第二，民主運動沒有不尊重民意的；第三，民主運動決不依靠武力作根據的。總括一句話來說，民主運動沒有不拿民意作基礎的。」〔註 12〕因此，在民主的國家裏，「憲法所規定的是國家權力如何確立與如何限制。」〔註 13〕民主秩序要依靠憲法和法律落實，人權也需要它做保障。最後，出於充分保護人權的目的，張君勱提出「修正的民主政治」這一核心概念，旨在修正民

〔註10〕 張君勱：《德國新共和憲法評》，《憲政知道》，清華大學出版社，2006 年版，第 254 頁。

〔註11〕 張君勱：《中華民國民主憲法十講》，《憲政之道》，清華大學出版社，2006 年版，第 136 頁。

〔註12〕 張君勱：《中華民國民主憲法十講》，《憲政之道》，清華大學出版社，2006 年版，第 139 頁。

〔註13〕 張君勱：《中華民國民主憲法十講》，《憲政之道》，清華大學出版社，2006 年版，第 142 頁。

主與獨裁兩種統治形式的缺陷。「側重自由者，各個人之自由伸張，而忽視國家權力；側重權力者，政府之行動敏捷，而個人之個性毀滅。」〔註 14〕獨裁無疑會損害個人權利，但過分地單純注重民主也會損害到國家權力有效運行，最終也間接地損害個人權利。他認為，既不應該學俄國無產階級轉政或德、意法西斯主義，也不應一味照搬英、美的政治制度。而是要在民主與獨裁之間尋求合理的平衡，這是「修正的民主政治」要達到的結果，他並不是要追求一個完美的、理想化的民主制度，而是要建起一個符合中國現實的制度架構。在新的制度安排中，個人權利固然是最重要的，但政府效率也必須考慮在內。因為，無法想像一個低效率的政府會在人權保障方面有什麼建樹。中國未來的民主政治就是要既能維護人權，又能保證政府權力運行的效率。

張君勱的具體設計是：個人權利方面，第一，培養人民參與政治的習慣，使他們能夠自發主動地參與政治生活，享有充分的言論、思想及出版自由；第二，完善選舉制度，教育國人熱衷選舉，把選舉看做是自己的責任；第三，實行「三權分立」，特別是司法獨立，以此維護人民合法權益受法律保護。政府運行方面，他強調效率，第一，成立舉國一致之政府，政府權力應當重於黨派權力。他指出：「政黨政治下之政府，往往由於各黨自為主張，或上或下」，以至「黨重而國輕，失卻政府原所以為國之意。……今國之中，常在艱難困苦中，故必須犧牲黨見，以一心為國之精神組織舉國一致之政府。」〔註 15〕第二，限制國民代表議會立法權，加強行政權力。在立法與行政兩權之間權衡，張君勱認為行政權重於立法權，應「抬高行政權之重要性，而以國民代表會議之立法輔之。」〔註 16〕第三，建立文官制度，嚴格區分政務官與文官的界限。既可以保證行政效率，又可以避免政黨分贓。第四，加強專家決策的作用。這樣可以使行政趨於科學化，也可以一定程度避免行政受政客操縱。

根據上述構想，張君勱相信，這樣的制度設計既符合民主政治要求，又能保證國家權力暢通運行，它非常符合中國現實政治的需要。可見，他雖然受過歐洲大陸哲學的訓練，又深諳英、美政治制度，但並不天真地從理想主義出發，構建純粹自由主義式的民主政治，而仍能以中國文化為根本，中國

〔註 14〕 張君勱：《國家民主政治與國家社會主義》，載於《再生》第 1 卷第 2 期，1932 年 6 月 20 日。

〔註 15〕 張君勱：《立國之道》，中國民主社會黨中央總部印行，1969 年版，第 154 頁。

〔註 16〕 張君勱：《立國之道》，中國民主社會黨中央總部印行，1969 年版，第 159 頁。

現實爲基礎，尋求切實可行的民主政治道路，不能不說他有很高的見識。與
梁漱溟相比，張君勱的民主思想更貼近西方政治的邏輯。他對自由、民主等
政治概念的解釋更具科學性，或者說更符合現代政治學理論的解釋。從今天
的視角看，張君勱的民主思想更容易爲人們所理解和接受。

二、牟宗三的民主思想

牟宗三（1909～1995），字離中，山東棲霞人。1927 年考入北京大學預科，
兩年後轉入哲學系，畢業後曾先後執教於華西大學、中山大學、金陵大學、
浙江大學。主編《再生》、創辦《歷史與文化》、編輯《理想歷史文化》雜誌。
新中國成立後，牟宗三赴臺灣，在臺灣師範大學、東海大學講授邏輯學、中
國哲學等課程。1960 年去香港，任教於香港大學、香港中文大學新亞書院，
主講中國哲學、康德哲學等。退休後重返臺灣，1995 年病逝於臺。

牟宗三曾師從張申府先生學習羅素、維特根斯坦、懷特海哲學，後又追
隨熊十力先生學習中國哲學和佛學，與徐復觀、唐君毅並稱爲熊十力在港臺
的三大弟子。熊先生曾評價他是自北大哲學系建系以來最爲可造之材。此外，
牟宗三還致力於康德哲學的翻譯研究工作，可見其哲學功底非常堅實。

20 世紀 50 年代後，牟宗三開始眞正進入中國思想界，除了 1956 年與另
外三位思想家共同發表了《宣言》之外，他在港臺時間先後著有大量哲學論
著，其內容涵蓋中國哲學、康德哲學、現象學及邏輯學等諸多領域。其中，《歷
史哲學》（1955）、《道德的理想主義》（1959）和《政道與治道》（1961）被稱
爲「三新外王學名著」。作爲現代新儒學第二代的重要代表，牟宗三的影響力
主要在港臺和海外地區。他畢生致力於弘揚中國文化，謀求中西文化之會通，
在社會政治領域，他指出要通過改造和發揮中國傳統哲學（主要是儒家哲
學），由「內聖」開出「新外王」即爲中國創造出民主與科學的新路，成爲現
代新儒家政治哲學的標誌性思路，因此，我們也有必要進一步探討一下他對
民主問題的思考。

牟宗三延續著現代新儒家們的基本思路，從歷史的角度考察中國的政治
生活。他在《政道與治道》一書中將政治統治分爲「政道」與「治道」兩種
形式。這大約受孫中山政權與治權二分觀念的影響。政道即關於政體的原理；
治道則關涉具體的統治方式問題。「政道是相應政權而言，治道是相應治權而

言。中國以前於治道，已進至最高的自覺境界，而政道則始終無辦法。因此，遂有人說，中國在以往只有治道而無政道，亦如只有吏治，而無政治。吏治相應治道而言，政治相應政道而言。」〔註17〕他認為，中國政治發展到明清時，其治道已經非常成熟，而政道卻無處落實。按正常的理解，治道應服務於政道，依據某種統治原理構建具體的統治方式，而古代中國政治發展過程恰恰與其相反，最後變成只在意如何千方百計地維護好君主專制，而不太關心權力的合法性來源問題，如「天下為公」這樣的道德準則漸漸被淡化。因此，牟宗三強調，要回到問題的根本上去，重新思考政道的問題。他提出「返本開新」，即借助傳統思想資源為中國未來的民主政治論證權力的合法性，重新將政道與治到連結起來。牟宗三在發掘傳統資源中發現，傳說中「大同」、「小康」描述了中國理想的政道。儒家《禮運篇》裏講：「大道之行也，天下為公，選賢與能，講信修睦。故人不獨親其親，不獨子其子。使老有所終，壯有所用，幼有所長。……是故謀閉而不興，盜竊亂賊而不作，故外戶而不閉，是為大同。」在上古社會裏，「公」作為最高準則，一切政治生活都圍繞它開展，由此塑造了大同社會。後來變成「今大道既隱，天下為家。各親其親，各子其子，貨力為己。大人世及以為禮，城郭溝池以為固。禮義以為紀以正君臣，以篤父子，以睦兄弟，以和夫婦，以設制度，以立田裏。……以著其義，以考其信，著有過，刑仁，講讓，示民有常。如有不由此者，在勢者去，眾以為殃，是為小康。」雖然小康社會失去的天下為公的道德高度，但有個「禮」作為政治運行的原則，因此仍不失於政道。在孔孟的時代，政治統治尚存「天下為公」、「謹於禮」的政道精義，而自秦漢之後，中國政治顛覆了此前的發展模式，即有了後來「王霸」之辯。王道沒、霸道興，要求統治者們要跟多地思索政治統治技巧，進而治道成為主要關注點，政道日趨邊緣化。確實地講，中國歷史上是否真正出現過所謂「大同」、「小康」社會我們不得而知，但古人記錄下的理想政治的價值選擇（如天下為公，）則不失為合理的思想資源。可以講，「返本開新」要返的「本」就在於此。

　　既然「本」已明確，就要思考如何開出「新」的問題。還得回到內聖開外王這一儒家知識分子的「母話題」上來。牟宗三認為，在中國絕大多數時間裏，那些儒者都是一些「俗儒」，甚至包括黃宗羲、顧炎武這樣具有反思精神的思

〔註17〕牟宗三：《政道與治道》，《牟宗三先生全集》（十），臺灣聯經出版公司，2003年版，第1頁。

想家。因爲他們沒有認識到「內聖」的本質是什麼，故而也談不到「外王」上來。「然在前儒者，只知響往『天下之權，寄之天下之人』之爲公，而不其如何實現之。此如何實現之，是一政治意識。不落於就如何實現之而措思，只說先王之德，或理當如此，則政治意識與制度意識即轉爲道德意識或教訓意識。此即儒者之『理性之內容的表現，而見其爲不足者。」〔註18〕在這一點上，牟宗三非常自信地指出，「內聖」包涵「仁」的一面和「智」的一面。中國古代儒家只講「仁」、「智」的統一，而實際上是由「仁」統攝「智」，發展出一個關於仁的知識系統，而失掉了智的一面。「智成爲純粹的知性，才能與物爲對二，而中國以前則必講與物無對二，心理合一之良知的天理。在心理合一的天理良知中，智是不能與物爲對二的，因而亦不能成爲純粹的知性。智不能成爲知性，則其所對之物即『自然』亦不能外在而成爲純粹的客體，不能成爲研究之對象。」〔註19〕仁的系統指向的是價值層面的問題，智的系統指向的是事實層面的問題，傳統儒者只善於思索應然性的問題，面對現實世界則沒了主意。

　　實際上，仁與智在牟宗三那裏都被看做是理性的表現，他的這種認識也源自其對理性的獨特理解。牟宗三將理性分爲「理性之運用表現」和「理性之架構表現」兩種形式。他講：「（理性）運用表現中之『運用』亦曰『作用』或『功能』。……這裏所謂的『理性』當該就是人格中的德性，而其運用表現就是此德性的感召，或德性之智慧妙用。說感召或智慧妙用就表示一種作用，必然牽連著事，所以是運用表現。」〔註20〕它體現爲的中國人的人格、政治生活、知識等方面，如賢人的道德感召、儒家德化的治道、智被收攝於仁的非知性形態，體現出仁與智的隸屬關係。「理性之架構表現」則不同於此，「它的底子是對待關係，由對待而成一『對列之局』。是以架構表現便以『對列之局』來規定。而架構表現中之『理性』也頓時即失去其人格中德性即具體地說是實踐理性之意義而轉爲非道德意義的『觀解理性』或『理論理性』，因此也屬於知性層面上的（運用表現不屬於知性層）。民主政治與科學正好是知性層面上的『理性之架構表現』之所成就。」〔註21〕在他看來，西方文化正是

〔註18〕牟宗三：《政道與治道》，《牟宗三先生全集》（十），臺灣聯經出版公司，2003年版，第195～196頁。

〔註19〕牟宗三：《道德的理想主義》，臺灣學生書局，1958年版，第156頁。

〔註20〕牟宗三：《政道與治道》，《牟宗三先生全集》（十），臺灣聯經出版公司，2003年版，第52頁。

〔註21〕牟宗三：《政道與治道》，《牟宗三先生全集》（十），臺灣聯經出版公司，2003

因爲「理性之架構表現」非常成熟，才有了它的政道、政治、國家、法律以及科學知識。牟宗三理解的西方政道（民主政治）是這樣的來的：「這根本要吾人的心靈逆回來對於權源加以限制與安排，對於打天下以取政權之『非理性的』使之成爲理性的，把寄託在個人身上的政權拖下來使之成爲全民族所共有即總持地有（而非個別地有）而以一制度固定之。此即將政權由寄託在具體的個人上轉而爲寄託在抽象的制度上。這一步構造的底子是靠著人民有其政治上獨立的個性，而此獨立的個性之出現是靠著人民有其政治上的自覺，自覺爲一政治上的存在。」〔註22〕他繼續講：「假若政治眞是保持其『政治的意義』而不是聖君賢相下的吏治的意義，則必是隨民主政體下來的民主政治。民主政體下的政治運用只是因選舉被選舉而取得的定期『治權』。（政權不可取。）選舉被選舉也是因人民有政治上的獨立個性而然。故民主政體下政治運用也是理性之架構表現。」〔註23〕

　　既然如此，那麼如何實現從「理性之運用表現」轉向「理性之架構表現」？「欲實現此價値，道德理性不能不自其作用表現之形態中自我坎陷，讓開一步，而轉爲觀解理性之架構表現。當人們內在於此架構表現中，遂見出政治有其獨立意義，自成一獨立的境域，而暫時脫離了道德，似與道德不相關。」〔註24〕牟宗三認爲，傳統儒學講的內聖外王是通過道德理性沿著修身、齊家、治國、平天下的路子直接開出。「但如果治國平天下的外王還有其內部特殊結構，即通著我們現在所講的科學與民主政治，則即不是內聖之作用所能盡。顯然，從內聖之運用表現直接推不出科學來，亦直接推不出民主政治來。外王是由內聖推出去的，這不錯，但有直通與曲通。」〔註25〕這就要經歷一個「良知的自我坎陷」（自我否定）的過程，實現從道德理性到觀解理性的「曲通」轉換。牟宗三認爲，道德理性要求人追求眞和善（這與梁漱溟心中的「理性」頗爲相像）而科學與民主正是眞與善的體現。但問題在於，僅依靠道德

年版，第 58 頁。

〔註22〕 牟宗三：《政道與治道》，《牟宗三先生全集》（十），臺灣聯經出版公司，2003年版，第 58～59。

〔註23〕 牟宗三：《政道與治道》，《牟宗三先生全集》（十），臺灣聯經出版公司，2003年版，第 59 頁。

〔註24〕 牟宗三：《政道與治道》，《牟宗三先生全集》（十），臺灣聯經出版公司，2003年版，第 60 頁。

〔註25〕 牟宗三：《政道與治道》，《牟宗三先生全集》（十），臺灣聯經出版公司，2003年版，第 62 頁。

理性的無法把握到它們，這顯然是道德理性本身出了問題，所以必須先行自我否定。「既要求此行爲，而若落下來眞地去作此行爲，則從『主體活動之能』方面說，卻必須轉爲『觀解理性』（理論理性），即由動態的。成德之道德理性轉爲靜態的成知識之觀解理性。這一步轉，我們可以說是道德理性的自我坎陷（自我否定）。經此坎陷，從動態轉爲靜態，從無對轉爲有對，從踐履上的直貫轉爲理解上的橫列。在此一轉中，觀解理性之自性是與道德不相干的，它的架構表現以及其成果（即知識）亦是與道德不相干的。在此我們可以說，觀解理性之活動及其成果都是『非道德的』（不是反道德，亦不是超道德。）」〔註26〕通過「觀解理性」可認識到科學的眞、民主政治的善，而它本身則處於道德中立的位置。

上文已講，牟宗三認爲民主政治源於人在政治生活方面的自覺意識，即人會主動地追求過一種良善的政治生活，人類社會從專制走向民主正是朝向生活之善的轉變。運用道德理性只能看到民主政治的善，而其中具體的政治原理，如權力如何安排、權利與義務如何界定等都屬於政治知識問題。「惟此政體既是屬於客觀實踐方面的一個架子，自不是道德理性之作用表現所盡能。內在於此政體本身上說，它是理性之架構表現，而此理性也頓時失去其人格中的德性之意義，即具體地說是實踐理性之意義，而轉爲非道德意義的觀解理性。觀解理性之架構表現與此政體直接相對應。但此政體本身之全部卻爲道德理性所要求，或者說，此政體之一出現就是一個最高的或最大的道德理性之實現。此即表示欲實現此價值，道德理性不能不自其作用表現之形態中自我坎陷，讓開一步，而轉爲觀解理性之架構表現。」〔註27〕簡單地講，民主政治是道德理性的價值追求，而民主政治的內容則需要運用觀解理性去認識。他心中的道德理性與觀解理性似乎與梁漱溟所謂的理性與理智相類似，只不過後者將人類求眞求善之心與求的方法更加明確的區分開，牟宗三則體現出二者的對立與統一的辯證關係。

總之，牟宗三賦予儒家話語系統中的「理性」以新的含義——將「智」（觀解理性）從「仁」（道德理性）中解放出來，並置在一起。承認理性既有動態

〔註26〕 牟宗三：《政道與治道》，《牟宗三先生全集》（十），臺灣聯經出版公司，2003年版，第64頁。

〔註27〕 牟宗三：《政道與治道》，《牟宗三先生全集》（十），臺灣聯經出版公司，2003年版，第65頁。

的實踐維度，又有靜態的架構維度；既有道德的一面，也有非道德的一面。他認為，民主政治是人類追求的良善的政治生活，它是人道德和知識雙重維度的自覺。出於理性之道德表現，民主政治符合人心向善的最高道德價值，更重要的在於，中國人通過對理性的反思曲轉之後，也完全具備認識和把握民主政治的能力。因此，「返本開新」、「內聖開出新外王」是完全有可能的。按照他的邏輯，民主政治不是具體操作層面的問題，而是認知發生的問題，如果解決了它，中國走向民主政治便不會有障礙。然而，牟宗三的判斷過於樂觀和武斷，他既沒有真正搞清西方民主產生的邏輯，又過分誇大了中國固有文化精神資源的變革能力。他盡力在傳統知識中找尋那些能夠適應現代文明（包括政治文明）的元素，這一點非常值得欽佩，但是，與梁漱溟相比，牟宗三在思考西方民主產生的問題上過於膚淺，（雖然梁漱溟的判斷也未必準確，）這讓他的民主觀不免暴露出捨本逐末的缺陷。同時，牟宗三又沒有張君勱一樣的政治學功力，對民主政治的原理和操作更是鮮有論述，這中了他自己所為的觀解理性的缺乏。但不管怎樣，牟宗三還是為中國實現民主政治提供了一種儒學式理論論證，必須給予充分的肯定。

此外，牟宗三發展了梁漱溟理智與理性的認識，他對理性之架構表現和運用表現兩個概念的界定和解釋，較之梁漱溟更符合西方哲學的味道，更易為現代人所接受。確實地講，包括民主思想在內，現代新儒學所有關心的話題幾乎都離不開對人的基本認知，站在今天的角度觀察，梁漱溟對人的理解不免顯得混亂，而在牟宗三這裏，理性成為討論個體問題的核心概念，他的解讀更貼近我們的理解，接受起來也自然更加容易。如果說牟宗三對民主制度建設的貢獻是有限的，但他深化了現代新儒學知識系統中理性的概念，這是不容質疑的。

三、徐復觀的民主思想

徐復觀（1903～1982），名秉常，字佛觀。湖北省浠水縣人。他生長在一個半耕半讀的農村家庭，天資聰慧，8 歲開始讀書，15 歲考入湖北省立第一師範。1923 年，以第一名的成績考入湖北省武昌國學館，師從著名學者劉鳳章。北伐開始後，徐復觀棄文從軍，1928 年赴日本陸軍士官學校留學。1931 年「九一八事變」爆發，他毅然中斷學業，回國參加抗日。1943 年，徐復觀

已經官至少將，蔣介石對他的才華非常賞識，徐受蔣知遇之恩，追隨其左右
成爲高級幕僚。1949 年，國民黨退遷臺灣，徐復觀結束了他的政治生涯，到
香港創辦《民主評論》，在香港和臺灣兩地從事教育和學術活動，先後擔任臺
灣立農學院、東海大學、香港新亞研究院教授。1982 年病逝於臺灣。

徐復觀在抗戰時期曾拜在熊十力門下，研習中國文化。他不喜歡形而上
學的哲學思辨，而在中國哲學史研究方面頗有建樹。此外，對中國文化的理
解也非常獨特。在他看來，道德、藝術、科學是人類文化的三大支柱，中國
文化的優勢在於道德精神和藝術精神，中國獨特的人文精神是西方文化所不
具備的，也是未來人類亟需發掘和弘揚的，沿著這種思路形成了他的文化哲
學理論。作爲現代新儒學第二代的卓越代表，徐復觀一生著作頗豐，涉獵廣
泛且思想深刻，尤其以思想史研究見長。主要著作有：《中國人性論史》、《兩
漢思想史》、《中國思想史論集》、《公孫龍子講疏》、《儒家政治思想與民主自
由人權》、《周官成立之時代及其思想性格》、《中國經學史基礎》、《中國藝術
精神》、《石濤研究》、《中國文學論集》等。

在政治思想領域，他不僅關注中國古代政治思想問題，對民主政治也有
一定的理解。概括地講，與其他現代新儒學思想家一樣，徐復觀贊同民主政
治，認爲它是現代政治生活的必然選擇，但卻堅信，儒家思想中的德治精神
才是政治生活的最高準則，只有將德治融入民主政治才是最理想的選擇。當
然，這種認識並不是空穴來風，而是源於他對中西方文化的理解。探討他的
民主思想首先即是要搞清楚他對中西方文化的基本認識。

（一）中國文化與儒家政治思想

徐復觀首先區分了文化與文明，「文明是科學系統，文化是價值系統。科
學系統主要在知識方面，告訴人這是什麼、那是什麼。價值系統主要是在道
德方面，告訴人的行爲應當如何、不應當如何。……文明和文化有密切的關
係，有相互的關係，但是文明和文化沒有必然的因果關係。這就是說：不可
以因爲你的文明高，於是就認爲你的文化亦很高；或者你的文化高，於是你
的文明亦很高。」〔註 28〕這段話實際上是爲比較中國與西方文化問題搭建平
臺，給中國文化留出餘地。因爲，按照一般的理解，近代以來西方文明全面

〔註28〕 徐復觀：《文化與人生》，《徐復觀文集》（一），湖北人民出版社，2009 年版，
第 2 頁。

壓制了中華文明，他承認這一點，但又盡力發掘中國的優勢，摒除西方在科學知識、政治制度等「文明」上的優勢，希望能夠用一種與西方平等姿態講述中國文化。他指出，中國文化所重的是人的價值問題，中國文化的中心是人價值問題，西方中世紀時代也與中國類似，但到了近代之後，西方人對價值的根源有了新的認識，認為價值源於社會而並非出於神祇。中國人則一直把人心當做價值的根源。「中國文化的特色，在認為人生的價值根源是在人的生命之中，是人們自己所可以掌握、解決、實現的。但是通過什麼去實踐呢？就是通過行為的實踐。所以中國哲學是以行為實踐為主，而西方的哲學則是以思辨為主，中國也重視思辨，但只占次要的地位。中國的思辨是為實踐而思辨的，西方的哲學則是為思辨而思辨的。」〔註29〕此外，中西文化的差別還來自西方社會發展和西方人的歷史觀。近代西方開始征服世界，在殖民擴張的過程中，自認為他們的文化是唯一的文化，而否認其他「野蠻人」的文化。同時，在思考文化問題時運用單向度的觀察視角，即只有時間的進步與落後之分而無視文化個性的差異。用今天的話講，這種觀點是一種所謂的「話語霸權」，徐復觀對此持反對意見。總之，他努力找尋探討中國文化的合理依據，為說明中國文化的獨特價值掃清障礙。

回到中國文化問題上來，徐復觀講：「人生的價值，主要表現於道德、宗教、藝術、認知等活動之中，中國文化，主要表現在道德方面。但在很長的時間中，對道德的價值根源，正如其他民族一樣，以為是在神、天。到孔子才體認到道德根源乃在人的生命之中，故孔子說：『仁遠乎哉？我欲仁，斯仁至矣。』又說：『為仁由己。』這些話都表明價值根源不在天，不在神，亦不是形而上的，否則不能這樣『成現』」。〔註30〕雖然如此，他認為，孔子仍沒有把握到根本，到了孟子才明確指出道德價值的根源乃是人心。它不是邏輯推理而是人的內在經驗。沒有人能否認孟子所謂惻隱、羞惡、是非、辭讓等道德感不出自人心。簡言之，人心是儒家道德精神的源頭。

關於儒家政治思想，徐復觀指出：「儒家思想，是凝成中國民族精神的主流，儒家思想，是以人類自身之力來解決人類自身問題為起點的。所以儒家

〔註29〕徐復觀：《文化與人生》，《徐復觀文集》（一），湖北人民出版社，2009年版，第6頁。

〔註30〕徐復觀：《文化與人生》，《徐復觀文集》（一），湖北人民出版社，2009年版，第34～35頁。

所提出的問題，總是『修己』『治人』的問題。而修己治人，在儒家是看作一件事情的兩面，即是所謂一件事情的『終始』『本末』。因之儒家治人必本之修己，而修己亦必歸於治人。內聖與外王，是一事的表裏。所以儒家思想，從某一角度看，主要的是倫理思想；而從另一角度看，則亦是政治思想。倫理與政治部分，正是儒家思想的特色。」〔註31〕因此，儒家以施行仁政、德治為根本治國方略。它直指人的道德價值根源（人心）。其中存在一個簡單的邏輯：如果能從人心入手教化民眾，那麼便抓住了根本問題，政治統治自然沒有問題。也就是《論語》所言：「政者，正也，子率以正，孰敢不正。」因此，徐復觀總結道：「儒家的政治思想，從其最高原則來說，我們不妨方便稱之為德治主義。從其基本努力的對象來說，我們不妨方便稱之為民本主義。把原則落到對象上面，則以『禮』經緯於其間。」〔註32〕德治意味著對人的尊重，對人性的信賴，它首先認定人本能地想過一種德性生活，而統治者必須以身作則，成為道德典範，再推己及人，將被統治者也納入道德關係中，而不是以強力壓迫。用他的話講：「德治的基本用心，是要從每一人的內在之德去融合彼此間之關係，而不要用權力，甚至不要用人為的法規把人壓縛在一起，或者是維繫在一起。」〔註33〕總之，儒家政治合法性源於統治者與被統治者的道德共識。徐復觀是否過高估計了儒家政治思想的價值？從中國歷史發展中看，德性政治生活幾乎是一種空想，對此，他的辯護是，德治主義沒有得到真正的落實，歷代統治者都不過以此為幌子，沒有真正踐行這種治國方式，但並不能據此否定德治主義的價值。他堅信，德治主義既是人類政治生活的目的，又是政治生活的理想境界。

雖然如此，徐復觀也看到，儒家政治思想有它的不足。第一，儒家政治思想總是站在統治者角度去想被統治者，而不能發揮被統治者的主動性，鮮有出於被統治者的位置去謀求政治問題的解決。第二，德性推己及人雖在邏輯上說得通，但落實到現實中卻出現另一個難題：中國人沒有主體意識，德性生活找不到確實的對象，「政治的主體不立，即生民的人性不顯，於是德治

〔註31〕徐復觀：《文化與人生》，《徐復觀文集》（一），湖北人民出版社，2009年版，第110～111頁。

〔註32〕徐復觀：《文化與人生》，《徐復觀文集》（一），湖北人民出版社，2009年版，第111頁。

〔註33〕徐復觀：《文化與人生》，《徐復觀文集》（一），湖北人民出版社，2009年版，第112頁。

的推廣感應，便不能不有一定的限度。」〔註 34〕第三，因為政治主體未立，即便明君賢相有道德自覺，也很難獲得人民的呼應，而對那些失去道德者又沒有辦法。因此，君子之道易消，小人之道易長。第四，「因為政治主體未立，政治的發動力，完全在朝廷而不在社會。智識分子欲學以致用，除進到朝廷外別無致力的地方。若對現實政治有所不滿，亦只有當隱士之一法。」〔註 35〕這樣便導致知識分子把主要精力放在求仕途上，而放棄了對社會的責任，社會便失去了知識分子的推動力。徐復觀對中國傳統政治的困境認識非常深刻，他既肯定了傳統政治的優勢，又承認了它的不足。他對中國文化和儒家思想懷有真誠的認同但又絕不盲從。可以這樣講，從牟宗三、徐復觀開始，現代新儒家們對本土文化開始了自覺而深刻的反省，儒家政治思想也在他們的批判反省中獲得更多新生的契機。

（二）「德治主義」與「民主政治」相融合

　　既然如此，如何化解到儒家政治思想的這些弊端，徐復觀認為，西方民主政治可以彌補德治主義的缺陷。「西方近代的民主政治，是以『我的自覺』為其開端。我的自覺，克就政治上面來說，即是每一個人對他人而言，尤其是對統治者而言，主張自己獨立自主的生存權利，爭取自己獨立自主的生存權利。民主政治第一個階段的根據是，『人生而自由平等』的自然法。」〔註 36〕引入西方對個體的這種認識，便能克服儒家政治思想的弊端。西方民主政治發於個體自覺，進而「爭取個人權利，劃定個人權利，限制統治者權力的行使，是近代民主的第一義。在劃定權利之後，對個人以外者盡相對的義務是近代民主政治的第二義。」〔註 37〕將民主政治與德治主義進行對比，徐復觀講：「我認為民主政治，今後只有進一步接受儒家的思想，民主政治才能生穩根，才能發揮其最高的價值。因為民主之可貴，在於以爭而成其不爭，以個體之私而成其共體之公。但這裏所成就的不爭，所成就的公，以現實情形而論，是由互相限制

〔註 34〕徐復觀：《文化與人生》，《徐復觀文集》（一），湖北人民出版社，2009 年版，第 118 頁。

〔註 35〕徐復觀：《文化與人生》，《徐復觀文集》（一），湖北人民出版社，2009 年版，第 118 頁。

〔註 36〕徐復觀：《文化與人生》，《徐復觀文集》（一），湖北人民出版社，2009 年版，第 115 頁。

〔註 37〕徐復觀：《文化與人生》，《徐復觀文集》（一），湖北人民出版社，2009 年版，第 115～116 頁。

之勢所逼成的，並非來自道德的自覺，所以時時感到安放的不牢。儒家德與禮的思想，正可以把由勢逼成的公與不爭，推到道德的自覺。民主主義至此才眞正有其根基。」〔註38〕他非常看重德治主義對民主政治的補充和修正功能，即便如此，徐復觀仍不諱言中國未來政治應走向民主。指出，民主政治是人類政治發展的坦途，儒家政治思想只能爲人類的和平與幸福描繪理想圖景，但無法眞正解決現實政治問題。因此他強調要將二者結合在一起，「總之，要將儒家的政治思想，由以統治者爲起點的迎接到下面來，變爲以被統治者爲起點，並補進我國歷代史中所略去的個體之自覺階段，則民主政治，可因儒家精神的復活而得其更高的依據；而儒家思想，亦可因民主政治的建立而得完成其眞正客觀的構造。這不僅可以斬斷現實政治上許多不必要的葛藤，且可以在反極權主義的鬥爭上，爲中國爲人類的政治前途，開一新的運會。」〔註39〕

　　與梁漱溟、牟宗三等人一樣，徐復觀認爲儒家政治思想高於西方民主政治，中國沒有走上民主道路是因爲在儒學思維超越了西方人對個體、對政治生活的理解。「儒家的政治思想，亦皆彙集於《六經》，《六經》者，多古帝王立身垂教的經驗教訓。其可貴之處，乃在居於統治者之地位，而能突破統治者本身權力之利害範圍，以服從人類最高之理性，對被統治者認眞負責。此求之於西方，實所罕見。梁漱溟先生說中國文化爲理性的早熟，從這種地方，可以看得出來。」〔註40〕正如前文不止一次講過，梁漱溟對中國文化和儒家精神的解釋雖立場明確但不免粗糙，而徐復觀從思想史研究這種學術思路入手，指出民主則早已在儒學精神中孕育，從德治與民本出發，必然導出否定專制主義的結論。雖然徐復觀的結論也很值得懷疑，但不得不說比梁漱溟更進了一步，至少它來自學術研究而不僅限於大而化之的常識判斷。此外，他們又都不是極端的道德理想主義者，中國現實政治的落後是不爭的事實。他們在讚揚中國文化和儒家政治的同時，都不乏冷靜的反省，對中國傳統政治的缺點分析相當類似，如沒有個體獨立意識、政治生活缺乏制度約束、社會沒有發展動力等等。同時，他們也努力地爲中國的民主政治尋找依據與可行

〔註38〕 徐復觀：《文化與人生》，《徐復觀文集》（一），湖北人民出版社，2009 年版，第 116 頁。
〔註39〕 徐復觀：《文化與人生》，《徐復觀文集》（一），湖北人民出版社，2009 年版，第 122 頁。
〔註40〕 徐復觀：《文化與人生》，《徐復觀文集》（一），湖北人民出版社，2009 年版，第 117 頁。

方案。雖然在具體內容上彼此間存在不小的差異，但他們有著共同的理論旨趣，也正因爲如此，現代新儒學才可能成爲一種思潮，爲中國思想界源源不斷地輸出知識成果。

四、唐君毅的民主思想

　　唐君毅（1909～1978），四川宜賓縣人，青年時代頗受梁啓超、梁漱溟、熊十力、金岳霖等思想家影響，同時也學習西方哲學，曾就讀於中俄大學、北京大學畢業於中央大學哲學系。曾先後任教於西華大學、中央大學、金陵大學。1949 年，唐君毅在香港與錢穆、張丕介等人共同創辦新亞書院。1958 年，《爲中國文化敬告世界人士宣言》即由他負責起草。1974 年，他由香港中文大學退休，翌年，應臺灣大學邀請，任臺大哲學系客座教授一年。1978 年病逝於香港。

　　唐君毅一生以弘揚中國傳統文化和儒家精神爲己任，在融會中西哲學的基礎上，創立了自己的哲學體系，成爲現代新儒學第二代中另一位重量級的代表人物，他主要致力於中國哲學領域的研究工作，先後出版了《中西哲學思想之比較研究集》（1943 年）、《人生之體驗》（1946 年）、《心物與人生》（1953 年）、《中國文化之精神價值》（1953 年）、《人文精神之重建》（1955 年）、《中國哲學原論》：《導論篇》、《原性篇》、《原道篇》、《原教篇》（1956－1975 年）、《中國人文精神之發展》（1958 年）、《文化意識與道德理性》（1958 年）、《哲學概論》上、下（1961 年）、《人生之體驗續篇》（1961 年）、《道德自我之建立》（1963 年）等著作。在港臺及海外思想界享有極高的聲譽。同爲現代新儒家的牟宗三稱其爲「文化意識宇宙之巨人」。錢穆也稱他是「大儒」，足可見唐君毅在思想界的地位。此外，唐君毅對民主政治也有論述，其中亦蘊涵著濃厚的唐氏風格。

（一）道德理性與政治生活的關係

　　關於中國文化，梁漱溟曾提出過一種觀點，即儒家文化具有以道德代替宗教的特點。對此，唐君毅不僅接受梁漱溟的這種判斷，而且比梁走得更遠。他的一個基本觀點是：「此儒家之教包涵宗教精神於其內，既承天道以極高明，而歸極於立人道，以致廣大，道中庸之人文精神所自生。故謂儒家是宗教者固非，而謂儒家反宗教、非宗教，無天無神無帝者尤非。儒家骨髓，實

唯是上所謂『融宗教於人文，合天人之道而知其同爲仁道，乃以人承天，而使人知人德可同於天德，人性即天命，而皆至善，於人之仁心與善性，見天心神性之所存，人至誠而皆可成聖如神如帝』之人文宗教也。」〔註41〕唐君毅把人性至善上陞爲「如神」、「如帝」的高度，可見他對儒家精神是如此的崇拜。

在唐君毅哲學思想中，還有一個非常重要的概念──「道德自我」，這也是他對人性的基本假定，即德性是人性的基本夠成元素，人類生活即是一種道德生活，「道德自我」的自覺即所謂的「道德理性」。「吾人所謂理性，即能顯理順理之性，亦可說理即性。理性即中國儒家所謂性理、即吾人之道德自我、精神自我、或超越自我之本質或自體。此性此理，指示吾人之活動之道路。吾人順此性此理以活動，吾人即有得於心而有一內在之慊足，並覺實現一成就我之人格之道德價值，故謂之爲道德的。……而當吾人之精神活動，有一自覺或不自覺依理性而形成的對客觀世界之理想時，吾人即有一文化理想而亦有一文化活動。每一文化活動、文化意識，皆依吾人之理性而生，由吾人之自我發出。故每一文化活動均表現一對自我自身之價值或道德價值。」〔註42〕進而，「人類一切文化活動，均統屬於一道德自我或精神自我、超越自我，而爲其分殊之表現。人在各種不同之文化活動中，其自覺之目的，固不必在道德之實踐，而恒只在一文化活動之完成，或一特殊的文化價值之實現。如藝術追求、經濟求財富或利益、政治求權力之安排等等。然而一切文化之所以能存在，皆依於一道德自我，爲之支持。一切文化活動，皆不自覺的，或超自覺的，表現一道德價值。道德自我是一，是本，是攝取一切文化理想的；文化活動是多，是末，是成就文明之實現的。」〔註43〕此處，必須追問的是，「道德理性」是如何開拓出人類各種文化活動的？他講：「文化非自然現象，亦非單純之心理現象或社會現象。」〔註44〕因爲，單純的心理現象是主觀的、個人的，而文化現象則是超越個人的、客觀的。單純的社會現象如動物的分工合作、相互模倣，雖超出個體，是客觀化的，但它亦非必須含有

〔註41〕 唐君毅：《中國文化之精神價值》，廣西師範大學出版社 2005 年版，第 53 頁。
〔註42〕 唐君毅：《文化意識與道德理性》，廣西師範大學出版社，2005 年版，「自序二」第 7～8 頁。
〔註43〕 唐君毅：《文化意識與道德理性》，廣西師範大學出版社，2005 年版，「自序二」第 3 頁。
〔註44〕 唐君毅：《文化意識與道德理性》，廣西師範大學出版社，2005 年版，第 1 頁。

文化意義，只有人類社會活動存在文化內涵，因為人類有精神活動。「吾人之意，是視文化現象在根本上乃精神現象，文化即人治精神活動之表現或創造。人之精神活動，自亦可說是人之一種心理活動。然吾人可別精神活動於一般心理活動，吾人所謂精神活動，乃為一自覺的理想或目的所領導者，亦即為自覺的求實現理想或目的之活動。」〔註45〕也就是說，只有人類具備自覺的、有目的之生活，這種生活才可稱之為文化。同時，人的精神首先是自我的，又作用與他人，方形成社會生活，也只有人類能夠自覺地、依據道德理性，去創造理想的社會生活。

　　當然，按此邏輯，作為社會生活之一的政治生活，也源自人類的道德理性在政治生活中的表現。「人之政治意識，則表面為人與人之求權力，而相互賦予權利，規定權力，而分配各人之權力之意識。在人之政治意識中，求權力之意識，為明顯而凸出，故人最易以個人之權力欲，說明政治意識。然吾亦將指出，貫徹於吾人求權力之政治活動者，亦唯是吾人之精神活動，道德意識。」〔註46〕唐君毅不否認追求權力與政治活動或政治現象之間的關係，但他依然相信，政治意識不過是人道德理性的表現方式之一，政治生活離不開道德理性作為它的基礎。首先，權力欲是一種試圖征服他人的觀念，而它並非目的本身，欲望一定指向實現某種目的。那麼，它就不再是盲目的，會有自我節制，體現出一種原始道德價值的實現。其次，在戰爭狀態下，人類會表現出兩種情緒：一方面是爭勝的現實自我；一方面是有預知失敗可能的超越的自我。因此，勝利者會憐憫失敗者，失敗者也會承認失敗，服從勝利的一方，從而使戰爭結束，這其中即表現出道德理性的作用。再次，戰爭過程中，出於超越的自我意識，即平等地看待敵我雙方的勝負問題，承認敵對者也有勝利可能的意識，其中的隱喻就是敵、我、第三方都平等地肯定為存在者，因此就會努力尋求第三方的幫助。這種平等意識，也是道德理性開發出來的。最後，權力欲望的本質在於要求他人承認並服從我的意志，就是說認定了他人也具有意志。換句話講，從此動機上看，權力意志正是源於超越自我之中。總之，在他看來，政治意識來自道德理性，是其對現實自我的克服和主宰。沒有這種超越，權力欲就是盲目的，甚至是不可能產生的。由此

〔註45〕唐君毅：《文化意識與道德理性》，廣西師範大學出版社，2005年版，第1頁。
〔註46〕唐君毅：《文化意識與道德理性》，廣西師範大學出版社，2005年版，第131～132頁。

觀之，道德理性造就了權力欲望，權力欲望發揮出各種政治行為和政治現象。

政治生活來自道德理性，而它需要特定的載體，即公共組織。唐君毅認為，社會公共組織能夠存在，也與道德理性有關，是個人之照顧全體之意志要求。他承認，公共組織是人類生活的必須，其存在的依據有六：「第一，為組織中之個人之同先有一公共之目的，呈於各個人之自居之中。……第二，此公共之目的對在組織中之我言，我不僅知其能多少規定我當前之行為，規定未來之我之行為，我復知其且多少規定他人現在及未來之不同行為，而為其統一原理。第三，因此目的為上述之統一原理，故對組織中之我言，我之為此目的而努力，同時即是為他人目的之努力，我之行為受我之目的規定，亦即同於受他人之目的規定。由此，而我在為此目的而努力時，即同時多少覺到我與人之對待之意識之化除，及己私之化除。第四，由此人我對待意識之化除，己私之化除，則各人為求公共目的之達到，而各視其才，以盡其力，所發生之行為，雖各不相同，然吾人可覺其意義與價值之相同。……第五，由在此一組織中，人可覺他人與我之行為，皆為達一同一目的，遂差別而又無差別；則在一組織中，人之相互模倣之性向，將因人我無差別之自覺之促進而特別發達。……第六，綜上所言，則在一公共組織中，個人雖各只為一分子，其對公共之目的，只有一有限之特殊貢獻。然每一個人之精神，則可通過對公共目的之自覺，而籠罩於全體組織之各分子，以為全組織之支持者。」〔註 47〕他認為，公共組織是人為了實現共同目的而建立的，其成員願意為實現該目的而努力，並且知道其他人也會如此。人在參加組織之前可能會有自己的特殊動機，需要通過別人的幫助而實現，但在進入組織後，人的自私或差別就會消解，否則便會導致組織瓦解，或根本無法形成組織。在追求公共目的，化解自私和人我差別時，道德理性要求的超越自我便產生了作用。顯然，唐君毅基本抓到了建立和維繫公共組織的要義，也指出道德理性對於組織的意義。整個邏輯雖然沒有多大問題，但他也許只看到了道德理性對公共組織建立的必要性，但它決不是後者的充要條件，現實生活中沒有一個公共組織僅依靠道德理性便可存續下來，國家則更是如此。唐君毅突出強調道德理性對政治生活及其載體的價值，不免存在片面性，這也是現代新儒家們的通病之一。

〔註47〕唐君毅：《文化意識與道德理性》，廣西師範大學出版社，2005 年版，第 154 ～155 頁。

（二）人文思想框架中的民主

唐君毅講：「民主之本義，是一種政治制度或政治精神。我認爲一切政治中的思想概念，都應放在人文的思想概念之下。民主的思想概念，在我心目中，亦是一引申的第二義以下的思想概念。」〔註48〕與梁漱溟等人一樣，他也把民主看做是一種精神或觀念，而且，民主思想是人文思想的範疇之一，因此，它必然表現出某些人文功能。雖然政治生活、公共組織或國家並不能直接實現人的道德理性追求，或某種人文價值，但它卻是人們追求這些事物的保障。以國家爲例，創立國家的目的在於使人能夠實現其道德價值，以及人與人、人與各種社會組織之活動，相互協調、並行不悖。但是，國家需要民主政治。因爲，人不僅有追求道德價值的一面，也有追求權力意志的一面。這種權力欲望是自私的，如果沒有約束，掌握權力者不免出於個人動機而損害他人利益，進而從根本上否定和損害了建立國家的最初目的。只有依靠民主政治，才可能限制人純粹的權力意志，而發揮其道德意識。「民主政治是以權力意志限制權力意志的政治。在民主政治下進行競選的人，其內心動機可能同樣是出於權力意志。當其在位時，他也可能轉化成貪權者。但只要民主制度建立，個人的權力意志，總是相抵相消。人與人的權力意志互相限制互相否定的結果，可使人放縱其權力意志的事情漸漸不可能。由此而使欲憑其生殺予奪之權，以毀滅他人之人生文化價值之事，漸成客觀地不可能，而消極的保證社會人文世界之存在。」〔註49〕在他看來，民主框架內，單純依靠人的權力意志無法獲得權力，民主要求人從道德意識出發，只有展現其道德、能力、知識等實現人文價值的東西才會獲得其他人的信任和服從。當權者也會以爲維護和增進其他人實現人文價值而行使權力。如此一來，民主政治便體現出它的人文功能。

即便如此，唐君毅並不認爲民主政治是人類最理想的選擇，它也存在缺陷。首先，雖然民主制度能夠克服專制制度中權力不被約束的弊端，但它並非出自道德自覺，而是不得已爲之。它讓人必須隱藏非理性的動機，卻客觀上加深了人去爭權的欲望。一旦這樣的人獲得權力後，他便可能利用民主規

〔註48〕唐君毅：《人文精神之重建》（二），廣西師範大學出版社，2005 年版，第 315 頁。

〔註49〕唐君毅：《人文精神之重建》（二），廣西師範大學出版社，2005 年版，第 323 頁。

則，比如扭曲法律、甚至製造惡法，以此滿足私欲。如果人人都不抱著善良的動機，那麼民主政治會陷入困境，整個國家反而可能會不如由一個道德高尚、能力卓越的獨裁者統治。此外，民主意味著「一爲人與人人格之平等的肯定，與人與人之個性之差別性的肯定」和「一平等的肯定差別之精神。」〔註50〕也就是說，理想的民主政治既要促進整個團體共同目標的實現，又要尊重個人偏好。但在現實中，民主政治往往在尊重個人選擇時不自覺地掩蓋了共同目標。人們在追求各自利益和實現人文價值過程中不免會忽視他人，進而整個共同體的人文追求存在被消解掉的危險，也違背了人類政治生活的初衷。最後，民主政治的某些規則也妨礙人文價值的實現。比如，民主投票要求人人平等，每個人具有同等份額的投票權。這樣可能會導致智者和愚者之間的差別被抹掉，忽視這個事實可能會造成有德性的人無法掌權，無法發揮他的作用，從某種意義上講，這也是社會的損失。

民主政治既然存在這些問題，那麼什麼樣的政治生活才是理想的呢？唐君毅講：「最善良之政治必爲由承認民主政制，而人在制度之外求改進其下之人民之社會政治生活之民主政治。此即爲一種兼以道德文化之陶養改進人民之政治意識的民主政治。此種民主政治，當爲一種與人民之願寄其信託於賢能之政治精神不相悖者。」〔註51〕也就是說要培養出人新的政治意識，亦即實現民主政治與儒家禮治、人治和德治精神的會通。該意識不同於普通的民主政治意識。「第一，它不從法律可以保障權利的動機出發去肯定法律，只視法律爲保障權利之工具；而法律的建立，是在直接表現人的客觀理性。第二，它不把政治的中心問題看成是權力分配問題，而是看成是普遍地成就一切人的政治責任感的問題。第三，它不把爭得政權看成是目的，而只把它看成是實現大公的政治理想道德責任的手段。第四，它不僅肯定自己實現大公政治理想和道德責任的活動，而且尊重和肯定他人爲實現這種目的的政治活動。當發現他人能代其實現大公之政治理想道德責任時，能自願地讓賢，移其精力於盡其他人生文化之責任。不得已而爭政權，也非代表其個人之意志，而是代表合乎普遍客觀理性之意志。第五，不重視自己實際上能否獲得權力，

〔註50〕唐君毅：《中華人文與當今世界》(二)，廣西師範大學出版社，2005 年版，第 465 頁。

〔註51〕唐君毅：《文化意識與道德理性》，廣西師範大學出版社，2005 年版，第 225～226 頁。

而只重視所推選的賢能能否擔負政治責任，能否眞正實現人民的公共理性意志與道德意志。第六，不只對居政治上負責的人持監督的態度，而且對他有深深的敬意，同時對政治職位本身，也有一深深的尊重，使自己的政治意識，處處體現對人格的尊敬和對居位者的尊敬。第七，執政人物自知其權位，皆自他人的道德擁戴而來，是由他人所賦予。雖居政治上之高位，不恃位臨人。執政者之人格價值，不必高於其他在教育、文化、社會道德之事上多負責任之人。」〔註 52〕概括地講，民主政治應與儒家政治思想相結合，於人的內在領域開拓道德理性，使其外化於民主規則之上，從而化解掉民主制度本身無法解決的問題。他相信，民主制度的價值在於它能夠約束權力意志，但不必然增進道德意識，而儒家思想恰好滿足了這一點。更重要的是，民主並不是人們追求的最終生活，只是通往理想生活——唐氏心中的道德生活，或曰追求道德自我之價值實現——所必需的手段。這樣，儒家政治思想與民主政治成了本與末的關係。在他那裏，現代政治（民主、法治）和儒家政治（禮治、人治、德治）完全被調轉過來，充分表現出他對儒家思想有著非常忠實的信仰。

在建設中國未來政治生活問題上，唐君毅堅持用儒家之本吸收民主之末，認爲應在中國文化精神的本原這個基礎上吸納民主政治而造就出一種以拓展人文世界精神爲目標的政治生活。與西方相比，中國文化根本精神是「自覺地求實現」，即「精神理想，先全自覺而內在，而自覺的依精神之主宰自然生命力，以實現之於現實生活的各方面，以成文化，並轉而直接以文化滋養我們的精神生命、自然生命。」〔註 53〕這種文化精神重視人內在心性的實現或自然流露，因此，中國民主政治的出路最重要的在人的政治意識領域，使民主精神由人道德理性中自覺地開發出來。若非如此，中國的民主政治則無法實現。

綜合上述觀點，唐君毅的民主思想的邏輯大致可以作如下歸納：一、組建國家的目的在於實現人的道德理性之發揮，這也是所有人的共同願望；二、人不僅有道德理性，還受私欲如權力欲望的控制，而民主政治至少可以在形

〔註 52〕參見唐君毅：《文化意識與道德理性》，廣西師範大學出版社，2005 年版，第228～231 頁。

〔註 53〕唐君毅：《中國文化之精神價值》，廣西師範大學出版社 2005 年版，第 361頁。

式上化解掉人的私欲；三、由於民主無法從根本上解決私欲問題，所以就需要找到更有效的方式拓展人道德理性的一面；四、儒家思想最利於道德理性的實現，所以，它是國家政治生活的根本原則，同時吸納民主的優勢，形成有效的雙向互動。值得注意的是，這其中包涵著如國家的目的是什麼、民主的精神何在等等政治哲學問題。與梁漱溟、張君勱、牟宗三、徐復觀一樣，唐君毅從現代新儒學的視角給出了他的解釋和判斷，其某些內容具有很強的合理性，帶有現代新儒學思潮的共同特徵，同時也爲繼續探討這些問題開闢了新的空間。

本章小結

梁漱溟的民主思想在張君勱、牟宗三、徐復觀、唐君毅這裏得到了進一步發展，同時也體現出現代新儒學民主思想已經具有相當的規模，在思想領域成爲一種討論民主問題的範式。從上文的討論裏不難發現，他們不僅是接受和承認梁漱溟的基本立場，更多的是批判、糾正梁漱溟在某些問題思考上的缺陷甚至是錯誤之處，進一步深化了某些問題的討論。例如，思考民主問題繞不開對人性問題的把握，牟宗三「良知自我坎陷」的觀點讓我們對理性有了更明白的認識。民主與法治、憲政的關係上，張君勱的民主思想與梁漱溟相比更貼近現實政治需要。同樣作爲儒家文化的堅守者，徐復觀對儒學的認識也似乎比梁漱溟更具學術氣質，從某種意義上講，學術研究與常識判斷相比大約更貼近眞理。唐君毅與梁漱溟等其他人相比，他對民主問題的思索在儒家傳統與現代政治之間更趨近前者，因此也更符合新儒者的形象。總之，現代新儒學思潮到這一階段，已經較梁漱溟更加豐富，落實到民主思想問題上，觀念、制度設計等所有方面都有不同程度的發展。也正因爲如此，現代新儒學民主思想也逐漸表現出某些共性特徵和問題。

第五章 現代新儒學民主思想的一般特徵與反思

現代新儒學思潮推動中國本土思想，特別是儒家思想的現代化轉換。它關於民主政治的認識和創新可以被看做是一種理論範式，當然，這種範式很難完全適應現代社會的需要，這種缺陷正源於自身的理論特徵。因此，在總結中現代新儒學民主思想的理論特徵中反思它的問題也是一項很必要的工作。

一、理論特徵

綜合幾位現代新儒家們對民主的認識，不難看出，他們之間也存在某些差異。但就整體而言，現代新儒學的民主思想具有比較一致的理論特徵，具體講有以下兩個方面：

（一）謀求儒家政治思想的現代轉換

這既是現代新儒家政治思想的基本立場和其民主思想的首要特徵。本文在前面的章節中已經介紹過，20 世紀以來，儒學遭遇了制度危機、信仰危機等問題。這使那個時代許多被認爲是第一流的知識分子也不免與其產生疏離甚至排斥感。特別是在西化思想日益盛行的 20、30 年代，人們大多不再信任儒家思想還能爲解決中國問題起到什麼作用。正是在這樣的背景下，梁漱溟等人恰恰選擇走一條逆流而上的路子。也正是出於爲孔子講話，爲儒家正名的衝動造就了現代新儒家群體，也讓儒家思想能夠繼續得以繼承和發展。

首先，他們非常注意將儒家政治思想與中國王朝歷史背景相區分。在一

般人的思路中，儒家政治思想與王朝體制、專制主義是一回事，甚至認爲因爲有了儒家思想，中國的專制統治才異常強大。王朝體制一旦瓦解，這種專制主義思想也必須被拋棄。在梁漱溟他們看來，儒家思想具有普遍意義，而不應被局限在封建時代的特定語境中。正如余英時總結的那樣：「每一個文化系統中的價值都可以分爲普遍與特殊兩類。」〔註1〕新儒家們承認儒家政治思想中存在與專制統治相契合的特殊意義，但並不妨礙我們繼續理解和保留其普遍意義的一面。專制傳統與儒家傳統絕對不能混爲一談，儒家思想（包括政治思想）注重人文關懷，如強調個體生命的豐滿、道德人格的塑造等等內容即便在西方國家、自由主義者那裏也不會否認。因此，如果能將儒家政治思想中具有普遍價值的那些元素與其爲專制統治辯護的特殊歷史價值相分離，便有理由讓人重新接受它。新儒家們從一開始就重視這方面的論證。內聖外王的政治理想在今天具有強烈的人文主義氣質。「儒家基本的精神方向，是以人爲主，它所代表的是一種涵蓋性很強且獨特的人文主義，這種人文主義和西方那種反自然、反神學的人文主義有很大不同，它提倡天人合一、萬物一體。這種人文主義，是入世的，要參與現實政治，但又不是現實政治的一個環節，有著相當深厚的批判精神，即力圖通過道德理想來轉化現實政治，這就是所謂『聖王』的理想。從聖到王是儒學的眞精神。」〔註2〕總之，如果承認儒家政治思想與中國專制主義的政治傳統不是同一個概念，那麼，它在現代中國仍有其發揮普遍價值的空間。

其次，新儒家們相信儒家思想對現代政治生活非常重要。從前面幾章的論述中可以看到，新儒家們認同民主政治是現代政治的根本標誌，也是中國未來政治生活的必然選擇。他們沒有能力也不可能公然違背社會發展規律，運用儒家思想資源提出某種可以與民主政治相對峙的政治理論，梁漱溟等人要做的是反省中國應該走一條怎樣的民主之路。更爲重要的是，他們似乎不太關心制度層面的事情，而把注意力集中在人那裏，思考民主社會中的人性應當是什麼樣的，或者說，什麼樣的人生在民主社會中才有價值。這就又回到儒家思想對個體生命的理解問題上來：完善自我道德，過一種德性生活。

〔註1〕余英時：《從價值體系看中國文化的現代意義》，臺北時報文化出版公司，1985年版，第14頁。

〔註2〕杜維明：《儒學第三期發展的前景問題》，臺灣聯經出版事業公司，1989年版，第10頁。

也就是說，在他們看來，民主社會也是一種德性社會，民主政治也要以成就個人道德品行爲終極目標。本文列舉的幾位新儒家各自的民主思想中都或多或少地帶有這樣一種傾向。在他們的理解範圍裏，認爲西方現代文明在塑造個人德性的方面存在很嚴重的問題，導致精神迷失和價值扭曲。極端的個人主義與無度的享樂主義是社會病態的表現，單憑民主無法解決這些問題，因此要用儒家思想對它加以修正。實際上，這裏面存在不小的誤會，第一，沒有人認爲民主政治可以解決個人和社會面臨的所有問題；第二，儒家思想從來也沒有眞正解決好這些問題；第三，個人是否必須過一種有德性的生活？社會是否可以容忍個人選擇其他生活？能夠回答這些問題才是民主的精神所在。因此，我們只能說現代新儒家們提出的民主思想對解決現代社會中的問題具有借鑒意義，而並不能據此否定西方民主政治，更不能認爲經過他們修正過的帶有儒家氣質的民主更優於西方民主。但不可否認，梁漱溟等人的擔憂是值得注意的，儒家倡導的德性生活對現代政治生活還是很重要的。

最後，他們在運用儒學話語詮釋民主時，帶有重文本而輕語境的特點。新儒家們在詮釋儒家經典文本時，刻意迴避歷史背景和言說者的具體語境，或者否認某些出自特殊歷史語境中的思想觀點屬於儒家話語系統。例如，梁漱溟反覆講的「中國文化自古富有民主精神，但其政治上則無」，其中明顯迴避了儒家思想造就專制統治的歷史事實，再如，唐君毅認爲秦漢以來的儒者們不是眞正的儒者，其各種學說不符合眞正的儒家精神。因此，「天下爲公」、「禮治天下」等帶有濃厚語境色彩的話語在唐那裏都被看做是重要的民主精神。重文本而輕語境大約是他們重視普遍意義而否定特殊意義的用心所在，只強調儒家思想對解決人類一般性問題的價值，而其時代性價值則被有意識地屏蔽掉，這也與他們希望把儒家思想的普遍價值與其具體價值相分離的理論努力相吻合。眾所週知，文本詮釋是思想史研究的基礎，而「文本」和「語境」是詮釋者的根據和依託。拋開任何一方，都會導致「過度詮釋」，而違背作者本意。但是，在筆者個人看來，思想史研究的還原功能與創造功能相比，後者也許更爲重要，畢竟，研究某種理論最終要爲當下和未來提供知識和思想資源。新儒家們對儒家文本的詮釋毫無疑問帶有「過度」之嫌，但或許也正是因爲「過度」和走樣促成了他們的新，使儒家思想，尤其讓現代人在一定程度上能夠理解和認可他們民主思想中的某些可取之處，至少能促使我們能帶著批判的意識觀察當下的公共生活。

（二）以中國文化本位作爲基點思考政治問題

　　梁漱溟等新儒家們之所以喜歡以文化言說政治，甚至將其作爲所有其他思想的核心，正是因爲他們把人類精神，或者稱人類文明，當作最爲重要的問題加以思考。文化是人類精神的外化，每個特定的文化共同體都可以從時間和空間兩個向度加以思考。因爲，時間向度和空間向度結合在一起共同構造了特定群體的文化個性。現代新儒家們站在中國本土文化的基點上審視西方文化、民主政治，正是出於對文化空間向度的自覺，而對於那些持中國文化落後觀點的人們來說，也是出於對文化時間向度的體認。

　　自從全球範圍內的現代化浪潮衝開儒教中國後，文化優劣便成爲各派爭論的焦點。激進者們認爲，近代人類發展的一個基本事實即是現代文明和它所創造出的一切，已經成爲具有世界意義和價值的文化現象，它是文明發展的標杆。既然西方文明是人類未來文明的主體，那麼，徹底否定本土文化傳統也是可以理解的。而梁漱溟這些被稱作文化保守主義者們則不這樣思考問題。正如梁漱溟所講，東西方的差異在於「文化路向上的不同」，而不僅是時間上的快與慢。而且，文化構造要依靠傳統，依靠本民族文化自發的轉型。現代化絕不是打斷文化傳承，生硬地設計出來的，何況，徹底毀滅舊文化比建設新文化更加困難。據此，他們堅信，中國的現代化必須依靠自身文化傳統的變革，即便有西方作爲標杆，我們也不應一味地向其靠攏，而應進行雙向修正，使現代化符合中國的文化個性。在對待民主問題上，新儒家們做的也正是靠攏與修正的動作。他們倡導返本開新，即意味著一方面發揚儒家思想中之精華使之符合現代化要求；另一方面用現代文明消解儒家思想中的腐朽，以儒家思想改造現代文明的缺陷。梁漱溟等人在民主問題的立場上更是如此，他們不同意全盤移植西方民主模式的觀點，同時又認定必須實現民主政治。他們倡導發揚儒家思想中的「民主精神」，並試圖改造西方民主模式。簡單地講，返傳統之本，開現代之新是新儒家們的根本目的；援西入儒，實現中西會通亦是他們能夠想到的唯一方法。

二、兩點反思

（一）背離了自由主義民主的邏輯

　　現代新儒學的民主思想致力於移植和改造西方民主學說，他們理解的民

主大約來自對洛克、孟德斯鳩等自由主義思想家及其理論的認識。在自由主義民主思想中，新儒家們最大的收穫是認識到權力制約機制。然而，他們理解不到自由主義者眼中的民主最根本目的在於保護自由，〔註3〕而認爲民主政治應當以追求實現德性生活爲最終目的，而且是一種團體的美德。這恰恰違背了自由主義民主（這種儒家民主重要的知識來源）的基本邏輯。

自由主義是一種關於個人權利的政治哲學，它把個人權利和自由放在首要位置，個人形成團體、社會以及國家。它雖然承認一個政治共同體應當擁有良好的德性生活，但必須建立在充分尊重和保護個人自由的基礎上，任何有損自由的政治行爲都損害了團體的美德。更爲重要的是，所謂團體的美德，可能來自經驗的自生自發，也可能來自理性的設計和把握。但的的確確都是自由人之間交往行爲的產物。失去個人自由，團體美德便是無源之水、無本之末。此外，尊重個人自由的一個重要表現即是承認人的兩面性，自由主義者從來不高估人的道德屬性。經濟人假設並不是否定人性善良的一面，而是以此作爲制度設計的邏輯前提，用民主規則約束人的政治行爲能夠更爲可靠地保障自由。然而，在新儒家那裏，良好的政治生活表現爲團體的美德。他們認爲，政治生活的最高目標是實現團體的美德，它需要個人通過運用道德理性創造。由於權力專斷妨害了美德的實現，所以要用民主機制約束權力擴散，以此保障個人道德理性的充分發揮，這就是現代新儒學民主思想的基本邏輯。可以說，民主生活只是爲實現團體美德的手段，而並不是最高的政治理想。在梁漱溟等人的心裏，個人自由被賦予強烈的儒家道德意義，而與它的本質漸行漸遠。

同樣的，新儒家們眼中的團體也與自由主義者有很大的差異。霍布斯、洛克、盧梭等人將團體看做是由締結契約、在討價還價過程中形成。在團體裏，人與人之間明確權利義務關係，進而確定各種利益的歸屬，它有利於減少交易成本和實現資源優化配置，其本質是人們結成的「利益共同體」。也就是說，人們結成政治團體並非出於道德需要而是一種利益驅動。但是，新儒家們並不這樣認爲，正如我們曾經提到過的那樣，修、齊、治、平是儒家思想中通向君子之路。作爲道德人格的標誌，君子最終要在參與政治活動中塑

〔註3〕實際上，只有張君勱比較清醒地認識到自由的優先性問題，其他如梁漱溟、唐君毅等人並沒有意識到自由是民主產生的首要動力。所以，此處的批評並不包括張君勱。

造完成。而且，「君子喻於義，小人喻於利」，君子們結成的政治團體一定是出於道德需要並以道德至上。按照這樣的思路，「道德共同體」必然以追求團體美德爲根本，共同體中的民主機制當然也應爲此服務。當然，這並不是說梁漱溟等人否定個人自由，只是說團體美德優先於個人自由，這與自由主義民主觀大相徑庭。

需要澄清的是，筆者無意在現代新儒家與自由主義者之間做出某種評價，更不是以自由主義作爲標杆批評現代新儒學的民主思想，而只是認爲應當提出一個問題，即爲什麼源於自由主義的民主卻背離的它的初衷？事實上，即便是當代西方政治哲學話語體系內部也早已出現一股對自由主義提出挑戰的思潮即社群主義，雖然它仍被囊括在廣義的自由主義話語之中，但其對個人、團體、自由、德性等概念的思考也衝擊了自由主義政治哲學系統。從這個意義上講，現代新儒學與社群主義存在某些共同之處，這也是當下學術界的共識。正因爲如此，現代新儒學可以進入世界知識話語的討論之中，成爲當代政治哲學中的一股力量。

（二）混淆了道德與政治的界限

這裏必須先要聲明，如果說現代新儒學的民主思想混淆了道德與政治的界限，那麼，我們所依據的仍然是西方當代政治哲學的標準。因爲，在柏拉圖、亞里士多德那裏，實在也看不出道德與政治究竟有何明顯的界限。

當代美國學者約翰‧羅爾斯的《正義論》被公認爲政治哲學經典之作。這本書以契約論和康德哲學爲基礎，提出了一種義務論式的正義理論。但羅爾斯後來發現，在一個自由的政治社會裏，很難想像任何一種哲學學說、宗教學說或道德學說能夠讓所有人都接受，無論該學說是如何的完備（某種意義上講，越完備的學說越不容易被接受）。因此，在《政治自由主義》一書中，羅爾斯放棄了構建道德完備性學說的努力，將「政治」與「道德」做了區分。雖然「正義」這個「公共善品」具有道德屬性，但他放棄了直接說服人們去接受它。而是嘗試在政治生活領域中建立起人們之間的重疊共識，簡單來講，人們認可一種正義的（羅爾斯式的）政治生活不僅出於道德感或正義感，更是要出於自由的政治選擇。一旦選擇被確定下來，那麼，人們在私人領域依舊是享受充分的自由，而在公共領域則必須按照正義的原則行事。也就是說，選擇道德生活（正義）出於政治自由，二者是相互獨立的。民主制度應該保

護人們的政治選擇，即便它有時可能會背離某種道德觀。當然如果有某種力量能夠引導人趨向道德生活是非常可貴的，但那一定不是民主制度的任務。

毫無疑問，儒家政治思想傳統決定了道德與政治天然地凝結在一起，它也現代新儒家民主思想的另一個重要特質。道德理性、德性生活、團體美德等等新儒學政治話語無不彰顯它的道德屬性。在他們的觀念裏，失去道德的政治生活是不可想像的。事實上，沒有人否認這一點，而關鍵的問題在於，它是最重要的理由嗎？正如前文所講，人類結成團體的動力眞是出於道德需求嗎？即便姑且把道德需求作爲人的第一需要，那也不能成爲強制人們追求德性生活的理由。民主政治要實現政治自由，也就是自由地選擇公共生活，它並不反道德，而是與道德無關。而且，在今天，沒有人會否認自由是最高尚的德性，團體也應當以追求自由爲最高美德。追求自由，從某種意義上講也就是將政治生活與哲學學說、宗教信仰、道德說教統統剝離開，讓人們自主地選擇他們認爲恰當的哲學、信仰和道德。現代新儒家的問題在於他們把「合理」認作是「眞理」，當然，如果把這個問題擴大，那麼，包括自由主義在內的所有學說都有這個問題，它是現代性哲學話語的「通病」。但是，我們要思考的是，儒家政治思想從來都是一種眞理，即便在封建時代，也有不少卓越的思想家挑戰它的權威。何況，現代化也是一個從眞理走向合理的過程，今天的人更關心的是什麼樣的生活更加合理。不可否認，新儒家們倡導的德性生活具有某種的合理性，但它絕非唯一眞理，而且，它依靠人們在民主背景下的政治選擇，而非道德選擇。

歷史唯物主義認爲，社會存在決定社會意識。然而，梁漱溟等人在觀念與事實之間卻過分相信前者，或者說忽視了中國社會現實狀況的變遷能力。20 世紀前半葉，中國在積貧積弱的狀態下從封建王朝走向現代國家，雖然每一步都步履維艱，但完全具備了現代國家的基本雛形。正如梁漱溟曾經期待過的那樣，中國社會分化出了階級，社會生產不再依靠自給自足式的鄉村自然經濟。政治領域裏，共和國家完全取代王朝體制，法制建設、政府運行、司法實踐等各個方面都發生了本質變化。民主、平等、自由等政治價值觀念已經得到普遍認同，而且，更爲重要的是，人們接受這些觀念直接源於他們對自由主義、馬克思主義甚至法西斯主義等西方知識系統的把握。即便是需要某些如三民主義、戴季陶主義、毛澤東思想等中介性的話語系統作爲輔助，也很難讓人將儒學話語與它們並列在一起。畢竟，在現代性的話語系統中，

儒學話語始終顯得格格不入。新儒家們對社會現實明顯估計不足，錯誤地認為中國與現代國家之間還有很大的距離。以至於認為只有仍然立足於中國傳統文化才能避免建設現代國家不成反而失去舊有秩序的尷尬局面。事實證明，他們的這種擔心至少在那個時代是沒有必要的。民主思想話語表述應當以現實政治發展為基礎，新儒家們的民主思想無法與中國現實同步發展，這種政治意識根本不可能適應社會現實的需要。因此，某種意義上講，儒家政治思想的現代化轉型是不成功的，它雖然為我們批判其他政治理論提供了某些合理的理由，但其自身卻並不具備更多的合理因素，沒有表現出多少建設性價值，自然也無法成為中國政治發展的主導性知識。

此外，從民主思想本身講，誠然，人類歷史中曾經出現過很多民主的表現形式，西方學者稱它們是「民主的模式」。但是，民主有著一條基本邏輯，即依靠非人格化的權威——規則（或稱為法律）約束權力，民主秩序的後盾是實力，而絕不是道德。梁漱溟等人依然按照儒家價值傳統，誇大道德精神的作用，這本身就是反民主的，如前文所言，它從一開始就違背了民主的邏輯。理想的人類生活只存在於宗教學說和道德學說之中，民主的價值在於它能夠處理現實世界的問題，新儒家們心中的民主政治過分的理想化，與其說它超越了現實社會，不如說它是一種與人類社會並無多大關係的空想。如果之前說新儒家們低估了中國社會變遷能力，而現在則要講，他們高估了人性、社會的本質。如果社會如唐君毅期待的以道德精神創造和維繫，那麼，民主又有什麼價值呢？可以毫不客氣地講，現代新儒學論域中的民主只是一種道德烏托邦式的政治理想，它與真正的民主政治相去甚遠，甚至更多地表現出背道而馳。

總之，20 世紀的現代新儒學民主思想既無法解決中國現實政治的失序，也不可能成為新政治意識形態的塑造者。梁漱溟、張君勱、牟宗三、徐復觀、唐君毅這些思想家曾試圖迎合中國人的思維習慣創造可被理解的知識話語，但終究陷入了自己埋下的思想困境，這不能不說是他們的遺憾。雖然如此，他們還是在政治思想史發展歷程中留下了濃重的一筆，他們留下的知識財富為更多的擁蠆繼承下來，並正在不斷修正和發展！

分　論

一、省察「民主」：梁漱溟民主觀評析

　　作爲現代社會合理的政治制度安排，它是社會不同階級、階層在鬥爭與妥協中得到的理性共識。民主的歷史可以上溯至古希臘時代，但眞正對現代社會起到決定意義同時使現代公民產生自覺意識的當屬近代，尤其是洛克以降的自由民主理論。當自由與民主的「西潮」漸入中土，以救亡圖存爲己任的近代中國知識分子如獲至寶對其推崇備至。梁漱溟，一個被西方學者稱爲「文化守成主義者」與「政治自由主義者」（艾愷語）的思想家，對自由、民主做出了自己冷靜而獨特的思考。他從相對主義的史觀（Relativistic meta～historicism）和文化至上論（Culturalism）的邏輯基點切入，指出近代西方自由主義民主理論在周孔教化下的中國社會走不通。這種看似反潮流的論斷背後蘊藏著很多值得探討的話題。現代新儒學面臨的任務之一就是如何從傳統思想資源中獲得新知，並爲轉型中的中國社會開出「新外王」的道路。作爲現代新儒家的思想重鎮，梁漱溟對民主問題的理解對我們思考民主在近代中國社會環境中的生成困境有很多啓發價值。

（一）作爲「精神傾向」的民主：界定民主的知識困境

　　毋庸置疑，新文化運動推動了民主思想在中國的廣泛傳播，一股持續 20多年的「民主熱」席卷中國。北洋軍閥政府、國民政府屢次進行所謂制憲、修憲試圖建立「憲政國家」、「民主政體」，這在客觀上起到了政治宣傳效果，

而知識界、思想界的先進們卻為了實現民主建國這個真誠的目標展開了長期廣泛且深入的討論。然而,在親歷民主運動的屢屢失敗之後,現實逼迫梁漱溟重新反省民主內涵與價值問題。

梁氏對民主涵義的理解大體上遵從西方思想家們對民主的解釋。梁漱溟把民主概括為:「承認旁人、平等、講理、尊重更多數、尊重個人自由。」〔註1〕這是他理解民主的五層涵義。承認旁人的前提是我承認我,有個體獨立的意識,爾後由己及人,我需要承認旁人。它意味著承認個體差異性,尊重不同觀點,不能以專斷任意的權力抹煞不同意見。平等意味著承認彼此的前提下有共同的對話平臺,沒有人在地位上比其他人低。講理是平等的目的,彼此的問題通過理性對話的方式解決,在博弈互動過程中得到彼此都能接受的結果,以對話代替強力解決問題是民主與非民主的顯著區別之一。民主生活就是一個講理的過程,這個過程中需要「多數人大過少數人」的表決規則,所以應當尊重更多數者。最後,涉及大家的需要大家商量解決,跟大家無關的個人私事,只能交由個人解決。公共領域與個人領域分開,尊重個人自由。民主體現的一方面是公民權也即參政權;一方面是自由權。梁漱溟認為,西方人對自由、人權的追求是「因為個人感受太過干涉、太過抹煞,以致發生反抗而來。所謂個人主義,就是認為在團體生活中,要抬高個人地位。」〔註2〕

與西方思想家每每試圖給民主做出一個規範性的定義不同,在梁漱溟那裏,「民主是人類社會生活的一種精神,或者傾向。」〔註3〕這種理解問題的方式大約是儒學影響下的思想家們所共有的特點之一,即對考察對象的概念做一種整體性的描述。「自由」、「人權」等價值也統統被概括在「民主」涵義之中。民主作為「精神傾向」包含了自由主義基本的價值訴求,並內化為人的生活方式。梁漱溟堅信,民主精神與科學精神是西方社會的兩大異彩文化,自由主義政治文明所有價值都體現在民主精神上。由此可見,他是在一種文化意義上而非政治學意義上理解民主。從民主精神中他敏銳地發現自由主義思想的某些特質,如個體獨立意識、平等、尊重個人自由等等。當代思想家約翰·格雷(John·Gray)認為,自由主義大體上以個人主義(Individualism)、平等主義、(Egalitarianism)普遍主義(Universalism)及社會改良主義

〔註1〕梁漱溟:《梁漱溟全集》(六)山東人民出版社,2005年版,第125頁。
〔註2〕梁漱溟:《梁漱溟全集》(六),山東人民出版社,2005年版,第125頁。
〔註3〕梁漱溟:《梁漱溟全集》(六),山東人民出版社,2005年版,第125頁。

（Meliorism）爲其主要特徵。〔註4〕可見，梁漱溟的認識不可謂不夠深入，至少對於個人主義與平等主義來說，他們的觀點具有相當大程度的契合。問題在於，「作爲精神傾向」的民主雖然在文化層面上較爲準確地把握了西方政治文明的現代精神，但同時似乎又忽視了「作爲程序和工具」的民主應當爲何？實際上，在現代政治生活中，民主大多數情況下被當作實現其他價值的手段而考慮。西方的理論家們在勾勒出民主的輪廓——什麼是民主——之後，更多的探索則集中在精心描繪民主的圖景，亦即什麼樣的民主機制設計能更有效地實現現代政治秩序。梁漱溟的民主概念不可能落實到政治科學領域之中，它對中國民主體制的建立與完善並無多少實際價值。梁漱溟所表現出來的這種特點也代表了中國當時相當一部分知識分子的「通病」。在知識上表現出大而化之的、傳統中國哲學式的思維，缺乏西方政治科學在實踐層面的務實精神。面對政治生活建構問題，近代中國缺少（至少在一定程度上缺少）知識和智力支持。這顯然是民主體制在中國建立和完善的困境之一。

　　除此之外，還有兩個問題需要被關注：其一，梁漱溟肯定民主的積極價值。在他看來，民主體制是「合理的」，「巧妙的」。合理的意義在於「第一層，便是公眾的事，大家都有參與作主的權；第二層，便是個人的事，大家都無干涉過問的權。」〔註5〕巧妙之處在於「他的這種制度，使你爲善有餘，爲惡不足，人才各盡其用，不待人而後治。」〔註6〕民主不僅是保證權力回歸民眾的途徑，也是個人自由實現的手段。自由權和公民權是相因而來的，個性獨立與伸展、人格的健全是現代國家公民的自覺意識，民治精神所有社會都應當去追求。它巧妙而合理的制度安排驅使著政治向著良善方向發展。總之，民主的積極意義體現在價值理性與工具理性雙重維度上。其二，梁漱溟從來不反對中國應走向民主化。他所批評的乃是那種在學習西方過程中機械照搬，急功近利的態度。結果必然是事與願違，根本原因在於忽視了對本民族文化的深入體認和對民主實現條件的冷靜審思。熊十力也提出過這樣的批評：「一意襲外人膚表，以亂吾之眞，將使民性毀棄，漸無獨立研究與自由發展之眞精神，牽一世之青年，以追隨外人時下淺薄風會。」〔註7〕所謂亂吾眞

〔註4〕關於格雷的這種認識，參見其《自由主義》、《自由主義的兩張面孔》等著作。
〔註5〕梁漱溟：《梁漱溟全集》（五），山東人民出版社，2005 年版，第 134 頁。
〔註6〕梁漱溟：《梁漱溟全集》（五），山東人民出版社，2005 年版，第 135 頁。
〔註7〕熊十力：《十力語要初續》，香港東升印務局，1949 年版，第 15 頁。

即是失去文化的主體意識；隨外人淺薄風會便不免急功近利的機械照搬，而未能理解民主需要特定的文化土壤。吸納借鑒現代政治文明成果過程必須冷靜理性地進行。

（二）政治消極無力：衍生民主的精神困境

「中國文化自古富於民主精神，但政治上則不足。」〔註8〕政治上的民主從根本上說，「此制度所需於社會眾人心理習慣，必依之而後得建立運行者，乃非吾民族所有；而吾民族固有精神實高越於其所需之上。」〔註9〕不僅中國文化中精神條件「過猶不及」。社會經濟狀況也是農業經濟凋敝，工業經濟薄弱，社會物資匱乏以及交通落後。這些「物質條件」限制民主發展。社會結構上，缺乏強大的集團，「特別在國家生活上是消極的，民主的習慣亦就未得建立。」〔註10〕梁漱溟認為，這些因素綜合在一起構成了民主的障礙。

梁漱溟從文化比較的視角敏銳地洞見中西方文化的差異性，並以文化至上論作為其後一切論述的基點。在文化範疇上展開討論，這種邏輯進路保證了他思想體系的完整和一貫性。在相對主義史觀的影響下，他相信正是彼此的差異決定了中西方文化走上了兩大不同的發展路向。頗具個人特色的是，梁漱溟用佛家唯識宗形而上學解釋「文化」。唯識家認為宇宙與生命都隱含著的存在乃是「意欲」（will），生命過程就是意欲的體現與現實障礙之間的矛盾循環，生命亦如此往復向前進行。文化作為一種「生活方式」就是解決這對矛盾的方法。文化的不同意味著解決障礙問題的方式不同，或者說是「意欲方向」上的不同。梁漱溟認為，西方文化是「向外用力」、「意欲向前」的，它追求從根本上掃除障礙以滿足意欲的需求；中國文化則是「自為」、「調和」，「向裏用力」的，在意欲的本身需求與現實條件之間求得一種平衡。意欲和精神意向上的差異造就了中西方各自不同的文化特徵和社會結構。他用「意欲差異——文化分途」的解釋方式來說明西方文化能夠造就政治民主，而中國文化阻礙政治民主的生成。

梁漱溟對民主發生的謹慎態度確實值得人們重視。我們不妨站在今人的立場上依託梁氏的解釋，再觀察中國傳統文化和社會結構中民主的困境。思

〔註 8〕 梁漱溟：《梁漱溟全集》（六）山東人民出版社，2005 年版，第 128 頁。
〔註 9〕 梁漱溟：《梁漱溟全集》（五），山東人民出版社，2005 年版，第 146 頁。
〔註10〕 梁漱溟：《梁漱溟全集》（六）山東人民出版社，2005 年版，第 129 頁。

想啓蒙開發西方人個體獨立意識。在社會流動上，西方長期處於封閉的封建等級社會中，不同階級組成各自的集團。由於這種發達的集團生活，個體人格也對應地茁露。個人在本階級集團中培養著公共觀念、紀律習慣、組織能力和法制精神這些「公德」品質，遂而形成「個人—國家」相對抗的近代社會構造模式。這樣的社會中，個人利益得到尊重，「個人主義」的價值訴求得以彰顯，政治共同體中權力的合法性來自於其成員的承認，它存續的目的是爲了維護和實現成員的個人權利與利益。所以，成員從自身利益考慮不會容忍任何足以威脅自身利益實現的專斷的權力出現。公共權力的影響範圍必須被劃定出明晰的界限，在運行過程中也必須得到有效地制衡。「個人主義」塑造了公民權利本位的思維方式，這種思維方式也是施行民主憲政體制的基本前提。個體主體性的確認使得等級觀念土崩瓦解。「平等主義」是資產階級革命時代最具煽動力的口號。平等相對於特權而言，在平民與王權的鬥爭過程中逐步實現。所謂主權在民就是每個人平等地擁有統治（治理）國家社會的權力，國家的主權者是每個本國公民。不應有任何人在血統、出身等方面擁有超越其他人而具有統治（治理）權的資格。平等的意義還在於反對絕對權力，任何人或組織擁有絕對權力的結果只能是特權的產生和平等價值的喪失。總之，平等意味著對公民資格的承認和與特權階級、專制權力的對抗。正是因爲西方社會個人權利、平等觀念的發達，政治生活中表現爲「大傢夥同拿主意，只拿有限制的主意，大傢夥同要聽話，只聽這有限制的。〔註11〕在制度安排上，民主體制便順理成章，反言之，也正是這些觀念及社會結構孕育了西方民主精神。

　　與此相對，中國傳統文化和社會結構則表現出「倫理本位，職業分途」二者交相爲用的特點。中國社會關係是以家族爲核心向外展開的倫理關係。家族是倫理關係的主要載體，它極大弱化了個人與社會團體這兩端。因而作爲主體性的個人被消解在各種倫理關係之中，同時又以倫理組織社會生活，社會中人與人的關係並非以契約和「公德」維繫。這樣的社會結構中，個人利益訴求與實現不是來自於本人，而是倚靠與自身的倫理關係相對方的道德感。倫理社會中個人利益表現爲主體間依於道義上的交互過程。再者，這種倫理規範是依封建宗法等級制度構造出來的。君臣、父子、夫妻之間在身份上是不平等的。政治合法性來自於君臣之間恪守各自身份要求的倫理規範。

〔註11〕梁漱溟：《梁漱溟全集》（六）山東人民出版社，2005 年版，第 363 頁。

忠君愛民、父慈子孝在社會關係考量上也是特定角色地位的倫理要求。這種穩定的倫理觀念深植中國文化和中國人的心中，個人獨立、平等精神便不得培養，政權結構上也自然走向專制集權的路上來。「職業分途」表現在社會流動和社會結構上，一方面，中國的文官制度和科舉制度使得社會流動暢通，為士、為農、為工、為商基本不受身份限制，封建等級制度在限制個人努力方面並不起決定作用。每個人都有通過自身努力選擇發展方向的機會，即使不做官，在其他職業路向上也都有各自發展的空間。另一方面，官府並不直接地針對個人，更多地則是運用倫理規範和以倫理規範為精神的法律實現對社會的間接控制。有人概括中國傳統政治表現為政治倫理化與倫理政治化「家國同構」的「家天下」模式，體現在社會構造上則是「家庭－國家」相融合。可以說，缺乏集團生活，社會散漫無力這些都是中國政治上消極無力的原因，國家生活的缺乏使得中國社會不是反對民主精神，而是對民主沒有需要。

（三）無序的政治局面：落實民主的現實困境

自由、民主得以實現的心理基礎是人民對它的真誠認同，而開放、寬容、穩定的社會秩序是民主體制建立的客觀需要。「普遍主義」（Universalism）是自由民主理論的又一價值特質。所謂普遍主義即是一種在追求終極意義上的價值一元論，它認定必然存在一種絕對普遍適用於所有人的價值觀念甚至是價值體系。有學者認為，「自由主義的普遍主義體現了個人主義的基本精神」〔註12〕但是它仍擺脫不了普遍主義的內在悖論：一元論的專斷與多元論的寬容之間的矛盾。自由民主的政治體制首先要表現為社會中所有不可通約的價值觀念得以共存。人們只能試圖去尋找構建社會所必須的那些最基本的「重疊共識」（Overlapping consensus），以此維繫自由民主的政治環境而不能妄想以任何獨斷的價值體系統御整個社會。新近的自由主義者們都清楚地認識到自由主義價值觀和自由主義民主只有在工具理性的維度上被認同才更具實際意義，執守於對其價值理性上的絕對推崇反而有悖於自由本身。自由主義的寬容又體現為它在成長中遵循「社會改良主義」（Meliorism）的方式。在推進民主化進程的路上，任何激進的手段都會破壞自由本身的氣質。漸進式的改革是各方利益力量博弈和理性協商對話的結果，而激進的革命不免又會陷入

〔註12〕馬德普：《論自由主義普遍主義對基督教普遍主義的替代與超越》，載於《文史哲》2004（3）。

專斷權威的出現甚至以暴力流血爲代價的泥沼之中。民主體製作爲一種程序，應當在政治文明不斷發展的過程中逐漸地加以補充、修訂和完善。自由主義民主體制幾百年的發展歷程中大多數時間裏，正因爲它秉持改良的道路，在人類知識文明不斷積纍的過程中逐漸成熟起來而同時又得以維護尊重自由的基本價值。

　　反觀民國現實的政治局面，從北洋政府到國民政府，中國面臨著兩大難題：一是實現國內和平、建立實際上統一的國家；二是反抗外來侵略和壓迫，獲得民族獨立和解放。這兩大難題使得中國處於政治上無秩序的境遇中，軍事力量決定著政治話語權，而各種軍閥勢力又總是在此消彼長的變動著，中央政府與地方實力派關係錯綜複雜。這種無序狀態使任何一種意識形態、政治學說都不可能讓所有政治勢力共信共守，甚至沒有一個和平對話的機制和平臺。自由主義、保守主義甚至法西斯主義等各種社會思潮都沒能在這個時期佔據社會主導意識形態的地位。三番四次地「制憲」、「修憲」、開國會、開政協也都沒能使中國走上民主憲政的道路。顯而易見，在這個時期，中國沒有自由民主所需要的那種有序、開放、寬容的社會條件。梁漱溟清醒地認識到重塑社會秩序是其他一切活動得以進行的基本保證，他是個社會活動家，但在推動民主運動上並不狂熱。他曾拒絕參與民國憲法製定的討論，拒絕擔任國民政府的顧問。可是在面對日本帝國主義入侵時，他主動參加國民政府的「國防最高會議參議會」巡視各個戰區，也曾屢次與日本軍隊擦肩而過。國共停戰和談時，他作爲「第三勢力」的代表積極奔走遊說於國共兩黨之間，雖然最後努力全歸失敗，但爲了實現民主獨立、國家統一、建設國內和平卻不遺餘力。他的努力集中在以中國特有的文化建立新的社會秩序。總之，文化和現實條件都決定了中國不得不面對如此一個民主生成的困境。梁漱溟的這種文化比較的視角把中西方社會看成兩個文化共同體。中國人的「精神意向」塑造出與現代西方大相徑庭的個性文化，而所謂「現代化」恰恰就是在這種比較中砥礪誕生出來的。正如許章潤先生所言：「跨文化跨人文類型的研究其實乃是在異質文化的觀照下，對於本民族傳統精神資源的重新審視……」〔註13〕也正是如此，在借鑒移植外來文明成果時，只有保持清醒的主體意識，才可能真正地體認一種普適性價值的要義所在。

　　梁漱溟的保守在一定意義上還表現爲對「現代化」的「反動」。這種反動

〔註13〕許章潤：《說法 活法 立法》，清華大學出版社，2004 年版，第 13 頁。

實質上是對啓蒙思想以來作爲主流哲學的理性主義的批判。他認爲西方近代哲學中以柏格森爲代表的「生命哲學」與中國哲學有某些類似之處，可以對理性主義的種種弊端進行修正。同時，他又用一種準馬克思主義的分析，確信經濟因素在社會文化中的核心作用，擔心現代經濟體制中人被「物化」而喪失人之爲人本身的內在價值。儒家哲學的主題正是對人生的關切，在現代社會條件下，它的價值即體現在迎合現代文明的同時可以對現代化的某些不足加以改造。他的「反現代化」表現在民主問題上即是對民主實現的文化環境進行冷靜的審思。自由、民主是西方啓蒙運動，理性主義的果實。民主的普適價值更多體現在其本源意義上：通過自我治理實現個人自由和作爲「精神傾向」時表現出來的積極價值。政治生活中民主程序的設計安排也是漸進積纍的結果，理性建構和實證經驗都是不可或缺的，盲目推崇絕對純粹理性建構可能導致民主的精神被庸俗理解，民主的制度安排被機械地複製。任何民族的文化都是「它們各自表達其集體經驗，全都是人類自我表達的同樣眞切有效的工具。」〔註14〕保持本民族文化個性就是對純粹理性主義的專斷態度的否定。文化的發展無疑也是一個漸進的過程。雖然有些學者，如安東尼・吉登斯（Anthony・Giddens）認爲：人類歷史並非必然如進化論所描述的那樣按一條「故事主線」（Story line）平穩的發展下去。他強調人類歷史發展在的各個階段都存在著「斷裂」（Discontinuities）。〔註15〕但是，任何對這種斷裂的極端擴大都可能導向對理性建構過分自信與激進的政治行動這樣專斷的路向上去。文化是一種經驗的、知識的、生活方式的積纍，它具有傳承性和穩定性。與激進路線相比，保守在一定意義上保持的是眞正理性的思考和冷靜的態度。妄圖用被膚淺理解的「普適性」法則武斷地改造所有文明的做法無疑是對民族文化個性的摧殘。社會發展變革過程中，文化斷裂是必然的，一些價值觀念必須被引入，一些價值觀念必須被改造，還有一些則必須被放棄，也正因爲如此所以更需要人們認眞的態度。

　　儒家文明在現代條件下當然也需要民主體制。儒家哲學要求人成爲一種道德主體，成爲一個「德性」的存在，它所追求的是道德的烏托邦，而只有在民主體制下，才會眞正有個人德性發展的空間。現代新儒學融合了西方文

〔註14〕〔美〕艾愷：《世界範圍內的反現代化思潮——論文化守成主義》，貴州人民
　　　　出版社。1991年版，第8頁。
〔註15〕詳見吉登斯著《現代性的後果》。

化中開放、寬容的因素，所以，它也可能成長爲受儒家文化影響下的政治共
同體實現民主化的文化基礎。民主的普世價值何以被儒家影響下的中國社會
接受，現代化進程中的中國社會如何構建培養出現代民主所需要的環境？民
主的實現問題不僅是梁漱溟等思想家們所不停思考的，也是後世學人所必須
繼續追問的話題。

二、梁漱溟民主觀的演進及其特徵：基於梁氏思想轉變過程的歷史性考察

在中國近現代知識分子群體中，梁漱溟（1893～1988）不僅以其在現代
新儒學知識譜系中的鼻祖地位受到重視，更憑他剛正不阿的性格和特立獨行
的處事方式蜚聲海內外。梁通常被認爲是一個保守主義者，這是多年來理論
界的一種共識。西學東漸以來，西化的可能就是先進的，固守本土文化應該
就是落後的；以西學推進社會的改良或革命基本等同於進步，堅守本土文化
似乎就是保守。如果說他站在中國文化本位立場上看人類文明發展歷史與未
來時，對中國文化的價值顯得頗爲樂觀的話，這無疑是梁氏思想意識中存在
某些守舊情結，但以此即稱其爲保守主義者亦未免太過武斷。而且，所謂保
守與進步應當放在特定的領域中進行思考，退言之，梁漱溟的保守主要體現
在文化領域中。他對於公共生活問題的思考並沒有顯示出多少保守之意，梁
漱溟曾將主要精力放在推動中國民主發展的社會實踐活動上，以期實現民族
之自強與進步。他不僅對民主精神頗具仰慕之情，更爲重要的是，梁漱溟對
民主或民主政治更有其獨創性的理論詮釋。事實上，梁漱溟對民主的認識隨
著他思想歷程的豐富和完善而逐步深化。這可能是梁漱溟研究中需要進一步
探討的重要問題。本文認爲，梁漱溟思想歷程大致經歷了三個階段，經過了
兩次重要的思想轉變。

（一）思想歷程的三個時期與對民主的態度

梁漱溟本人非常重視自己思想發展過程，他曾不止一次反省自己對個體
生命和外在世界的認識。在晚年的口述歷史中，他曾言道：「我自十四歲進
入中學之後，便有一股向上之心驅使我在兩個問題上追求不已：一是人生問
題，即人活著爲了什麼；二是社會問題亦即是中國問題，中國向何處去。這
兩個問題是相互關聯，不能截然分開……對人生問題之追求，使我出入於西

洋哲學、印度哲學、中國周秦宋明諸學派間……對社會問題之追求，使我投身於中國社會改造運動，乃至加入過革命組織。」〔註16〕在此段談話的幾十年前，1942 年，梁漱溟便有過對自己學習經歷的回顧：「我很早有我的人生思想。約十四歲光景，我胸中已有了價值標準，時時用以評判一切人和一切事。」〔註17〕由此可見，梁漱溟大約在 1906 年開始有了獨立的人生觀，此後到 1949 年，《中國文化要義》一書完成，梁漱溟對人生問題和社會問題的思索已然獨具體系。從他所謂社會問題角度而言，梁漱溟已經從概念上的認知發展到以東西方文化比較的思路上觀照民主問題，並做出了梁氏特有的儒學詮釋。至此，梁漱溟民主思想完全形成。筆者將其的思想發展歷程大致分為重事功、遁空門與歸儒學三個歷史階段。〔註18〕

1、重事功時期，大約開始於 1906 年而止於 1911 年。中學時代的梁漱溟更在評價人和事時，標準是「凡事看它於人有沒有好處，和其好處的大小……以此衡量一切並解釋一切，似乎無往不通。」〔註 19〕梁漱溟雖自小接受西式教育，但此時並不曉得西方功利主義，實用主義等學說。這些都是受父親的啟發，並在這個階段進一步得到強化。所謂「有好處」便是關於「利」與「害」的計算問題。進一步追究，若要確定利害則要考慮何謂苦樂？在此時的梁漱溟看來，欲望得以滿足便是樂，反之則為苦。重事功的務實精神意味著肯定欲望，去苦求樂，趨利避害是人的正當追求和社會的發展趨勢。年輕的梁漱溟感受著民族危機對他的刺激，他對中國問題的關注遠過於談論人生問題，因此，「這亦為當時在人生思想上，正以事功為尚之故。」〔註20〕在這個時期中，梁漱溟沒有為我們留下任何學術文本作為考據對象，但通過他的自述可以知道，他曾閱讀大量先進刊物。例如，《新民叢報》、《國風報》甚至革命派的《民報》等等。在《我的自學小史》（1942）中，他回憶說：「為了救國，自然注意政治而要求政治改造。像民主和法治等觀念，以及英國式的議會制度、政黨政治，早在卅五年前成為我的政治理想。後來所作《我們在政治上

〔註16〕 汪東林：《梁漱溟問答錄》湖北人民出版社，2004 年版，第 31 頁。
〔註17〕 梁漱溟：《梁漱溟全集》（二）山東人民出版社 2005 年版，第 679 頁。
〔註18〕 梁漱溟自己這樣解釋他思想的發展過程：第一期思想與近代西洋功利主義同符，轉入古印度的出世思想為第二期，再轉而歸落到中國儒家思想為第三期。詳見其《自述早年思想之再轉變》（1969）一文。
〔註19〕 梁漱溟：《梁漱溟全集》（二）山東人民出版社，2005 年版，第 679 頁。
〔註20〕 梁漱溟：《梁漱溟全集》（二），山東人民出版社，2005 年版，第 680 頁。

第一個不通的路——歐洲近代民主政治的路》，其中詮釋近代政治的話，還不出中學時那點心得。」由此可見，梁漱溟關於民主問題的思考正開始於他的中學時代。他將「救國」與「民主」聯繫在一起，可見這個時候的梁漱溟對民主政治應當具有相當程度的信心和好感。正如艾愷所言：「截止到1911年以前，梁漱溟一直把國家強盛作爲最終目標……他積極地擁護以西方模式爲基礎的社會政治制度改革。」〔註21〕

2、遁空門時期，始於1912年止於1916年。青年時代的梁漱溟也遭遇了精神危機，1911、1912兩年曾兩度自殺未遂，他自己也說不清楚究竟何種力量促使其走向極端，只是承認自己當時精神壓力非常大，這其中包括母親逝世對他的打擊。由於精神幾近崩潰，便不得不擺脫一切工作，回到家中將自己與父親、家庭、社會隔絕開來，在佛家典籍中尋找精神支撐。至於梁漱溟爲何對佛家如此癡迷，他言道；「大約十六七歲時，從利害之分析追問，而轉入何謂苦何謂樂之研索，歸結到人生唯是苦之認識，於是遂爾傾向印度出世思想了。」〔註22〕在他看來，面對生命恒苦的事實，只有佛教能拯救眾生。他如此定義佛教：「佛教者，以出世間法救拔一切眾生者也。（眾生或稱有情，一切含生者之謂也。）故主出世間法而不救眾生者非佛教，或主救眾生而不以出世間法者非佛教。」〔註23〕很顯然，梁漱溟延續了大乘佛教的風格，以渡己渡人爲宗旨。在如何看待生命和社會問題上，他完全摒棄掉舊有重事功的思路，以宗教思維重新審視個體生命和外在世界。正因爲如此，將自己封閉起來的梁漱溟基本做到了他所追求的「出世」狀態，他雖有拯救眾生的宗教情懷，但實難有可行的作爲。1912～1916的四年間，梁漱溟完成了多篇關於佛學的重要著作，尤其以《究元決疑論》（1916）最具代表性，除佛學之外更無其他方面的文章。因而，從梁漱溟這段生活經歷和理論思考兩方面可以看出，遁入空門時期的他對民主政治等西方政治學說採取了規避或漠不關心的態度，現代公共生活不在梁漱溟所關心的議題之中，這種狀態一直持續到1917年他重新復出。

3、歸儒學時期，始於1917到已成體系的1949年。如果根據梁漱溟的工

〔註21〕〔美〕艾愷：《最後的儒家》王宗昱、冀建中譯，江蘇人民出版社2004年版，P23。
〔註22〕梁漱溟：《梁漱溟全集》（二），山東人民出版社，2005年版，第691～692頁。
〔註23〕梁漱溟：《梁漱溟全集》（四），山東人民出版社，2005年版，第493頁。

作重心對這段時期做進一步劃分，那麼他經歷了學術研究——社會活動——回歸學術三個階段。1916 年的梁漱溟走出了精神變態期，成爲司法部長張耀增的秘書，又以《究元決疑論》獲蔡元培賞識，次年謀得北大哲學系教席。更爲重要的是，二十四歲的梁漱溟有感於南北戰亂之禍而寫就《吾曹不出如蒼生何》，這標誌著他重新回到現實生活中，重新站在現實思考中國的前途命運問題。北大教書的幾年間是梁漱溟發生思想變化的另一重要關口，到 1920、1921 年，梁漱溟終於完成從佛家轉歸儒家的轉變。有兩個事件可以證明這一點：其一，梁漱溟 1920 年徹底放棄了出家的念頭，於次年冬末完婚；其二，這兩年間他完成了人生中可能最爲重要的著作《東西方文化及其哲學》。談到此書如何表達了他思想之變化時，他說：「《東西方文化及其哲學》一書，在人生思想上歸結到中國儒家的人生，並指出世界最近未來將是中國文化的復興。這是我從青年以來的一大思想轉變。」〔註 24〕1917～1924 七年北大的教書生涯之後，梁漱溟投身於二十餘年的社會實踐活動之中，成爲一名社會活動家，主要包括積極致力於鄉村建設運動、投身全民族抗戰、創建民盟以及爲國共內戰做第三方調停而奔走。直到 1948 年末重新回歸學術生活。1949 年，發表了另一本極爲重要的著作《中國文化要義》，這標誌著梁漱溟儒學思想進入成熟完善期，並創立的獨特的思想體系。拋開儒學話題不論，梁漱溟經過幾十年的奮鬥和思索，再次相信若要解決中國問題應當重建一種新的公共生活，它包括恢復社會秩序、改造傳統社會結構、更新舊有經濟體制、變革舊式人才培養方式以及重新培育整個民族精神等等。民主或民主政治重新進入他的關注視野，梁漱溟回顧了民主的內涵與價值，審愼分析中國踐行民主之條件，反思它對中國的實際價值，並給出自己獨特的理論詮釋。

（二）兩次思想轉變與梁氏民主觀的兩點特徵

梁漱溟對民主的態度經歷了由熱衷迷信西方民主制度到避而不談再到冷靜地反省中國的民主道路。這一過程與他個人的學習、生活及工作經歷是密不可分的，從史學角度考察他思想發展的三個時期能夠爲我們進一步瞭解他的民主思想提供一種有價值的思路，也正因爲有了兩次思想變化，梁漱溟的民主觀亦表現出以下兩點特徵：

1、梁漱溟以文化本位論出發，從東西方文化比較的思路審視民主及其生

〔註 24〕梁漱溟：《梁漱溟全集》（二），山東人民出版社，2005 年版，第 698 頁。

成條件。

在梁漱溟眼中，無論人生問題還是社會問題都源自於生活，而生活的核心是所謂的「意欲」，文化的本質即是一個民族的生活。「然則你要去求一家文化的根本或源泉，你只要去看文化的根原的意欲，這家的方向如何與他家的不同」梁漱溟如是說。〔註25〕事實上，「意欲」在《東西方文化及其哲學》中並非第一次出現，據筆者掌握的情況看，1914 年，梁漱溟《談佛》中首次使用「意欲」一詞：「讀書人皆求理想之實現也，且自無機而有機，而原始動物，而至於人。或字曰進化，或字曰發展，或字曰意欲。」〔註26〕可見，進化、發展與「意欲」作爲同義語，其指稱的對象應當是整個文化。也就是說，梁漱溟更願意在文化的領域中考慮他的人生與社會問題，而以「意欲」爲核心的文化哲學在出佛入儒的過程中得以繼承下來。

此外，在談及東西方文化之區別時，梁漱溟的基本態度是路向上的不同而非發展高低之差異。這是《東西方文化及其哲學》中重要的理論命題之一，意欲用力方向不同決定了文化情態的不同：「所有人類的生活大約不出這三種路徑樣法：（一）向前面要求；（二）對於自己的意思變換、調和、持中；（三）轉身向後去要求。」〔註27〕這種論斷有它的淵源，他在回顧思想變化時曾言：「人生蓋有三條路向：（一）、肯定欲望，肯定人生；欲望就是人生的一切。（二）、欲望出於在眾生的迷妄；否定欲望，佛洞一切眾生生活，從而人生同在否定之中。（三）、人類不同於其他動物，有卓然不落於欲望窠臼之可能；於是乃肯定人生而排斥欲望……《東西方文化及其哲學》，即以此三種路向或云三種人生態度爲其立論之本……此後我之從事鄉村運動即是實踐其所言。」〔註28〕另外，梁漱溟回憶他讀書經歷時也曾說過：「假使我循舊社會常例先讀儒書《論語》……那麼，我將不易覺察世界有如上三方社會人生文化文明之劃然格局其特色異彩的……此所以早年未讀儒書實爲我思想演變上的一大關鍵也。」〔註29〕各種證據表明，梁漱溟的文化本位論與文化比較觀是在其思想演變過程中逐漸形成並發展出來的。這爲他對民主的思考提供了全新的理論視角，梁漱溟在東西方文化與社會的比較中審視民主的內涵、價值與實現

〔註25〕梁漱溟：《梁漱溟全集》（一），山東人民出版社，2005 年版，第 352 頁。
〔註26〕梁漱溟：《梁漱溟全集》（四），山東人民出版社，2005 年版，第 496 頁。
〔註27〕梁漱溟：《梁漱溟全集》（一），山東人民出版社，2005 年版，第 382 頁。
〔註28〕梁漱溟：《梁漱溟全集》（七），山東人民出版社，2005 年版，第 184～185 頁。
〔註29〕梁漱溟：《梁漱溟全集》（七），山東人民出版社，2005 年版，第 186 頁。

條件等問題。

首先，梁漱溟這樣理解民主的內涵：「民主是人類社會生活中的一種精神，或傾向，其內容要點有五，即是：承認旁人；平等；講理；尊重多數；尊重個人自由。」〔註 30〕其次，在他看來，民主的價值主要體現在它的合理與巧妙：「所謂合理是什麼呢？第一層，便是公眾的事，大家都有參與作主的權；第二層，便是個人的事，大家都無干涉過問的權……又如何是他的巧妙呢？他這種制度，使你爲善有餘，爲惡不足，人才各盡其用，不待人而後治。」〔註 31〕最後，關於民主的實現條件，通過梁漱溟的闡述，可以做如下解讀：民主需要特定的物質條件，包括相對富裕、交通方便和工商業發達。同時，民主更需要較爲苛刻的精神條件，主要包括參與政治的積極性、權利意識、監督制衡的法制意識以及崇尚現實幸福的自由精神。

梁漱溟根據上述對民主的理解對比中國與西方社會，認爲中國社會很難實現西方意義上的民主政治，這完全顛覆了他青年時代對民主頗爲樂觀的態度。他認爲，中國既沒有實現民主的物質條件，更沒有走向民主的精神條件，後者更是決定性的制約因素。需要說明的是，梁漱溟並沒否認中國不存在民主精神，只是認爲中國在當時的條件下無法實現政治上的民主。用他自己的話講：「中國自古富於民主精神，但在政治上則不足。政治上的民主不足，主要是爲了缺乏政治，缺乏國家生活。因爲缺乏政治，亦缺乏政治的民主。」〔註 32〕「國家是人類社會中最強大的團體。政治固原指國家的事說，其實一般團體中公共的事，都可說爲政治。所謂政治上的民主，無非團體生活中所需要的民主而已。」〔註 33〕從這兩段話可以看出，梁漱溟所謂的「政治」、「國家生活」即是西方政治學意義上的「公共生活」，它包括經濟生活、政治生活以及公共文化生活等等。可見，他對民主政治的認識是比較恰當的，對傳統中國的看法也具有相當程度的合理性。梁漱溟區分了作爲價值理性的民主和作爲工具理性的民主，雖然他不可能非常精準透徹地定義民主或民主政治，但能有這樣一種自覺誠是難能可貴的。

棄西學而就佛學，出佛門而歸儒家。這兩次思想轉變造就了梁漱溟東西

〔註 30〕 梁漱溟：《梁漱溟全集》（六），山東人民出版社，2005 年版，第 125 頁。
〔註 31〕 梁漱溟：《梁漱溟全集》（五），山東人民出版社，2005 年版，第 134～135 頁。
〔註 32〕 梁漱溟：《梁漱溟全集》（六），山東人民出版社，2005 年版，第 125～126 頁。
〔註 33〕 梁漱溟：《梁漱溟全集》（六），山東人民出版社，2005 年版，第 263 頁。

會通的知識淵源，使他一方面能夠將西方話語相對準確地運用到中國問題上來，另一方面又將中國文化、中國社會及中國人放到整個世界圖景之中加以觀察。具體到民主問題上說，梁漱溟將中國如何實現民主問題轉換到如何建立一種適合中國社會結構和文化特質的現代公共生活這一問題上來。這又需要我們進一步研究他對民主的儒學式解釋與幾十年的鄉村建設實踐活動。

　　2、梁漱溟對民主的理解可以被看做是一種儒學化詮釋。梁漱溟對中國前途問題的思考與其所從事的鄉村建設運動緊密相連。通過鄉村建設來構造適合中國人的公共生活，進而實現國家政治制度的現代化轉型，這是他的大體思路。此外，梁漱溟對中國的民主問題還有兩個基本判斷：其一，正如前文所言，梁漱溟區分了民主與政治上的民主，在他那裏，中國理論上不乏實現民主的可能，只是暫時仍不具備民主政治的運作條件。其二，中國文化決定了西方式或蘇俄式民主道路不適合中國，我們只能創造一種新的民主模式，該民主既能夠與中國文化高度契合，又能夠改造教育民眾，使民眾接受並積極參與到公共生活之中。

　　梁漱溟認爲，中國政治的孱弱源於公共生活的缺失，有效的公共生活來自社會組織的發達。他並不寄希望於國家能夠擔負起構建公共生活的責任。他嘗試著走一條自下而上的路子：「假定將來的中國鄉村能走上自治之路，此自治亦必不是從國家法律系統演下來的，而是從下面往上長起來的，故不得叫做地方自治。——與近代國家中的地方自治，完全不同。這些話都說明：假令中國社會將來開出一個新組織構造的路子來，一定不是從國家定一種制度所能成功的，而是從社會自己試探著走路走出來的，或者也可叫做一種教育家的社會運動，或者也可說社會運動者走教育的路子開出的新構造……中國將來的社會組織構造是禮俗而非法律。」〔註 34〕可見，梁漱溟心裏的地方自治不能建立在法治基礎之上。因爲，與實現地方自治相比，法治似乎離當時的中國更加遙遠。在倫理本位與職業分途二者交相爲用的中國社會中，「禮俗」較「法治」可能更加符合中國人的認知習慣。〔註 35〕簡言之，新組織即新禮俗，構造新組織即是培育新禮俗。梁進一步說：「所謂新禮俗是什麼呢？就是中國固有精神與西洋文化的長處，二者爲具體事實的溝通調和（完全溝

〔註 34〕梁漱溟：《梁漱溟全集》（二），山東人民出版社，2005 年版，第 277 頁。
〔註 35〕「倫理本位」與「職業分途」是梁漱溟對傳統中國社會特點的概括。詳見梁
　　　漱溟《東西方文化及其哲學》、《中國文化要義》等相關著作。

通調和成一事實，事實出現我們叫他新禮俗），不只是理論上的溝通，而要緊的是從根本上調和溝通成一個事實。此溝通調和之點有了，中國問題乃可解決。」〔註36〕這裏所謂調和溝通的「點」應該就是民主──將中國自古富有的民主精神與西方民主政治體制（梁所謂「政治上的民主」）結合在一起，使民主能夠落實在中國社會中。換言之，新組織與新禮俗實際上即是中國式的民主政治，而這種民主是具有非法治性特徵。

　　新禮俗這種新型的政治體制對中國而言是非常必要而且是可能的，梁漱溟理由是：「眼前的事實問題，就是讓中國人必須有一個團體組織。這個必要，不必多講，很明顯的，中國人居現在的世界，如不往團體組織離去，將無以自存，事實上逼著我們往組織裏去，向西方轉……中國人雖然缺乏團體組織，並非反對團體組織，所以大體上說沒有衝突的必然性。」〔註37〕從其具體運作機制上講，梁漱溟認為，中國未來的公共生活（團體組織生活）還應當是以「尚賢精神」為指導的民主生活。西方科學精神讓其民眾懂得聽從智者的話，而中國更看重道德，民眾則應重視賢者，團體中的個人需要認同這個規則。「尚賢尚智根本上是一個理，都是因為多數未必對……一個團體，雖不必取決於多數，可是並不違背多數，它正是一個民治精神的進步，而不是民治精神的取消。」〔註38〕賢人在此大約代表了某種形式的「公共理性」，它不僅不妨礙民主機制的正常運行，而且是民主的可靠保障。由此不難看出，梁漱溟的民主政治還具有相當濃重的賢人政治的特點，用其自己的話便是：「多數政治的人治」或「人治的多數政治」。〔註39〕

　　梁漱溟在總結團體組織時還曾言道：（團體組織）「其組織原理就是根據中國的倫理意思而來的；彷彿在父子、君臣、夫婦、朋友、兄弟這五倫之外，又添了團體對分子、分子對團體一倫而已。這一個團體組織是一個倫理情誼的組織，而以人生向上為前進的目標……整個組織即是一個中國精神的團體組織，可以說是以中國固有精神為主而吸收西洋人的長處。」〔註40〕很顯然，梁漱溟以倫理學解釋團體組織，民主的運行也跳不出倫理關係的範圍。例如，給予心智正常的成年娼妓或吸毒者以平等的投票權，這在西方社會可以很容

〔註36〕梁漱溟：《梁漱溟全集》（二），山東人民出版社，2005年版，第278頁。
〔註37〕梁漱溟：《梁漱溟全集》（二），山東人民出版社，2005年版，第 280 頁。
〔註38〕梁漱溟：《梁漱溟全集》（二），山東人民出版社，2005年版，第290頁。
〔註39〕梁漱溟：《梁漱溟全集》（二），山東人民出版社，2005年版，第 293 頁。
〔註40〕梁漱溟：《梁漱溟全集》（二），山東人民出版社，2005年版，第 308 頁。

易被接受。但是，如果按照梁漱溟「人生向上」這一倫理要求看，賦予此類人同他人相同的權利則是與新禮俗的民主機制相違背。民眾所認同的民主機制不僅要能夠保證實現民眾的利益要求，而且還應當維護道德秩序，實現對民眾的德性規範。因此，它表現出政教合一的特色。

　　非法治的民治、多數政治的人治（賢人政治）以及政教合一的倫理政治，它們共同構成了「新禮俗」（民主政治）的主要特點，它凸顯了梁漱溟對民主的儒學式詮釋。由於本文篇幅所限，筆者無意討論這種民主觀的合理與局限。單就其展示出的這種特色而言，便能夠引起我們足夠的重視，回歸儒學的梁漱溟在中國傳統文化中尋得有益於對民主重新加以詮釋的知識資源，並給出了他較爲深刻且獨特的理論見地。

　　綜上所述，梁漱溟民主思想的演進過程與其所表現出的特點的確源於他整個生命經歷中的思想變化過程。假使他沒有經歷過思想發展的三個時期，沒有發生過兩次思想轉變，梁漱溟對民主的認知可能會與現在大相徑庭。從歷史的宏觀面向講，「保守主義者」或許是個適合梁漱溟的標籤，然而，就思想者個人生命經歷而言，任何蓋棺定論式的話語都很難對梁漱溟和他的思想做出精當完整的概括。或許也正因爲如此，思想史研究才更具其深邃的理論魅力。

三、論現代新儒家話語中的「民治」：以梁漱溟鄉村建設理論爲核心

　　「西潮東漸」以來，西方政治話語與政治實踐衝擊著中國傳統政治文明及秩序。傳統儒學政治話語的統馭性地位持續地遭到挑戰並趨於瓦解，社會秩序亦發生數千年未有之變化。20世紀20、30年代，舶自西方的自由主義、社會主義或法西斯主義等各種批判性理論在中國擁有大量的知識擁躉。「儒學」在回應各種西式話語過程中亦生發出新的思想理論和觀念意識。所謂「現代新儒學」正是以舊學與新知的融合開出「新外王」的路向爲己任。在新舊話語的對撞之間，現代新儒學的思想家們構建出一種新的表述系統，在這種特定的話語表述實踐中，某些政治（學）的核心概念被解構並重塑，「民治」即是其中之一。

　　梁漱溟作爲現代新儒學的思想重鎮，他對「民治」的闡釋一定意義上體

現了現代新儒家對於此概念的普遍認知。更爲重要的是，我們需要在梁漱溟構建的特定的理論/實踐空間——「鄉村」空間中把握「民治」。唯有如此，才可能洞見「民治」的緣起、內涵以及它對政治話語神話性的祛魅與重構。

（一）「建設新禮俗」：「民治」概念緣起

清末民初正是中國傳統社會秩序全面變革的時期。舊有的社會構造徹底崩潰，梁漱溟稱之爲「文化失調」。〔註41〕具體而言，中國的廣大鄉村遭受三種力量的破壞。政治上，軍閥混戰，苛捐雜稅。苦於戰亂的民眾無法安心發展生產。經濟上，外國經濟侵略加之買辦階級對鄉村經濟的破壞，致使傳統農業生產方式、產品遭到嚴重打擊。（狹義的）文化上，舊禮俗、制度、學術及思想發生巨大改變。他認爲，中國社會本以鄉村爲基礎，中國自拔圖存之路亦必從鄉村自救開始。「今日中國問題在其千年相沿襲之社會組織構造既已崩潰，而新者未立；鄉村建設運動，實爲吾民族社會重建一新組織構造之運動。」〔註42〕這是梁漱溟開出的自救方案。在他看來，社會秩序表現爲法制、禮俗。構造新組織即是重建新的法制、禮俗。

梁漱溟如此看重新的社會組織的作用與他對中國傳統社會的整體認知密不可分。「倫理本位，職業分途。二者交相爲用。」〔註43〕這是他在中西方社會構造的對比中得出的基本判斷。西方社會是「團體生活」（抑或稱「集團生活」）發達的階級社會；中國是以倫理爲紐帶，職業之間相互流通的非階級社會。中國社會的特點也造成了鮮有組織生活，政治消極無力，權利觀念淡漠等問題，而這些卻正是今日中國欲自救所必需的要素。對此，梁漱溟持一種樂觀的態度，認爲中國當下雖不具備這些要素，但中國的文化卻不妨礙吸收西方這些優秀的資源。「中國人雖缺乏團體組織，並非反對團體組織，所以大體上說沒有衝突的必然性。」梁漱溟如是說。鄉村建設根本問題在於構建新組織即一新禮俗。換言之，就是要將中國人帶入團體組織中去。新的團體組織與舊式以家族爲核心又不僅限於家族的群體最大的不同之處在於它滲透著

〔註41〕梁漱溟，《梁漱溟全集》（第二卷）〔M〕，濟南：山東人民出版社，2005 年版，第 162 頁。

〔註42〕梁漱溟，《梁漱溟全集》（第二卷）〔M〕，濟南：山東人民出版社，2005 年版，第 161 頁。

〔註43〕梁漱溟關於中國傳統社會的這種判斷見於《東西方文化及其哲學》、《中國文化要義》、《鄉村建設理論》等著作。

西式的價値取向——「民治」精神。梁漱溟解釋道:「我們往團體組織裏去,是事實的必要,已無可疑。更且這個團體,份子將是自動的,將是多數份子占主位,不是被動的。」「所謂團體分子是主動而非被動,即民治主義的精神。」〔註44〕「民治」只能緣起於新社會組織。因爲,在中國舊日的國家中,統治者(皇帝與文官集團)處於完全主動的地位,民眾是其最重要的管理客體。而且,不存在統治階級與被統治階級之劃分,無階級對抗也便沒有被統治階級的主動的反抗。〔註45〕與之相反,新社會組織或「新禮俗」強調有力的集團生活,而主動參與正是「民治」的體現。

　　需要注意的是,梁漱溟話語中「民治」絕非西方意義上的「地方自治」。在他看來,所謂「地方自治」首要需要強有力政府的許可,是一種由上而下的過程。同時,它是一種法律承諾,受國家的法律規制。中國的鄉村「民治」則自生自發於底層,國家無法對其進行直接控制,法律亦無從發力。因此,「中國將來的社會組織構造是禮俗而非法律。」〔註46〕(關於梁漱溟的這個論斷將在後文予以進一步分析)。總之,「民治」緣起於建設新禮俗之需要。因此,「民治」的內涵也必須在梁漱溟語境下「新禮俗」的空間實踐中加以解讀。

(二)「對團體生活的有力參加」:「民治」的儒學化表述

　　梁漱溟致力於建設新的社會組織(團體組織),它是一種政治實踐空間,個體在該空間中「主動」地參與公共事務。用他的話講:「在一團體中,多數份子對於團體生活應作有力參加。」〔註47〕這種新的政治實踐形式有兩層意涵:一方面是民治;一方面是非法治。這種表述強調實踐個體的能動性,要求參與其中的每個人對公共事務「用心思」。此外,在少數賢智與多數人主動之間的關係上,「尙賢」優先於多數人意見。梁漱溟將此概括爲「人治的多數政治」或「多數政治的人治」。〔註48〕換言之,「民治」即充分尊重個體主動性基礎上的賢人之治。

　　與古代尙賢精神不同,現代新儒家話語中的尙賢源自一種政治認同,正

〔註44〕梁漱溟:《梁漱溟全集》(二),山東人民出版社,2005年版,第282頁。
〔註45〕梁漱溟早期一直堅持中國無「階級」的觀點,晚年他的思想認識逐步發生了
　　　　變化,對此認識做了修正。此處仍取他早期觀點,這種認識也是他鄉村建設
　　　　理論的基本前提。
〔註46〕梁漱溟:《梁漱溟全集》(二),山東人民出版社,2005年版,第277頁。
〔註47〕梁漱溟:《梁漱溟全集》(二),山東人民出版社,2005年版,第292頁。
〔註48〕梁漱溟:《梁漱溟全集》(二),山東人民出版社,2005年版,第292頁。

如人民認同憲法一樣，「賢人」的政治地位也由團體的承認所確定，而且這種承認必須是每個成員「用心思」後的「主動」承認。這就意味著「上智」與「下愚」不再由某一種支配性的道德話語、政治話語甚至強力所規定，而是在成員間交互過程中得出的理性共識，而這種主體間交往行為的前提則是梁漱溟語境中「中國人的理性」。〔註49〕梁漱溟認為，理性「不外吾人平靜通達的心理而已。」〔註50〕平心靜氣，反躬自省是中國人的長處，這種理性也是中國文化的一個特徵。唯有此，人生才能「向上發揮去」。〔註51〕由是觀之，完善人格與人生必然要求個體要看重理性。同時，它也是主體間取得共識性認識的基礎，政治認同亦由此中來。

在鄉村空間裏，代表公共權力或權威的法律往往無法發揮與其在城市空間中同樣的規訓力。特別在中國，「惡訟」已成為一種法律文化，而且國家政治權力的混亂與消極無力更是近代中國存在的現實困境。因此，梁漱溟尤其注重教化對維繫社會秩序所起到的重要作用。政教合一則是「民治」尚賢精神的外在體現，它亦源自人對「理性」的重視。在梁漱溟看來，鄉村空間特別有利於理性的發揮。鄉村中的個體（農民）的脾氣平和、性情寬舒自然、擁有自然活潑的溫情。鄉村的家庭最能培養人的性情，關愛家庭並由此延伸到對其村莊的熱愛，這是一種鄉土觀念。中國固有的情誼社會的風氣味道在鄉村空間中還保留了一些。〔註52〕總之，在鄉村空間中開發理性，施行政教合一的政治秩序安排正是調和了西方式「民治」取向與中國具體空間實踐之間的矛盾。政教合一是一種「人治」而非「法治」但它並不違背民治精神，而是民治精神的進步。

梁漱溟對於「民治」內涵的儒學化表述與其說是一種規範性的，不若說是一種描述性的。它是一種鄉村空間中的話語實踐，脫離具體空間，便不具任何意義。此外，這種描述性的表述方式又是一種修辭策略，它契合中國式的理性，易於被國人接受。

〔註49〕關於「理性」與「理智」的討論，參見梁漱溟《東西方文化及其哲學》、《中國文化要義》等著作。
〔註50〕梁漱溟：《梁漱溟全集》（三），山東人民出版社，2005年版，第123頁。
〔註51〕梁漱溟：《梁漱溟全集》（二），山東人民出版社，2005年版，第296頁。
〔註52〕梁漱溟關於鄉村有利於開發理性的詳細解釋參見《鄉村建設理論》中《從鄉村入手》一篇。

（三）「民治」背後：神話的祛魅與重構

　　事實上，梁漱溟眼中的「民治」與他心中的「民主」是同義語，二者只是在表述策略上有些不同。因爲，「民主」似乎是一種普遍性的概念，需要一種頗具「規範性」的描述，而所謂的「規範性」也僅限於從鄉村空間話語轉向到超鄉村空間話語：「民主是人類社會生活中的一種精神，或傾向，其內容要點有五，即是：一、承認旁人；二、平等；三、講理；四、尊更多數；五、尊重個人自由。」〔註 53〕這種關於民主的表述方式顯然是對中國傳統政治話語神話性的祛魅。例如，「民爲邦本，本固邦寧。」無疑是傳統政治話語的神話化重要體現，其內在邏輯則是民爲邦本，君爲民主。權力由君主掌握，君主爲民眾代爲謀利。在梁漱溟「民主」概念的解構下，「民本」必然從根本上喪失其正當性。首先，它無視民眾作爲政治主體需要被承認；其次，皇帝與百姓更無平等可言；再次，失去平等亦無講理的前提；復次，代民謀利無需尊重更多數的利益偏好；最後，個人自由雖不缺乏，但它絕非政治自由。在討論民主價值問題上，梁漱溟認爲，民主是「合理的」與「巧妙的」。所謂合理就是「第一層，便是公眾的事，大家都有參與作主的權；第二層，便是個人的事，大家都無干涉過問的權。」〔註 54〕所謂巧妙就是「他的這種制度，使你爲善有餘，爲惡不足，人才各盡其用，不待人後而治。」〔註 55〕中國傳統「家國同構」式的政治結構中，無法辨識公共與私人之間的差異，無公亦無似。這便造成個人自由受到約束，個性得不到發展，更不用說個人財政之類的權利主張需要被尊重。統治者通常是掌握無限的權力，不受任何剛性約束。這是極不可靠且不穩定的政治秩序安排。梁漱溟區別了公共空間與私人空間，同時也看到了規則設計與個體行爲之間的關係。民主精神自然打破了傳統政治秩序正當性的神話。總之，無論是傳統支配性政治話語還是統治秩序，其正當性的基礎業已喪失。梁漱溟對「民主」概念及價值的表述的確起到了破除神話的祛魅作用。進言之，現代新儒學的話語策略更是針對中國具體政治實踐而來，對舊有話語和秩序進行著持續性地瓦解。

　　回到鄉村空間中來，拋開「民主」，重新考察「民治」的概念，「民治」背後隱藏著的東西則是需要繼續追問的話題。儒學的基本特徵之一便是注重

〔註 53〕梁漱溟：《梁漱溟全集》（六），山東人民出版社，2005 年版，第 125 頁。
〔註 54〕梁漱溟：《梁漱溟全集》（六），山東人民出版社，2005 年版，第 134 頁。
〔註 55〕梁漱溟：《梁漱溟全集》（六），山東人民出版社，2005 年版，第 135 頁。

「事功」，西方功利主義思想對梁漱溟亦有頗深影響。此外，中國自拔圖存的抗爭歷程更是以追求實際功用爲最高價值取向。這不僅合乎中國文化的精神旨趣更是中國人自強奮鬥的迫切需要。

「民治」中的平等何以體現？梁漱溟認爲，中國人一面非常承認平等的道理，一面又非常看重等差之義。平等與等差之義都有道德上的價值，平等意味著人格的完整；等差之義則包括看重理性、尊尚賢智；尊敬親長而有長幼秩序。鄉村空間中，長幼有序自不待言，正如前文所述，欲追求「向上的人生」則必然要尊尚賢智。但是，「向上的人生」雖具有道德意義上的正當價值，但若成爲一種強制性話語其正當性基礎又再哪裏？這就需要繼續思考「民治」背後的「自由」問題。

梁漱溟以爲，近代西方自由觀念起初立足於個人本文之上。它是對團體干涉個人的一種反動。西洋人對自由的認識和要求正是從與團體的抗爭中得來。這種思路與中國固有精神不合。「按中國人的意思，團體對個人的尊重一定是應當的、毫無疑問的；可是自個人方面說，個人來主張他自己的自由是不行的。」「中國人是不許自己說話的。」〔註56〕自由應當是團體許給個人的，中國沒有天賦人權的意識。梁漱溟轉借法國法學家狄驥的觀點，繼續解釋道：「自由是團體應當給的。團體爲什麼給個人自由？是由於期望團體中的每個人都能儘量第發展他的個性，發揮他的長處。」「許給自由是有條件的；如其不合人生向上，發揮長處的條件，那麼，還是要干涉他。」〔註57〕在梁漱溟看來，自由受到限制是有理據的。其一，晚近西方的個人本位正逐漸被社會本位所取代；其二，在這種轉換過程中，權利與義務的同一性顯現得愈加明顯，一切權力皆有義務之義。同時，他認爲，「這種新的自由觀念與中國完全相合而不衝突。」〔註58〕它既符合倫理之義即自由從對方來，團體尊重個人才賦予個人自由；又符合人生向上之意即團體給個人以發揮個性，創造新文化的機會。團體對個人的強制性明顯源於功利主義話語的影響。而且，這種功利主義否認人不合理據的偏好（不正當偏好），只注重合乎理性的偏好（正當性偏好）。事實上，所謂「不正當」偏好也不一定是非理性的。只不過它無法對抗站在「正當」一邊的話語系統，受到壓制而保持緘默。

〔註56〕梁漱溟：《梁漱溟全集》（二），山東人民出版社，2005年版，第297頁。
〔註57〕梁漱溟：《梁漱溟全集》（二），山東人民出版社，2005年版，第298頁。
〔註58〕梁漱溟：《梁漱溟全集》（二），山東人民出版社，2005年版，第299頁。

從自由問題再延伸到個人財產權利問題上，梁漱溟認爲晚近西方的潮流是個人財產趨於社會化。「所有權一面是權利，一面也是義務。」〔註59〕對個人財產自由的基本限制是個人行使所有權不得違背社會公共利益。這種風氣與中國也頗爲契合。中國有「共財之義」，而且，財產只是一種消費品。人的存續和發展首先要承認與他人和社會的有機聯繫，必須靠大社會才能生活，離開社會個人是無法想像的。這於中國的禮俗也有極深的暗合之處。弱化個人財產權利意識，而強調作爲整體的社會公益無外乎是功利思想在財產自由上的延伸。

將平等、自由與財產權利放到梁漱溟勾勒的鄉村空間中，其具體要求是人與人之間應做到「德業相勸」、「過失相規」、「禮俗相交」、「患難相恤」。〔註60〕鄉村建設的根本任務是「改造社會，創造新文化，創造理想社會，建立新組織……」〔註61〕教育人擁有向上的人生。鄉村空間的基本組織構造包括：鄉長、鄉農學校、鄉公所、總幹事以及鄉民會議。前兩者屬文化運動團體，主管教育鄉民；後三者屬政治組織系統，主管行政、司法及立法活動。梁漱溟正要以這種政教合一的鄉村組織結構安排踐行鄉村自治建設。實現他的救國方案。

不難看出，「民治」的背後凸現出重塑神話的政治話語實踐。「民治」絕非抽象意義的民眾的自我管理；平等指向的是儒家的完善人格；自由也不是脫離具體空間而用「消極自由」與「積極自由」所能概括的；財產權利離開社會聯繫更毫無意義可言。而正是梁漱溟勾畫的鄉村空間塑造了自己新的「大寫的眞理」，只有在屈從於此前提之後方能夠深入討論具體概念表述問題，對「民治」概念的解讀便提供了這樣一種思路。

事實上，現代新儒學與其他批判性政治學說一樣，都承擔著思想啓蒙的責任。然而，它在摧毀舊神話的同時形塑了自己新的神話。毫無疑問，包括現代新儒學在內的所有話語實踐都有其積極價值。它們帶著自己的破壞力與建設力並存於中國的知識系譜之中。同時，各種理論之間相互競爭，最後自然有一種勝出並成爲社會的支配性政治、知識與權力話語，是之謂「歷史的選擇」或「歷史的必然性」。需要認眞對待的是，任何一種話語佔據支配性地位之後，它的喧囂總會掩蓋其他話語並使之悄無聲息。但是，它們不過是以

〔註59〕梁漱溟：《梁漱溟全集》（二），山東人民出版社，2005 年版，第 300 頁。
〔註60〕梁漱溟：《梁漱溟全集》（二），山東人民出版社，2005 年版，第 321 頁。
〔註61〕梁漱溟：《梁漱溟全集》（二），山東人民出版社，2005 年版，第 333 頁。

「悄無聲息」的姿態繼續「持續地瓦解」當下的權力或權威系統，在繼續解構與形塑著新的神話。

四、儒學現代轉換中的人性觀及公共生活構建論析

　　尋求構建一種優良的公共生活是政治哲學的全部議題，也只有在這個意義上，政治哲學才具有永恒的生命力。我們也有理由假定，人類歷史中所有的政治思想家都努力嘗試勾勒自己心目中的理想政治圖景，只是受不同社會歷史發展環境、思想者受思想水平和方式等因素所限，東西方思想家面對政治生活問題時會做出不同的解說。以儒學爲核心的中國古代思想和西方古希臘思想是人類社會兩大重要的思想傳統，而構成兩大思想的核心正是政治哲學。西方思想經歷長期發展後衍生出現代政治哲學，這自不待言，然而中國古代思想在現代化變革中卻表現出明顯的不適應，無論是思維方式還是概念理解甚至是表述方式都存在不小的轉型困境。新儒學思想家卻從未放棄實現儒學現代化的努力，這是個極爲複雜的問題，本文僅從儒家話語系統關於人性問題及公共生活構建的討論切入，試圖對中國哲學現代轉型中遇到的表述方式方面的困境做出簡要的辨析，嘗試對思想先進們的觀點做適當的評價。

（一）古代思想家關於人的解說及政治思維塑造

　　每個時代人們對政治生活的理解都必然會抽象爲形而上學的哲學學說、道德學說或宗教學說。這是因爲，作爲理性的存在者，我們需要一個能被接受理由去解釋當時當下的生命狀態和生活面貌。與理解個體的生命和生活不同，面對公共生活，必須在所有社會成員間達成共識性的理解。這就必須對什麼是正當、什麼是公共善、什麼是權力等一系列重要政治概念做出明晰的解釋。所有這些都離不開一個邏輯起點，即如何看待人，這成爲政治哲學的首要關切。

　　在古代思想家那裏，關於人的認識非常豐富。按照現代人習慣的善惡二分的解釋思路，不同思想流派表現出明顯的差異性。孟子開啓的性善論大抵成爲後世思想主流，他認爲「人皆有不忍人之心」，「所以謂人皆有不忍人之心者，今人乍見孺子將入於井，皆有怵惕惻隱之心；非所以內交於孺子之父母也，非所以要譽於鄉黨朋友也，非惡其聲而然也。由是觀之，無惻隱之心，非人也；無羞惡之心，非人也；無辭讓之心，非人也；無是非之心，非人也。

惻隱之心，仁之端也；羞惡之心，義之端也；辭讓之心，禮之端也；是非之心，智之端也。」〔註 62〕按照他的說法，善是人之爲人的本質屬性，也是人類群體生活所以可能的前提。而且，孟子眼中的人性還是人類所具有的共同屬性，人類應當有著與感官偏好相同的情感旨趣。「口之於味也，有同嗜焉，耳之於聲也，有同聽焉，目之於色也，有同美焉。至於心，獨無所同然乎？心之所以同然者何也？謂理也、義也。」〔註 63〕也就是說，人類既然有著相似的感官偏好，那麼也必然有共同的心理特徵和道德品質。實際上，這種理解在西方人那裏也被認可，比如西方近代功利主義關於人性假說的一個重要前提是，人有著趨利避害的本性，總會在成本和收益之間做出理性的計算。這其中也蘊含著人類理性趨同的邏輯大前提，問題在於孟子和某些西方思想家們在小前提部分存在根本差異，一面是由不忍人之心變換出的良知，一面是功利計算推演出的理性人，甚至是霍布斯的人性惡觀點（如果把霍布斯做簡單理解的話）。另一些如荀子這樣的思想家尋求在思辨與現實之間的平衡中探討人性問題，他所有政治思想的出發點就是性惡論。「今人之性，生而有好利焉，順是，故爭奪生而辭讓亡焉；生而有疾惡焉，順是，故殘賊生而忠信亡焉；生而有耳目之欲，有好聲色焉，順是，故淫亂生而禮義文理亡焉。」〔註 64〕而且，荀子特別指出人的本性是與生俱來的，「凡性者，天之就也，不可學、不可事。」〔註 65〕用今天的話講，人性之惡具有先驗性，這就特別帶有形而上學的思考風格。先秦法家學派也認爲人是好利的動物，趨利避害是人的共同天性，商鞅講：「民之生，度而取長，稱而取重，權而索利。」〔註 66〕而且這種好利的本性會伴隨人的一生，故有「民生則計利，死則慮名。」〔註 67〕由此可見，人的全部行爲動因都源於追逐利益。韓非更是赤裸裸地將人與人之間的所有關係都認定爲利益計算的關係，包括倫理親情，他講：「父母之於子也，產男則相賀，產女則殺之，此俱出父母之懷衽，然男子受賀，女子殺之者，慮其後便，計之長利也。」〔4〕當然，這種過於極端的人性認知並沒有得到中國人普遍認同，顯見的事實是，人的社會關係並非只是單純的利害

〔註 62〕　焦循：《諸子集成・孟子正義》，中華書局，2006 年版，第 138 頁。

〔註 63〕　焦循：《諸子集成・孟子正義》，中華書局，2006 年版，第 450 頁。

〔註 64〕　王先謙：《諸子集成・荀子集解》，中華書局，2006 年版，第 289 頁。

〔註 65〕　王先謙：《諸子集成・荀子集解》，中華書局，2006 年版，第 290 頁。

〔註 66〕　顏萬里：《諸子集成・商君書》，中華書局，2006 年版，第 13 頁。

〔註 67〕　王先愼：《諸子集成・韓非子集解》，中華書局，2006 年版，第 319 頁。

關係，然而其現實性和對人性審慎的看待對於更全面地理解人性，更立體地看待政治生活有著非常重要的積極意義。

此外，中國古代思想家願意將人和民做同義語理解，而且不僅限於善惡之辯，還從政治統治角度理解人性和人的本質。他們賦予作為構成王朝體系的兩大基礎性要素之一的「民」（另一個通常被認為是土地抑或姑且稱之為國家）特定的政治意涵。首先，「民」是一種群體性概念，基本等同於「庶民」、「黎民」、「萬民」、「百姓」等概念。其次，大多數情形裏，民是愚昧無知的代表，「民」與「氓」、「萌」等概念有相通之處。比如，「夫民之為言冥也，萌之為言盲也，故惟上之所扶，而以之民，無不化也。故曰民萌，民萌哉，直言其意而為之名也。」〔註68〕又如，「民者，冥也，陀者，儚儚，皆是無知之兒也。」〔註69〕第三，「民」還等同於「勞力者」「野人」，意味著政治等級中的最底層，是統治階級的統御對象。所謂，「勞心者治人，勞力著治於人」，「無君子莫治野人，無野人莫養君子。」〔註70〕總之，在中國古代思想家那裏，民並不被看作參與政治生活的主體，與國家一樣，民的本質屬性不過是君主的私產和附屬品。這種認識也構成了中國古代獨特的政治生活理念，其中具有代表性意義的便是民為邦本、本固邦寧的民本思維，說到底，它是君為民主的專制統治思維。

思想家們對人（民）的認識構成了中國古代政治哲學的邏輯起點，王朝體制君主權力的合法性表現為德性說和神授說。人們相信，「君仁莫不仁，君義莫不義，君正莫不正，一正君而國定矣。」〔註71〕此外，他們還認為君主是唯一能夠代表人間與神明溝通的人。故有「王者，天之所予也」，「唯天子受命於天，天下受命於天子。」〔註72〕總之，君主是真理的化身，天下萬民的道德榜樣，民眾在本質屬性上具有這樣或那樣的缺陷，進而君主順理成章地成為民眾的統治者。一定程度上講，正是這種思維慣性成就了中國數千年穩定的君主政治統治格局，由此可見古代思想家對人的認知在整個政治思維塑造中的重要程度。

〔註68〕閻振益：《新編諸子集成・新書校注》，中華書局，2002年版，第25頁。
〔註69〕鄭玄：《十三經注疏・周禮注疏》，中華書局，1980年版，第156頁。
〔註70〕焦循：《諸子集成・孟子正義》，中華書局，2006年版，第206～207頁。
〔註71〕焦循：《諸子集成・孟子正義》，中華書局，2006年版，第278頁。
〔註72〕蘇輿：《新編諸子集成・春秋繁露義證》，中華書局，2002年版，第319頁。

（二）新儒學人性論與公共生活構造

　　19 世紀中葉以來，現代性知識傳入中國，隨著其廣度和深度的不斷拓展，傳統思想，特別是儒家思想受到前所未有的挑戰。1911 年後，清政府統治被共和革命終結，儒家政治思想亦成爲王朝崩塌的犧牲品。作爲精神信仰和政治信仰的儒家知識系統面臨嚴重的合法性危機，特別是新文化運動的旗手們視儒學爲攻擊對象，借全面批判、否定儒學闡述自己的主張。這一時期「全盤西化論」、「中西調和論」等觀念頗受思想精英們的青睞。正是在這樣的時代與思想環境下，尋求儒學的現代轉型成爲一批儒學堅守者們迫切需要解決的思想問題。

　　與同時代其他思想家一樣，反思舊文化，建設新中國是新儒學思想家共同的歷史使命。梁漱溟作爲新儒學的開拓者，他曾說人生和社會問題是其一生的關切對象。「我自十四歲進入中學之後，便有一股向上之心驅使我在兩個問題上追求不已：一是人生問題，即人活著爲了什麼；二是社會問題亦即是中國問題，中國向何處去。這兩個問題是相互關聯，不能截然分開……對人生問題之追求，使我出入於西洋哲學、印度哲學、中國周秦宋明諸學派間……對社會問題之追求，使我投身於中國社會改造運動，乃至加入過革命組織。」正是在這樣的心理驅動下，新儒學思想家們從一開始便關注中國政治現代化變革問題，同時，人或人性問題也納入他們的視野。

　　熊十力是較早對人性做出探討的思想家之一，他說：「夫性字之義不一，有以材性言者，（材性即就氣質言。）如人與動物，靈蠢不齊，則以人之軀體，其神經系發達，足以顯發其天性之善與美，……此性字，即目本體，與《新論》所言性者同義。材性之性，實非此之所謂性也，子比而同之可乎？從來言性者，不辨天性（『天命之謂性』省言天性。）與材性，故成胡亂。朱子注《論語》：『性相近也』章，似欠分曉。荀卿、董仲舒諸儒之言性，都只說得材性。孟子灼然見到天性，故直道一善字。」〔註 73〕按照他的說法，荀子、董仲舒等人的人性論主要來自對人生理維度的理解，而孟子則從人生命哲學昇華的高度把握人性。由此，熊十力更加贊同孟子的思考方式。「故凡仁義等性德，易顯發於否，及食色等欲易循理與否，都須向命上理會。吾人立命工夫，只在率性，以變化氣質。」〔註 74〕這種「向命上理會」的思考方式便具

〔註 73〕熊十力：《新唯識論》，中華書局，1985 年版，第 642 頁。
〔註 74〕熊十力：《十力語要》，中華書局，1996 年版，第 21 頁。

有現代哲學意義上的本體論色彩，這大約是新儒學思想家對人性理解的一大突破。

梁漱溟不同於熊十力哲學思辨的風格，他借助心理學知識探討人性問題。「何謂人性？此若謂人之所不同於其他動物，卻爲人人之所同者，即人類的特徵是已。人的特徵可得而言者甚多，其見於形體（例如雙手）或生理機能（例如巴甫洛夫所云第二信號系統）之間者殆非此所重；所重其在心理傾向乎？所謂心理傾向，例如思維上有彼此同喻的邏輯，感情上於色有同美，於味有同嗜，而心有同然者是已。」〔註75〕可以看出，梁漱溟嘗試運用西方知識解釋人性問題，表現出明顯的科學傾向，這種解釋風格也代表了當時一批新興知識分子的知識偏好。此外，作爲傳統思想的堅守者，梁漱溟還嘗試以傳統的詮釋方式解說人性，也認爲人性是向善的，他說：「然而無謂人性遂如素絲白紙也。素絲白紙太消極，太被動，人性固不如是。倘比配虎性猛、鼠性怯、豬性蠢而言之，我必曰：人性善。或更易其詞，而曰：人之性清明，亦無不可。」〔註76〕

又有：「人之性善，人之性清明，其前提皆在人心的自覺能動。」〔註77〕梁漱溟還在解說孔子思想時認爲孔子持性善說，「孔子雖然沒有明白說出性善，而荀子又有性惡的話，然從孔子所本的形而上學看去其結果必如是。那《易經》上繼之者善，成之者性，百姓日用而不知的話，原已明白；如我們前面講仁的話內，也已將此理敘明。」〔註78〕可見，儘管梁漱溟嘗試援引西方科學知識論證人性問題，但說到底還是一種輔助和補充，其目的仍是要證明儒家思想對人性問題認識的可靠。

牟宗三也嘗試總結過人性問題。他曾講：「凡言性有兩路：一順氣而言，二逆氣而言。順氣而言，則性爲材質之性，亦曰『氣性』，或曰『才性』，乃至『質性』。逆氣而言，則在於氣之上逆顯一『理』。此理與心合一，指點一點心靈世界，而以心靈之理性所代表之眞實創造性爲性。」〔註79〕牟宗三認爲善惡之別在於後天養成。「表示善惡皆後天所成，受環境之制約及風尙之薰習，而可以轉成善或惡，善惡皆非其本其性之本然。其好善之善性，非性之

〔註75〕梁漱溟：《人心與人生》，學林出版社，1984年版，第7頁。
〔註76〕梁漱溟：《人心與人生》，學林出版社，1984年版，第11頁。
〔註77〕梁漱溟：《梁漱溟講孔孟》，中國和平出版社，1993年版，第31頁。
〔註78〕梁漱溟：《東西方文化及其哲學》，商務印書館，2005年版，第135頁。
〔註79〕牟宗三：《才理與玄學》，學生書局，1985年版，第1頁。

本有，其好暴之暴性，亦非性之所本有，惟是薰習而始然。」〔註80〕可見，他一方面承認「人皆可爲堯舜」的儒家正統性善觀，一方面也質疑這種觀點的絕對性，指出後天薰習的重要性，爲其後來辨析道德理性與民主政治關係做出重要鋪墊。

從以上幾位思想家對人性的解說中至少可以得出兩點認識：其一，從詮釋方式上說，新儒學思想家試圖突破傳統的詮釋方式，賦予人性以新的論證理據（現代哲學或其他科學知識）；其二，從基本態度上講，思想家們大抵傾向於對性善論的堅守，但也表現出一定程度的質疑，這種轉變也爲他們認識和改造中國提供了重要的思想前提。

毫無疑問，當中國被裹挾進世界範圍內的現代化浪潮中後，重新思考和構建適應社會變革需要的公共生活是所有思想家面臨的共同問題。新儒學思想家在重構儒家思想合法性的過程中也繞不開如何勾勒未來中國社會理想圖景這一核心話題。他們站在中國文化發展的高度思考國家的出路。在著名的《爲中國文化敬告世界人士宣言》裏，唐君毅等人指出：「中國文化歷史中，缺乏西方近代民主制度之建立。中國過去歷史中，除早期之貴族封建政治外，自秦以後即爲君主制度。在此君主制度下，政治上最高之權力，是在君而不在民的。由此而使中國政治本身，發生許多不能解決之問題。……以致中國之政治歷史，遂長顯爲一治一亂的循環之局。欲突破此循環之唯一道路，則只有繫於民主政治制度之建立。」〔註81〕他們承認傳統中國政治缺乏民主，未來也必然向民主政治發展。「從中國歷史文化之重道的主體之樹立，即必當發展爲政治上之民主制度，乃能使人眞樹立其道德的主體。……今日中國之民主建國，乃中國歷史文化發展至今之一大事業，而必當求其成功者，其最深理由，亦即在此。」〔註82〕其實，早在梁漱溟那裏，民主政治便已經被看作是未來中國的必然選擇，只是他語境中的民主與西方民主政治存在不少差別。他認爲，「民主是人類社會生活的一種精神，或者傾向。」〔註83〕他將民主政治歸結爲人類精神層面的事情，也就是說它與人的本性有著天然的關聯。由此，他爲中國民主政治設計了一整套方案——「建設新禮俗」。歸結起

〔註80〕牟宗三：《心體與性體》，上海古籍出版社，1999 年版，第 164 頁。
〔註81〕張君勱：《新儒家思想史》，中國人民大學出版社，2006 年版，第 579 頁。
〔註82〕張君勱：《新儒家思想史》，中國人民大學出版社，2006 年版，第 582 頁。
〔註83〕梁漱溟：《梁漱溟全集》（六），山東人民出版社，2005 年版，第 124 頁。

來，是要建設一個積極的團體組織，並且恢復崇尚賢人政治的風氣。他講：「（中國）如果有團體組織，那麼，這個尚賢的風氣仍要恢復，事情的處理，一定要聽從賢者的話。本來賢者就是智者，如果尊重智者，在團體中受智者的領導是可行得通的；則尊重賢者，在團體中受賢者的領導也是可以行得通的。尚賢尚智根本是一個理，都是因為多數未必就對。」〔註 84〕「團體中的多數份子對團體事情能把力氣用進去，能用心思智慧去想就好。因為他用心，他將更能接受高明人的領導。要緊的一點就是要看團體中多數份子是不是能用心思去想，能作有力的參加；如不然，則為機械的、被動的。如能用心思，則雖是聽從少數人的領導，而仍為主動、自動。……以上的話如果能通，那麼，我們就將要有一個新的政治，新的途徑方向出來；這個新的政治，一方面是民治，一方面非法治。」〔註 85〕按此邏輯，中國未來新的社會組織構造一方面符合中國人固有的思想方式，一方面又能吸納西方民主政治的優勢。「這一個團體組織是一個倫理情誼的組織，而以人生向上為前進的目標。整個組織即是一個中國精神的團體組織，可以說是以中國固有精神為主而吸收西洋人的長處。」〔註 86〕可見，梁漱溟的這種認識與其對人性的解析直接相關，他更願意相信人性向善，具有尚賢和積極面對生活的偏好。未來中國的公共生活也應該根據中國人的人性特徵建設起來。

與之類似，牟宗三也認為，人類在政治生活中表現出的自覺意識是民主政治得以產生的根源。因為，人類總會主動地追求更加良善的政治生活，民主政治得以被越來越多的政治共同體所選擇，正是出於人性自覺。他的這種看法與其秉持的關於人性的認識有著很大的關係。在他看來，人具備運用道德理性的能力，而對於政治生活來說，運用道德理性只能看到民主政治是一種更為良善的政治生活方式。但如果涉及到諸如權力格局如何架構、個體權利與群體權力如何界定等則都屬於具體政治知識問題。他指出：「惟此政體既是屬於客觀實踐方面的一個架子，自不是道德理性之作用表現所盡能。內在於此政體本身上說，它是理性之架構表現，而此理性也頓時失去其人格中的德性之意義，即具體地說是實踐理性之意義，而轉為非道德意義的觀解理性。觀解理性之架構表現與此政體直接相對應。但此政體本身之全部卻為道德理

〔註 84〕 梁漱溟：《梁漱溟全集》（六），山東人民出版社，2005 年版，第 290 頁。
〔註 85〕 梁漱溟：《梁漱溟全集》（六），山東人民出版社，2005 年版，第 292 頁。
〔註 86〕 梁漱溟：《梁漱溟全集》（六），山東人民出版社，2005 年版，第 308 頁。

性所要求，或者說，此政體之一出現就是一個最高的或最大的道德理性之實現。此即表示欲實現此價值，道德理性不能不自其作用表現之形態中自我坎陷，讓開一步，而轉爲觀解理性之架構表現。」〔註87〕簡單地講，民主政治在人的道德理性和觀解理性層面上有不同的認知表現，因此，它不是具體操作問題，而是一種認知發生問題。如果能夠解決在道德理性與觀解理性之間的轉換，選擇民主政治便成可能。此種轉換本質上與牟宗三人性論中關於習性的養成觀點相呼應。

　　梁漱溟、牟宗三等人在解說與改造西方民主政治學說的過程中，最大的成果是意識到民主機制不僅是現代政治生活的基本方式，也是未來中國政治圖景的必然選擇。然而，與西方民主思想們不同的是，新儒學思想家們從一開始就堅信民主政治框架內的公共生活其根本目的在於追求實現一種符合團體利益的德性生活。然而，現代民主思想實際上是一種關於個體權利與自由的政治哲學，它雖然承認一個政治共同體應當擁有良好的德性生活，但是，任何有損個人權利的政治行爲本質上都損害了團體的美德，無視個體自由，團體美德便無從談起。此外，正視人的兩面性也是對個體權利和自由的承認。作爲一種制度設計的邏輯前提，理性人假設並不是否定人具有理他傾向或性善的一面，而是強調應當運用更加有效的機制約束人的政治行爲，進而確保個體權利和自由的實現。然而，新儒學思想家們卻認爲民主政治是實現團體美德的一項重要手段，他們之所以贊成民主，只是因爲權力一旦不受限制，必然會阻礙團體美德的實現，以民主約束權力肆虐，進而充分保障每個人道德理性的運用發揮。在他們這裏，民主是一種被賦予強烈儒學式道德意義的工具，而與其原貌則相去甚遠。

　　新儒學思想家們對民主的誤解很大程度上來自於他們對與群體二者關係問題理解上與西方民主理論存在偏差。在西方契約論者那裏，政治社群被看做是由一群平等自由的人經過理性商談而結成的共同體，社群內部成員之間通過權利義務關係確定各自利益歸屬，換言之，它也是一種利益共同體，其形成依靠的是利益而非道德需要。反觀新儒學思想家們，他們將結成政治社群歸結爲每個個體追求自身道德完善，由此，此社群中的民主機制也理所當然地服從於道德共同體建設的需要，團體美德被與個人利益相比具有優先性，這與現代政治思維存在明顯差別。雖然我們不能簡單地用西方思想作爲

〔註87〕牟宗三：《牟宗三先生全集》（十），臺灣聯經出版公司，2003年版，第65頁。

標準去衡量新儒學，但新儒學思想家們在討論公共生活構建問題是習慣性地講道德與政治相互混淆，而這種混淆直接導致了整個新儒學話語系統在現代轉型的進程中遇到難以解決的內在困境但這並不妨礙我們從中發掘出某些值得借鑒的元素。

（三）新儒學詮釋方法創新

從新儒學思想家對於人性和公共生活的解析中可以觀察到他們對現代公共生活的理解方面存在不少誤會，但同時也不能否認他們在推動儒學轉型中不斷創新詮釋方法的開放態度。梁漱溟等人試圖使儒學一方面符合現代性話語系統的需要，另一方面又能盡可能地構建自身新的合法性基礎。具體來說，至少有以下兩個方面創新：

其一，運用西方話語知識言說中國傳統哲學概念。這一點在梁漱溟和牟宗三那裏表現得尤為明顯。比如，梁漱溟在區分東西方文化時首先聲明中國傳統社會中團體價值優先於個體，個人價值體現在家族生活裏，而並不具備獨立性。而在論述民主政治時，梁漱溟認為民主意味著「承認旁人、平等、講理、尊重更多數、尊重個人自由。」〔註 88〕同時他承認中國人具有這樣的品質，「中國文化自古富於民主精神，但政治上則不足。」〔註 89〕在此，他顯然摒棄了傳統思維，直接將個人理解為獨立的個體。牟宗三更是直接援引康德哲學解析傳統哲學概念，在道德的形而上學這個廣義的人性論問題上，他將康德的自由意志觀念理解為人性論的基礎。牟宗三指出：「若以儒家義理衡之，康德的境界，是類乎尊性卑心而賤情者。（注意：康德並未把他所講的自由自主自律而絕對善的意志連同它的道德法則無上命令視為人之性。但儒家卻可以這樣看。）」〔註 90〕通過這種對比，他指出儒家和康德都具有自由意志的精神，前者表現為人性的本源，而後者將其理解為先驗的哲學概念。當然，牟宗三的這種比附具有多高程度的合理性仍有待辨析，但至少我們可以從他的解釋風格裏觀察到思想家們急切希望將中國傳統哲學與西方現代哲學相溝通。

其二，傳統「比類邏輯」的消解。中國傳統文化的內在邏輯可以概括為

〔註88〕 梁漱溟：《梁漱溟全集》（六），山東人民出版社，2005 年版，第 125 頁。
〔註89〕 梁漱溟：《梁漱溟全集》（六），山東人民出版社，2005 年版，第 128 頁。
〔註90〕 牟宗三：《牟宗三先生全集》（十），臺灣聯經出版公司，2003 年版，第 110頁。

「比類邏輯」，它不具備嚴密抽象的邏輯認識，只是表現出直觀、形象的特徵。這種邏輯思維常常先建立起一個參照點，只要它具有足夠的合理性，那麼任何事情都可以與之相比附。比如，「人之向善猶如水之就下。」絕大多數情況下，水向下流的現象無可置疑，所以，因為水總是向下流，所以人性必然向善。這種直觀具象的類推實際上並沒有邏輯上的關聯，但卻是中國人習以為常的思維。比類邏輯還有循環論證的特點，如《大學》裏講：「古之欲明明德於天下者，先治其國，欲治其國者，先齊其家，欲齊其家者，先修其身，身修而後家齊，家齊而後國治，國治而後天下平。」在循環往復各個環節之間並沒有具體分析其因果關聯，而也得到中國人的認同。概括地講，中國傳統邏輯思維表現出的特點使得中國哲學本身在方法論意義上表現得非常孱弱，甚至不少人通過質疑中國哲學方法論問題否定其合法性。對此，新儒學思想家在詮釋哲學和政治問題時尤其重視邏輯推理問題，使自己的學說更加周延、完整。

　　可見，儒學現代轉型歷程不僅是概念更新的過程，更涉及到思維轉換，詮釋方法創新等問題，從中我們也可以看到中西思想交匯圖景下解釋策略變化的可能性，它表明中國從傳統走向現代是大勢所趨，思想家們謀求儒學思想現代變革的強烈願望和最初努力很好地證明了中國傳統思想必須主動求變才可能繼續保持其思想活力。當然，新儒學思想家謀求話語轉換時具有一定的限度，它不能脫離保持儒學主體性地位這一根本原則，恰如馮友蘭所言：「闡舊邦以輔新命，極高明而道中庸。」實現傳統與現代、中國與西方知識話語之間的恰當溝通最終是要探索並塑造符合中國社會發展現實的思想觀念。這就涉及到思想移植與本土化問題，梁漱溟等一批新儒學思想家對此做出了不容忽視的貢獻，儘管在理論上出現不小的偏差，但也正因為如此，中國傳統思想合法性基礎和未來發展圖景仍是一個值得繼續探討的開放性理論話題，更離不開思想者的不斷反省與思索。

五、立場、方法、路徑：現代新儒學與後現代哲學之　比較論析

　　19世紀中葉到21世紀的10年，中國的現代化經歷了從革命到治理的坎坷歷程。智識層面上講，一方面，在哲學「西化」過程中，中國本土（哲學）

思想從未放棄爭取存在空間，以現代新儒學爲代表的所謂「保守主義思潮」在吸收與批判現代性知識中求得自身的合法性；另一方面，在接受西方現代哲學爲我們構建的現代圖景的同時又不滿足於承受相伴而生的種種弊端。後現代哲學對現代哲學提出了強有力的質疑，我們不能無視這種重要的哲學知識，不得不尋求後現代哲學知識的幫助，嘗試解釋和解決當下的思想困境。因而，將此二者並置在一起加以思考應當是一項頗具意義的理論工作。

（一）「立本」與「放逐」：基本立場的持存

中國的現代化建設通常被認爲是一種「外壓型」或「後發型」的現代化。現代性知識與中國傳統知識的碰撞讓中國思想者不得不重新反思自身，在對新舊思想的借鑒與揚棄過程中重新樹立中國哲學之大本。現代新儒學雖是一個較爲龐雜的思想流派，其中不乏內部之間的種種質疑與爭論，但新儒者們共同執守著這樣一個前提：現代化不等於西化。進言之，西方現代哲學並不能被看作是普適性的「哲學眞理」。毫無疑問，中國仍需要自己的哲學體系，無論該體系需要做何種修正。

現代新儒學關注的首要問題即是本體論問題。從梁漱溟到馮友蘭等新儒者在此都做出過獨特的思考。需要指出的是，他們似乎都承認：哲學便是本體論。因此，考察他們關於本體論的思考便可洞見新儒者們的基本立場或態度。

梁漱溟作爲現代新儒家的開山之人，他並不拒斥西方現代哲學傳統中的主客二分式的思維模式。他將除個體之外的整個宇宙看作客體，而作爲主體的自我在個體生命中體認外部世界，體認的根據則是他所謂的「意欲」。梁漱溟提出以「意欲」爲核心的生命本體論：「文化是什麼東西呢？不過是那一民族生活的樣法罷了。生活又是什麼呢？生活就是沒盡的意欲（Will）。」〔註91〕在梁漱溟那裏，整個宇宙便是一個生活，透過意欲的主體認知與實踐活動則成就了文化與生活。由此，梁漱溟在比較東西方文化（前現代文明與現代文明）的過程中斷言：由於意欲作用方向的不同，導致了東西方文明之間的差異。現代文明是「意欲向前」的文明，具有征服外物的衝動，西方人追求社會的發展與進步，時至近代，便造就了科學色彩與民主精神；中國文化是意欲向內「持中、調和」的文化，中國社會便在主體與客體的調和與融通過程

〔註91〕梁漱溟：《梁漱溟全集》（一），山東人民出版社，2005 年版，第 352 頁。

中循環著，這種文化統御下的中國自然也沒有科學與民主的衍生動力。本文無意討論他做此論斷的合理性，只是以此來說明梁漱溟的生命本體論構成了他文化比較的基本前提和依託。《東西方文化及其哲學》一書奠定了梁漱溟現代新儒家的鼻祖地位，在他那裏，雖然沒有系統性的哲學思辨與體系設計，然而，哲學重在立本的理論傾向則是不言自明的。

另一位現代新儒學的思想重鎮，馮友蘭繼承了程朱理學以降的中國式的思辨精神。他試圖沿著古人的道路「自己講」中國「哲學」。眾所週知，馮友蘭提出「理世界」的本體論觀念，「理世界」在程、朱那裏雖已提出但並未得到充分的論證，馮在此運用邏輯分析的方法對此觀念加以證明，這無疑是原創性的理論貢獻。頗為弔詭的是，馮友蘭並不否認客觀事物的實在性，但又堅持認為事物的實在性不由其本身所規定，它取決於形而上的本體世界。我們只有通過本體世界才能把握事物的根本，除此之外，一切便只是現象。只有「理世界」中的內在規定性才表徵、詮釋事物的本質屬性。馮友蘭認為，「理」是事物的「極」：「所謂極有兩義，一是標準之義……一是極限之義。每理對於依照之事物，無論就極之任何一義說，皆是其極。」〔註92〕總之，在馮友蘭那裏，一切事物的客觀存在只是本體存在的前提，而本體只能在他所構建的形上世界——理世界——中去把握。

當然，現代新儒家關於本體論的討論不僅限於此二人，熊十力、牟宗三、賀麟等人更是不乏創見。現代新儒學重在立本的理論傾向在他們那裏展現得淋漓盡致。從東西哲學的對抗角度而言，這也是他們對西方哲學的衝擊做出的最為重要的回應之一。

與現代新儒家「重在立本」不同，後現代哲學的首要任務則是「放逐哲學」。現代西方哲學，從笛卡爾到康德實現了所謂「認識論轉向」，主客體二分的思辨邏輯根深蒂固。人一方面通過對外在事物的把握而獲得「知識」；另一方面亦在此過程中區分了自身與外物，獲得了本體確證。主體（人）對客體（宇宙、自然、物）的感知、認識過程成為西方哲學討論的主要話題。後現代主義者力求通過消解主客二分的邏輯思維而實現對現代哲學的「放逐」。在羅蒂（Rorty）與福柯（Foucault）的理論中具有突出表現。

西方啓蒙運動實現了以理性代替信仰，從上帝啓示到個體認知的轉變。現代哲學重新成為最為重要的知識呈現在世人的面前。在對世界的認知和把

〔註92〕馮友蘭：《新理學》，三聯出版社，2007年版，第23頁。

握過程中，現代哲學區分了「現象世界」與「理念世界」。這種區分在柏拉圖時代便初露端倪，現代哲學的認識論正建立在對這兩種世界的關係處理之上。雖然西方現代哲學沒有拘泥於本體論的討論，但它仍沒有逃脫後現代主義者的批評。在羅蒂看來，客觀世界之於主觀上的反映不過是一種映像，人的心靈猶如一面「鏡子」，它或真或假地反映現象界。人通過鏡子獲得知識，並以此作爲安身立命之基礎。問題在於，時至今日，現代哲學仍沒有爲如何調和主體（心靈之鏡）與客體（外部世界）的關係提出有效的解決方案。因此，羅蒂頗具勇氣地提出打碎這面鏡子，將認識論問題從根本上加以取消。「知識何以可能？」這樣的問題在羅蒂看來是「最壞的問題」。知識何以可能是在尋求知識的實現基礎，而羅蒂則否認知識需要基礎。羅蒂認爲，只有在人與人的交互關係中才能斷言知識的基礎性問題，在人與物的關係中斷言知識則是一種專斷性的態度。〔註93〕

　　與羅蒂相比，福柯對現代哲學認識論的批評更爲深刻。福柯曾言道：「我們一定不要以爲世界展示出的是一幅我們能夠辨識的清晰的面容；世界並不依附於我們的思想；沒有任何前話語的（prediscursive）保障可以把世界設計成我們認可的樣子。我們應當這樣思考，話語（discourse）是影響事物的一種暴力，或者，在任何情況下都是我們強加於事物本身上的一種實踐。」〔註94〕福柯用「話語實踐」理論討論主客體二元對立問題。在他眼中，一個人能夠獲得何種關於世界的認識完全取決於他身所處的話語空間。不同話語系統形塑了不同的認識論情態。反過來說，也正是因爲話語實踐是一種專斷的暴力，因而也無所謂絕對的「理念世界」和絕對的「真理問題」。拋開話語空間問題討論認識論莫過於是一種簡單幼稚的想法。與羅蒂不同，福柯並不反感「知識何以可能」這樣的問題，而是從更深層次——話語實踐層次——洞見獲得知識基礎的條件性問題。然而，作爲後現代主義者，福柯強烈地反對現代哲學的專斷，他所有理論努力也都是在消解現代哲學中某些命題（包括本體論與認識論）的專斷意味。

　　由此看見，現代新儒學努力塑造新的關於本體論的知識；後現代哲學則

〔註93〕關於羅蒂如何認識知識基礎的問題不在本文討論之內，詳見其著：Philosophy and the Mirror of Nature，和 Objectivity Relativism and Truth 的相關討論。

〔註94〕Michel Foucault,「The Order of Discourses,」 in Language and Politics, ed. Michael J. Shapiro （New York University Press, 1984），p.127.

努力地消解現代哲學（認識論）的專斷性命題。二者的基本立場可見一斑，不難理解，這是由於它們生存狀況不同所造成的差異：現代新儒學誕生於中國現代化急劇變革的時代，它的合法性問題亟待解決；後現代哲學則出現在後工業社會的萌芽之中，它是對現代社會、現代哲學的一種反思甚至是反叛。現代新儒學是在回應現代性中鍛造自身；後現代哲學則是在對現代性進行新的衝擊過程裏磨礪自己尖銳的思想體系。

（二）「詮釋」與「系譜」：研究方法的省察

　　「認識舊中國，建設新中國」、「闡舊邦以輔新命」諸如此類的聲音表達了現代新儒家面臨的時代任務——傳統思想現代化，西方知識本土化。幸運的是，新儒者們大多接受過西方文化的教育，較爲完善的知識結構讓他們有足夠的寬容心態和知識能力去接納與理解現代性的思想元素。進而，現代新儒家們面臨著一項艱巨的理論工作：用中國式或東方式的語言模式和思維習慣對新概念加以解釋。在他們看來，「舊瓶裝新酒」更易於中國人的理解和認同。

　　我們有理由相信這樣一種理論判斷：儒學的發展史可以被看作是一部儒學詮釋學的歷史。無論是「我注六經」還是「六經注我」，本質上看都是致力於對經典文本或思想觀念的解釋。有學者總結中國儒家詮釋學經歷了三個時代：以經爲本的時代、以傳記爲中心的時代和走向多元的時代。〔註95〕當然，所謂中國的詮釋學並不能與西方現代哲學詮釋學混爲一談。雖然，海德格爾—伽達默爾式的「存有論」詮釋學在古代中國是不可想像的，但也並不能根據這一點否認中國哲學具有詮釋學的傳統。近年來，關於儒學詮釋學方法研究成爲新的理論熱點。成中英等學者極力倡導所謂「本體詮釋學」，在晚近的臺灣學者那裏已經頗爲成熟，〔註96〕他們據此來討論熊十力、牟宗三、唐君毅等思想家的哲學理論，揭示現代新儒者理論體系的構建方法。

　　回過頭來再以梁漱溟爲例，從詮釋學的角度觀察他對西方哲學某些重要概念的解讀方式：他援引佛家唯識學的概念解釋西方哲學中感覺（Sensation）、

〔註95〕景海峰：《儒家詮釋學的三個時代》，載於李明輝主編《儒家經典詮釋方法》，華東師大出版社 2008 年版，第 85～104 頁。

〔註96〕關於「本體詮釋學」研究方法及其應用問題，賴賢宗是新近比較有代表性的學者，本文由於主題及篇幅所限，不做討論，詳見賴賢宗著《儒家詮釋學》，北京大學出版社，2010 年版。

理智和直覺：「所謂現量就是感覺」；「比量，『比量智』即是今所謂『理智』」；「直覺──非量」。〔註97〕此外，梁漱溟區分了「理智」與「理性」的差異：「必須摒除感情而後其認識乃銳入者，是之謂理智；其不欺好惡而判別自然明切者，是之謂理性。」〔註98〕梁漱溟所做的並非是單純的名詞解釋，而是通過這種比附實現思維的轉換。他意識到，西方文化以他所謂的「理智」為核心，而中國文化在梁看來則是以「直覺」為中心。他有意識地將人們帶入中國式的思維習慣當中去理解西方文化（哲學）概念。梁漱溟認為，知識產生於感覺、理智及直覺的相互作用之中，三者作用形態的不同決定了知識的類型。在此，他尤其突出直覺的作用，並推論出他的直覺理論。〔註99〕由此，梁漱溟巧妙地將西方哲學「理性」的概念範疇轉換到中國哲學「直覺」範疇上來。梁漱溟的文化（哲學）詮釋未見得多麼嚴謹，但他的確開啟了現代新儒學的詮釋學思路。現代新儒學至今飽受批評的一個問題正是他們對西方哲學概念的解釋顯得頗為簡單武斷，甚至有時難以自圓其說。但是，這也從反面證明了現代新儒學的確建立在詮釋學的基礎之上，無視詮釋，也就無所謂「新」；放棄詮釋，現代新儒學的基本理論任務亦無法完成。

在研究方法問題上，後現代哲學家們更具創建性。福柯從「考古學」到「系譜學」研究方法的轉變使後現代哲學理論的解構精神異常強大。「系譜學是一項枯燥，瑣細和極需耐性的文獻工作。」〔註100〕它旨在持續地瓦解人們所認可的社會結構體系。因為，福柯認為，任何既定的社會結構體系在給予人本體認同的同時也限制了人的行為活動空間，它預設了某種潛在的秩序安排。系譜學作為一種研究方法，它拒絕任何前設和假定，認為存在（Being）本身就是一種無序的狀態，系譜學的研究即否定也無需任何預設。與詮釋學相比，系譜學更關注空間性的、片段性的現象和問題。福柯更願意將所有理論問題都放置在特定的話語空間中加以思考。福柯言道：「我們遠比自己認為的那樣更貼近當下。」〔註101〕系譜學拒斥現代哲學所謂終極價值、終極秩序

〔註97〕 梁漱溟：《梁漱溟全集》（一），山東人民出版社，2005年版，第398～400頁。

〔註98〕 梁漱溟：《梁漱溟全集》（三），山東人民出版社，2005年版，第128頁。

〔註99〕 關於梁漱溟的「直覺理論」詳見其著《東西方文化及其哲學》、《中國文化要義》及《中國──理性之國》等著作。

〔註100〕 Michel Foucault, 「Nietzsche, Genealogy, History」in Language, Counter-Memory, Practice, ed. Donald F. Bouchard and trans. Sherry Simon（Ithaca, N. Y.: Carnell University Press, 1977）, p.139.

〔註101〕 Michel Foucault, Politics, Philosophy, Culture: Interviews and Other Writings, ed.

安排等等哲學、道德及政治規勸，而強調於細微之處觀察權力對我們每個個體生命的作用：「身體是鐫刻事件的平面。」〔註102〕正如邁克爾・夏皮羅（Michael J.Shapiro）總結的那樣：「系譜學旨在闡明一個關於身體的歷史，同時也是一個反映權力運作的歷史。」〔註103〕

　　福柯的系譜學研究方法與其空間理論緊密地聯繫在一起。在此，他贊同亨利・列斐伏爾（Henri Lefebvre）關於空間的認識。列斐伏爾認為，空間也是一種「社會產品」（social product），它的產生不並不依賴人的主觀意志：「如果說對空間內涵的認識都是中立的，一樣的，看起來都是「純粹的」，都是理性抽象的典範的話，毫無疑問是因為該空間已經被佔有和使用過了，一定已經成為過去事物的集合點。只是在此空間的圖景中過去事物的印迹並不總是那麼的明顯。」〔註104〕福柯同樣認為現代社會的所有空間都滲透著現代性的「知識——權力」話語。甚至可以這樣認為：現代空間本身即是一種現代話語。這種洞見力是詮釋學所無法提供的，因為，作為研究方法的詮釋學沒能跳出現代性哲學話語的藩籬。

　　比較一下現代新儒學詮釋學研究方法與後現代哲學系譜學研究方法，不難得出這樣的認識：新儒學的詮釋學注重「文本」與「修辭」；福柯的系譜學則重視「話語」與「權力」。從對現代哲學和現代社會的批判性上講，現代新儒學在研究方法上顯然略遜一籌，福柯對現代哲學的挑戰性之所以如此強大，也正緣於他系譜學方法的尖銳性，其他任何現代性的批判理論在福柯看來都不過是對現代性知識與權力的進一步粉飾而非真正意義上的批判。當然，我們無法苛求現代新儒學在研究方法上也具有如此的批判性，正如前文所言，新儒者們的時代理論任務是他們選擇詮釋學的直接原因，中國哲學的詮釋學傳統是他們唯一能夠運用的理論資源。福柯需要解決的則是揭示現代哲學和現代社會的權力運作實質，系譜學自然也為解決該理論問題應運而生。

Lawrence D. Kritzman and trans. Alan Sheridan（New York：Routledge, 1988），p.156.

〔註102〕Michel Foucault,「Nietzsche, Genealogy, History」in Language, Counter-Memory, Practice, ed. Donald F. Bouchard and trans. Sherry Simon（Ithaca, N. Y.: Carnell University Press, 1977），p.148.

〔註103〕Michael J.Shapiro, Reading the Postmodern Polity: Political Theory as Textual Practice,（Minneapolis Oxford: University of Minnesota Press, 1992）.

〔註104〕Henri Lefebvre,「Reflections on the Politics of Space」, Antipode 8（May 1976），p.31.

（三）「超越」與「解構」：審思路徑的抉擇

現代新儒學在回應現代性衝擊時並不滿足於被動的接受，作為一種學說或稱一種思潮，現代新儒學在反思自身的同時也提出對現代性問題的質疑，新儒者從一開始便認識到現代性或現代化的內在困境——理性/科學至上與對價值追求之間的矛盾。梁漱溟討論中西方文化時認為，中西文化之間存在的只是差異問題而非孰優孰劣的問題。他樂觀地相信，世界未來之文化必然走向中國文化。這種自信源於他對西方工具理性的批判：「（西洋哲學）一言以蔽之，就是尚理智：或主功利，便須理智計算，或主知識，便須理智經營；或主絕對又是嚴重的理性。」〔註105〕這種工具理性色彩極強的文化必然走向功利主義、科學主義和實證主義，但它們無法解決價值空間喪失的問題，生命本身有喪失價值判準的危險。此外，工具理性還加劇了個人主義的肆虐，人成為功利計算的「手段」，失去了人之為人的「目的」。與西方文化相比，在新儒者的眼中，中國文化向來注重追求「價值理性」，在借鑒西方文明的同時要將西方科學理性精神吸納過來，更要以道德人文主義精神對其加以統攝，從而構造出新的「良知本體」。

非唯如此，當工業化社會發展到 21 世紀，所謂「風險社會」不再只是學理上的擔心，現代化之劍已經展露出它的雙刃性，經濟發展與環境惡化並存，物質繁榮與社會不公共舞。當代海外新儒家（如杜維明等學者）認為儒家思想與社群主義存在理論上的契合，這兩種理論都針對自由主義/個人主義的泛濫展開批評。即使是現代哲學的主流——自由主義——內部的思想家也不得不對現代性問題做出反省，羅爾斯在批評功利主義的同時試圖構建新的社會正義框架，重申「人是目的而非手段」的倫理標準。社群主義者對羅爾斯這樣的自由主義左派也不留餘地加以批判，與其相比，在現代新儒家那裏則鮮見有力的批判性理論建樹。如果說老一代新儒者在重塑良知本體的問題上提出過頗具價值的理論思考，那麼，在針對全球化問題和社會正義問題上，當代新儒家的批判力便顯遜色。然而，在看到現代哲學主導下的西方世界的種種弊端時，晚近的新儒者更有理由相信，中國的現代化建設需要構建所謂「中國模式」。這不僅要求知識精英對現代性或現代化問題具有深刻理解，也要求必須用中國的方式對其做出合理的修正，在批判中尋求超越。

與現代新儒學相似的是，後現代哲學從它誕生之時便將其鋒芒直指現代

〔註105〕梁漱溟：《梁漱溟全集》（一），山東人民出版社，2005 年版，第 482 頁。

性理論。與前者的不同在於，歷史上，新的理論往往是在對舊理論的批判中獲得它的生命，而後現代哲學對現代性理論與其說是一種「批判」不如說是「持續地瓦解」（福柯語），或一種「解構」。

　　這又回到後現代哲學持有的立場與運用的方法上來，後現代主義者無意否定現代性知識的價值，關鍵在於要揭示現代性神話的專斷性。現代哲學在成功地將上帝趕下神壇，中世紀神學話語被理性話語所取代。可是，現代哲學在啓蒙和袪魅的造反中又重塑了它自己的「神話」。與神學相比，現代性知識的專斷性更加強烈，因爲它掌握了更有力的武器：科學、知識和法律。後現代思想家就是要撕掉以理性爲名義的現代哲學的這塊「遮羞布」，讓它的專斷性和自閉性暴露於外。科學、知識和法律的僞善受到福柯的強烈批評：在考察 20 世紀刑事審判與 19 世紀時的差異時，福柯列舉了 1975 年一次巴黎刑事審判。法官反覆質問犯罪嫌疑人，「你反省過你的罪行嗎？」，「你居然有 22 項暴力犯罪行爲，這爲什麼？」，「爲什麼你屢次進行如此暴力的活動？」〔註 106〕19 世紀的刑事審判只關注犯罪與刑罰的關係問題，而現代司法審判變成了「罩在罪行上的影子，這個影子必須被拉伸，使得最爲重要的東西——罪行暴露於外。」〔註 107〕法官或陪審員把自身置於同犯罪者平等的位置上，試圖通過證據和理性判斷讓犯罪者承認所犯罪行並甘受懲戒，從而獲得審判的正義性。進言之，現代司法在極力彰顯現代性的正當性。這才是福柯想要揭示的問題。毫無疑問，福柯系譜學的解構邏輯是值得稱道的，值得注意的是：注重分析「起源」問題是後現代主義解構思路的一個重要特徵。福柯這樣解釋現代哲學關於所謂同一性問題：「在靈魂試圖統一自身的地方，在個體虛構出一種同一性的地方，系譜學家開始研究開端或起源的問題——無數個起源的問題。它們所留下的暗淡的顏色，隱約的痕跡絲毫也逃不過歷史的眼睛。」〔註 108〕福柯認爲，「同一性」排斥掉了其他的「可能」。系譜學必須把曾經被放棄的，今日仍被抑制的那些東西展現出來，關

〔註 106〕Michel Foucault,「About the Concept of the Dangerous Individual in Nineteenth Century Psychiatry」, International Journal of Law and Psychiatry 1（1978）, pp.1 ～18.

〔註 107〕Michel Foucault,「About the Concept of the Dangerous Individual in Nineteenth Century Psychiatry」, International Journal of Law and Psychiatry 1（1978）, p2.

〔註 108〕Michel Foucault,「Nietzsche, Genealogy, History,」in Language, Counter-Memory, Practice, ed. Donald Bouchard（Ithaca, N.Y.: Cornell University Press, 1977）, p.145.

注起源問題能夠找到消解「同一性」的根據。系譜學展示出足夠了「耐性」去解構一切專斷性話語。

　　綜上所述，現代新儒學發展至今，可以被看作是一種現代哲學，它沒有跳出從「質疑」到「批判」的理論發展模式，甚至，它的批判精神與批判力量仍十分柔弱。後現代哲學則從根本上顛覆了人們對「否定」的理解，哲學在此不再是「廝殺的戰場」，它應該展現出更加多元的可能。後現代主義者展現給我們的不再是充滿貶斥的霸道形象，不再是傳教士或遊說者，他們更像是一群游俠，持續不斷地給予現代社會和現代人以警示。

後 記

　　在臺灣花木蘭文化出版社楊嘉樂、邱亞麗、許郁翎諸位先進的支持下，能夠將拙文付諸公眾，向學界前輩、學友誠心求教，欣喜之餘又不禁誠惶誠恐。《梁漱溟民主思想及其發展》「總論」部分內容是我數年前攻讀博士期間撰寫的畢業論文，其主要論題、思路、方法大抵在「代序」中有過相關交代，故此不再贅述。經過認眞考慮，我認爲有必要在原文基礎上增加「分論」部分以充實和完善相關問題的討論。因此，我選取近年來撰寫的 5 篇專題文章，嘗試向讀者進一步解釋我的研習歷程和關注重點，同時也希望能在一定程度上方便讀者把握本書的要旨。

　　「分論」部分《省察「民主」：梁漱溟民主觀評析》成文於 2009 年左右，是我對梁漱溟研究最早的專題文章，顯然還帶著些許粗糙。但該文基本確定了我之後的研究方向，算是一個標誌性成果。《梁漱溟民主觀的演進及其特徵》一文是在集中梳理梁氏思想轉變時所寫，由於大陸學者當時鮮有對此問題的關注，因此或許還有某些學術價值。《現代新儒家話語中的「民治」：以梁漱溟鄉村建設理論爲核心》旨在重點分析梁漱溟將西學政治概念納入鄉村建設實踐之中的思維方式。《儒學現代轉換中的人性觀及公共生活構建論析》意在從更廣闊的視角理解現代新儒學關於人性的解讀以及探討新儒者們對公共生活的關注。《立場、方法、路徑：現代新儒學與後現代哲學之比較論析》則是幾年前參加與香港學界同仁的一場研討會時的宣講論文，主要是嘗試探索新的智識增長點，爲日後研究開拓更新的視野。凡此 5 篇文章，皆有相當的代表性，也可以看作是我關於梁漱溟及現代新儒學研究的階段性成果。

　　當然，由於我的水準見識有限，本書肯定有很多謬誤之處，敬請所有讀者批評指教。

作者謹識

2015 年 1 月 1 日於東北大學